Cyhoeddwyd yn 2012 gan Wasg Gomer
Llandysul, Ceredigion SA44 4JL
www.gomer.co.uk

ISBN 978-1-84851-419-5

Dymuna'r cyhoeddwyr gydnabod
cymorth Cyngor Llyfrau Cymru.

Argraffwyd a rhwymwyd yng Nghymru
gan Wasg Gomer, Llandysul, Ceredigion.

Dylunio / Ffotograffiaeth:
Hawlfraint ©Departures℗

D1335304

Hoffwn ddiolch i nifer fawr o bobol – hebddynt hwy ni fyddai sgrifennu'r gyfrol hon wedi bod yn bosib.

Yn gyntaf, i Elinor Wyn Reynolds, am estyn gwahoddiad mor wych i mi, am fod yn bleser pur i gydweithio â hi, ac am rannu oriau o ddiddanwch – a theisennau Cocorico Patisserie.

Mae yna unigolion a fu'n allweddol yn fy ngyrfa sgrifennu, a charwn ddiolch iddynt am fy arwain at dderbyn y cynnig i gyhoeddi llyfr fy mreuddwydion: Menna Machreth (*Tu Chwith*), Glyn Evans (*Cylchgrawn*, BBC Cymru), Carl Morris (*Y Twll*), a'r hyfryd Bethan Mair.

Ni fyddai'r gyfrol hon yn bod heb y degawd a mwy o fwynhad a dreuliais yn BBC Cymru, a'r rhaglen ddogfen *Diwrnod yn y Ddinas* a gynhyrchais ar gyfer BBC Radio Cymru ym Medi 2010. Arweiniodd y rhaglen honno – a'r erthyglau a sgrifennais ar flog *Y Twll* am y profiad o'i chynhyrchu – yn uniongyrchol at y cynnig ges i i sgrifennu'r *Canllaw Bach*. Diolch i'm cyd-weithwyr am rannu'r hwyl a'r gwallgofrwydd ac i'r tîm golygyddol am ganiatáu cyfnod i ffwrdd o'r swydd fel y gallwn ganolbwyntio'n llwyr ar sgrifennu'r llyfr.

Diolch i bawb sy'n ymddangos yn y gyfrol. Heb eich parodrwydd chi i oedi am sgwrs, a rhannu'ch corneli chi o'r ddinas, mi fyddai'r gyfrol hon yn gwbl hesb o hanesion a ffeithiau ffantastig.

Dywedais yn fy nghyfarfod cyntaf â Gomer nad hanesydd mohonof. Hoffwn felly gyfeirio pawb at waith hynod yr arbenigwyr Dr John Davies a Dennis Morgan, y dibynnais gryn dipyn arno am y ffeithiau, a diolch i'r hanesydd lleol Owen John Thomas am godi'r ffôn ac ateb fy nghwestiynau niwsansllyd.

Diolch i Rhys Iorwerth am y gerdd hyfryd sy'n cloi'r gyfrol. Diolch hefyd i'r dylunwyr, Departures, am rannu'r weledigaeth.

Rwy'n ddyledus i'r Cyngor Llyfrau am bob cymorth ac anogaeth hefyd.

Y gobaith yw y caf ddiweddaru'r gyfrol ymhen ychydig flynyddoedd. Yn y cyfamser, byddaf yn cyhoeddi diweddariadau cyson ar fy mlog, *Merch y Ddinas*. Diolch i'm cyfeillion oll, a fu'n gymorth mawr wrth brofi bywyd, a bwytai, ledled y ddinas. Diolch yn arbennig i Magi Dodd, Esyllt Green a Gruff Meredith am eu cwmni gwych a'u cefnogaeth.

Yn olaf, rhaid talu teyrnged i'r bobol bwysicaf yn fy mywyd: fy rhieni, Phil a Nia, a'm chwiorydd, yr efeilliaid anhygoel Catrin a Lleucu. Diolch am yr holl chwerthin ac am fagu chwilfrydedd ynof, ac am annog fy *wanderlust* a rhannu'r daith drwy'r ddinas o'r dechrau.

Diolch, diolch, diolch.

A wyddoch chi fod yng Nghaerdydd
Rhyw enwe pert i'w gweld bob dydd?
Ac os ewch yno, cewch weld yr enwe hyn
Sef Cyncoed, Rhiwbeina Llandaf a Gabalfa, Pen-y-lan y Waun a Sblot

Dafydd Iwan ac Edward

Croeso i
Gaerdydd

Croeso i Gaerdydd, un o ddinasoedd gorau'r byd. P'run a ydych chi'n ymweld â hi am y tro cyntaf, neu wedi byw yma erioed, mae rhyfeddodau pur annisgwyl i'w canfod ar strydoedd y ddinas – o dawelwch y wlad i fwrlwm y Bae. Gyda'i hanes hynod, ei hacen gref a'i harogleuon pêr, wrth ddarllen rhwng y cloriau hyn cewch ddarganfod bod yna fwy i Gaerdydd na theulu Bute a pheint o Brains yn unig.

Fel pob prifddinas ryngwladol arall, mae yna fynd a dod fel tro'r trai, gyda siopau, bwytai a hyd yn oed lliw ein tîm pêl droed yn newid. Yn anochel bydd ambell fenter yn gorfod cau, ond yn yr un modd bydd busnesau newydd yn blaguro a thyfu hefyd – dyma i chi gip ar Gaerdydd a gofnodwyd yn ystod 2012.

Dinas ddiddorol, hynod hawdd i'w cherdded yw Caerdydd, ag iddi gymeriad unigryw. Mae'n ddinas sy'n cynnig mwy nag atyniadau canol y dre'n unig; mwynhewch y maestrefi hefyd. Ac mae gan bawb eu perthynas eu hunain â Chaerdydd, a'r unig beth efallai nad yw rhwng y cloriau yw eich Caerdydd personol chi ond dim ond chi ŵyr hynny. Bydd y gyfrol hon yn sicr yn gymorth i chi ddod i adnabod y ddinas yn well.

Efallai bydd rhai'n gandryll i ambell le gael ei hepgor o'r canllaw hwn ac eraill wrth eu boddau na soniwyd gair am eu cornel guddiedig hwy. Ond un peth sy'n sicr, nid rhoi'r ddinas ar blât wna'r gyfrol hon, yn hytrach y bwriad yw rhoi blas o'r ddinas i chi a bod ganllaw i'ch ysbrydoli chi i ystyried Caerdydd o berspectif gwahanol.

Dyma'ch gwahoddiad chi i ddarganfod y ddinas o'r newydd. Huriwch feic (neu gar, neu geffyl) neu mynnwch docyn undydd ar Fws Caerdydd a mentrwch i'r maestrefi, gan gofio, ar bob achlysur i ffarwelio â'r gyrrwr gyda chyfarchiad unigryw'r ddinas, 'Diolch, Drive'.

Lowri Haf Cooke
Hydref 2012

Cynnwys

Maestrefi

014	Canol y Ddinas
018	Cyncoed a Glan-y-llyn
019	Yr Eglwys Newydd
020	Llandaf
021	Ystum Taf
022	Llanisien, Thornhill a Llys-faen
023	Pen-tyrch, Creigiau a Gwaelod-y-garth
024	Rhiwbeina
025	Y Waun a Gabalfa
028	Cathays
029	Llanedern a Phen-twyn
030	Llaneirwg, Llanrhymni a Thredelerch
031	Pen-y-lan a'r Rhath
034	Adamsdown a'r Sblot
035	Grangetown
036	Tre-bute a'r Bae
040	Caerau a Threlái
041	Pontcanna a Glanyrafon
042	Radur a Threforgan
043	Treganna
044	Y Tyllgoed a Phentre-bane

1 Aros dros nos

048	Gwestai mawr
052	Gwestai bwtic
054	Hostelau
058	Lleoedd i grwpiau mawr

2 Bwyd a diod

064	Bwytai cadwyn
066	Bwytai dwyreiniol
070	Bwytai Eidalaidd
076	Bwytai llysieuol
080	Bwytai rhyngwladol
084	Cyrri Caerdydd
088	Bwytai i deuluoedd
090	Cawl
092	Cinio cyflym
102	Cinio dydd Sul
106	Cinio hamddenol
108	'Sgod a sglods
112	Peint a phryd bwyd
116	Pryd bwyd arbennig
124	Coffi da
128	Te pnawn
132	Paned deg... y nos?
136	Bwyd hwyr y nos
138	Tafarn a bar
144	Tafarn go iawn
152	Coctels Caerdydd
158	Bar a chlwb
164	Brecwast 'y bore wedyn'

3 Siopa

170	Siopau bwydydd arbenigol
180	Siopau bach unigryw
188	Dillad merched
194	Dillad dynion
198	Dillad dynion a merched
202	Dillad plant
204	Dillad *vintage*
208	Siopau esgidiau
212	Siopa i'r cartref
218	Siopau llyfrau

4 Diwylliant

224	Adloniant
230	Cerddoriaeth
234	Caerdydd ar sgrin
236	Hanes
244	Llenyddiaeth y ddinas
252	Orielau celf

5 Hamdden

262	Cadw'n heini
264	Chwaraeon
268	Natur
270	Parciau'r ddinas
274	Sba a harddwch
278	Teuluoedd
284	Ynys Echni

Maestrefi

tud. 008—045

Wrth holi rhywun sy'n dod o'r ddinas,
'Un o ble y'ch chi?' yn ddieithriad,
fe gewch chi enw maestref yn ateb.
Yn amlach na heb maen nhw'n dal i fyw
yn yr un milltir sgwâr a phrin yn croesi'r
afon. Mae'r un peth yn wir am fewnfudwyr
i'r dre, wrth iddynt ymfalchïo yn eu pentre
dinesig ac aros yno. Ond os mai 'Treganna
a'r Bae' yw Caerdydd i chi, yna mae'n hen
bryd ehangu'ch gorwelion. Ceir cymeriad
gwahanol i bob rhan o'r dre a hanes
a hunaniaeth unigryw. Y tro nesa byddwch
awydd 'bach o awyr iach, beth am
gyfnewid Cefn Onn am Gefn Mabli,
a Llyn y Rhath am Gaeau Pontcanna?
Ac os ydych chi'n blino ar yr un hen
siwrne i'r gwaith, ewch allan o'ch ffordd
i ddarganfod perspectif gwahanol.

Mae modd treulio pnawn cyfan
yn cerdded o un maestref i'r llall cyn dala'r
bws adre am swper – ac wrth groesi afon
Taf i ran arall o'r dre, cewch ysbaid
a hynny heb adael y ddinas.

5

7

6

2

1

10

11

8

4

12

3

20

9

18

17

13

19

14

15

16

Gogledd

Canol y Ddinas

Gogledd y Ddinas

1   Cyncoed a Glan-y-llyn
2   Yr Eglwys Newydd
3   Llandaf
4   Ystum Taf
5   Llanisien, Thornhill a Llys-faen
6   Pen-tyrch, Creigiau a Gwaelod-y-garth
7   Rhiwbeina
8   Y Waun a Gabalfa

Dwyrain y Ddinas

9   Cathays
10   Llanedern a Phen-twyn
11   Llaneirwg, Llanrhymni a Thredelerch
12   Pen-y-lan a'r Rhath

De'r Ddinas

13   Adamsdown a'r Sblot
14   Grangetown
15   Tre-bute a'r Bae

Gorllewin y Ddinas

16   Caerau a Threlái
17   Pontcanna a Glanyrafon
18   Radur a Threforgan
19   Treganna
20   Y Tyllgoed a Phentre-bane

Canol y Ddinas

Canol y Ddinas

Un frawddeg dylid ei chofio wrth grwydro strydoedd canol
y ddinas yw, 'Edrychwch i fyny'. Gwnewch hyn er mwyn
gwerthfawrogi rhai o berlau pensaernïol Caerdydd. Dinas yw
hi a ddaeth yn 'Fetropolis Cymru' yng nghyfnod Oes Fictoria.
Ond byddai hefyd yn dda o beth – o gofio hanes maith
Caerdydd – i chi edrych i lawr yn ogystal.

Ceir tystiolaeth glir o'i gwreiddiau fel Caer Rufeinig
wrth gerdded heibio Castell Caerdydd. Goresgynnwyd llwyth
brodorol o Silwriaid yn 55 OC, a sefydlwyd caer o bren ar
lannau afon Taf. Fe'i hatgyfnerthwyd gan ddefnyddio cerrig
yn y flwyddyn 280, ac mae'r sylfaeni hyn i'w gweld ar waelod
y muriau hyd heddiw. Wyth canrif yn ddiweddarach, ar ôl
ei gadael yn hesb, sefydlwyd castell mwnt a beili yn yr union
fan yn dilyn Concwest y Normaniaid.

Am ganrifoedd lawer yr oedd Caerdydd ei hun yn
fwrdeistref a fodolai o fewn muriau'r castell. Ymestynnodd
y muriau o safle'r castell ei hun ar hyd rhan o Heol y Frenhines,
neu Stryd Crockerton, fel y'i galwyd, cyn troi lawr tuag
at Lôn y Felin, Heol y Santes Fair ac afon Taf. Ac eithrio
tŵr Beauchamp ac Eglwys Sant Ioan does braidd dim ar
ôl o gyfnod yr oesoedd canol, yn rhannol oherwydd cefnogwyr
Owain Glyndŵr, a ddinistriodd y fwrdeistref mewn gwrthryfel
yn erbyn yr arglwyddi Eingl-Normanaidd.

Gwelwyd y newid mwyaf syfrdanol yn y ddinas yn
ystod y bedwaredd ganrif ar bymtheg, pan ddenwyd lluaws
penseiri yno, yn bennaf oherwydd y cyfoeth a grëwyd yn dilyn
buddsoddiad y teulu Bute yn ardal y Dociau. Gwyrwyd llif yr
afon Taf tua'r gorllewin, galluogodd hyn sefydlu gorsaf drenau
Caerdydd Canolog a Pharc yr Arfau, a gwariwyd yn helaeth
ar drawsnewid y castell hefyd.

Yn 1883 sefydlwyd Prifysgol Caerdydd, ac yn 1905
enillodd y dref statws dinas. Flwyddyn yn ddiweddarach
agorwyd adeilad godidog Neuadd y Ddinas ym Mharc Cathays,
nesaf ati y mae Amgueddfa Genedlaethol Caerdydd.

Ymysg yr adeiladau hyfryd eraill sy'n dal i oroesi o'r un cyfnod y mae'r Hen Lyfrgell, y Farchnad Ganolog a'r Arceds bendigedig, heb sôn am enghreifftiau unigryw fel y *palazzo* Fenisaidd trawiadol a adeiladwyd yn 1878 yn agos at fynedfa Arcêd y Frenhines. Yn wrthgyferbyniad i'r bensaernïaeth hyn y mae rhai o'r adeiladau mwy cyfoes sydd hefyd yn rhan o dirlun dinesig canol Caerdydd – yn eu mysg y mae'r bwystfil concrit Neuadd Dewi Sant a'r Llyfrgell Newydd llawn gwydr a golau. Ac wrth gwrs, does dim modd dod i'r ddinas heb i chi gael eich llorio'n llwyr gan y llong ofod anferthol a laniodd ar lannau'r Taf ar droad y Mileniwm...

Dim ond pigion yn unig o berlau pensaernïol canol y ddinas yw'r rhain, a byddai'n talu ar ei ganfed i chi gymryd gwibdaith hanesyddol – mewn bws neu ar droed – o amgylch y ddinas gyfan.

Y mae'n wir i ddweud bod Stadiwm y Mileniwm yn denu miloedd i Gaerdydd; ond ers canrifoedd bellach, mae yna un man canolog arall sy'n denu tyrfaoedd i ymgynnull a chymdeithasu. Flynyddoedd yn ôl, ar droad y ddeunawfed ganrif, talwrn teirw oedd ar y safle hwn; erbyn heddiw, daw bysgwyr i berfformio, protestwyr i wrthdystio a phobl ifanc yn eu harddegau i ffraeo a fflyrtio yno – a hyn oll o dan gysgod cofeb Aneurin Bevan.

~~~~~~~~

Coffi:
THE PLAN

Deli:
WALLY'S

Bwyty:
THE POTTED PIG
CITTA

Cinio Cyflym:
RESTAURANT MINUET
THE BREAD STALL
FRESH

Cinio Sul:
PARK HOUSE
PARK PLAZA

Siopa:
J.T. MORGAN
ASHTON'S
TROUTMARK BOOKS
CLAIRE GROVE BUTTONS
MOMENTUM
PAVILLION

Gwesty:
HILTON
PARK PLAZA
BUNKHOUSE
BIG SLEEP

Tafarn:
THE CITY ARMS
OWAIN GLYNDWR
RUMMER TAVERN

Clwb:
CLWB IFOR BACH

Coctel:
LAB 22
LAGUNA BAR
STEAM°

Adloniant:
THEATR NEWYDD
NEUADD DEWI SANT

Oriel Gelf:
AMGUEDDFA
GENEDLAETHOL CAERDYDD

Chwaraeon:
STADIWM Y MILENIWM
PARC YR ARFAU

Gogledd
y Ddinas

Cyncoed a
Glan-y-llyn

Yn 1887, dechreuodd Corfforaeth Caerdydd ymchwilio
i ddatblygiad parc cyhoeddus newydd yng Nghaerdydd,
a chyfrannodd nifer o dirfeddianwyr lleol eu corstiroedd
i'r achos yn rhad ac am ddim. Gwariwyd hanner y cyfanswm
o £62,000 ar ddraenio'r tir i greu Llyn y Rhath. Ar 20 Mehefin
1894, agorwyd y parc, ei gerddi pleser, a chae chwarae mewn
seremoni arbennig gan un o'r cyfranwyr mwyaf, Trydydd
Ardalydd Bute.

Cyn pen dim, denwyd ymwelwyr ar dramiau'r ddinas
i fwynhau'r gerddi botaneg, a theithio ar long bleser a chychod
rhwyfo ar y llyn. Yn 1915 sefydlwyd goleudy i gofio am Gapten
Scott a'i griw, a adawodd ddociau Caerdydd ar y Terra Nova
ym Mehefin 1910 ar eu hantur i gyrraedd Pegwn y De.
Denwyd datblygwyr tai i sefydlu cartrefi crand ar Heolydd
Dwyreiniol a Gorllewinol y Llyn, yn ogystal â rhiw Heol
Cefn Coed yn arwain i fyny at Heol Cyncoed. Erbyn 1939,
ymestynnwyd ardal Cyncoed a fu unwaith yn dir amaethyddol
i gynnwys cartrefi unigryw o safon ar hyd Heol Rhydypennau
a Rhodfa Llandennis hyd at Heol Llwyn Ceirios, gan ddenu
haenen uchaf cymdeithas i symud i'r ardal.

Yn agos at Heol Cyncoed, ceir un o golegau UWIC
neu Prifysgol Fetropolitan Caerdydd bellach, a sefydlwyd
yn wreiddiol yn goleg hyfforddi athrawon yn 1961, ac enillodd
enwogrwydd mawr diolch i *alumni* ei adran chwaraeon;
yn eu plith, pencampwr Olympaidd ar y naid hir yn 1964,
Lynn Davies, y gôl geidwad Dai Davies, a'r chwaraewyr rygbi
rhyngwladol J. J. Williams a Gareth Edwards.

Bwyta:
JUBORAJ
SCALINI'S

Caffi:
TEN MARYPORT

Deli:
LAKESIDE DELI

Hufen iâ:
PARC Y RHATH

Yfed:
THE DISCOVERY

Yr Eglwys Newydd

Tyfodd yr Eglwys Newydd o seiliau hen gapel a sefydlwyd
pan estynnodd Iarll Caerloyw diroedd yr ardal i Esgob Llandaf
yn 1126. Cofir am yr hen gapel hwnnw mewn gardd ar Heol
yr Eglwys, a'r Eglwys a welir heddiw yno yw Eglwys Fair,
sy'n dyddio o'r bedwaredd ganrif ar ddeg.

Bu'r ardal ym meddiant Arglwyddi Morgannwg tan
gyfnod y Goncwest Normanaidd. Dros y blynyddoedd,
trosglwyddwyd awenau'r faenor amaethyddol i Iarll Penfro,
ac yna i amrywiaeth o deuluoedd, gan gynnwys Lewisiaid
y Fan ger Caerffili, Morganiaid Tredegar, a theulu'r Bute.

Ceir awyrgylch bentref yno o hyd, yn rhannol oherwydd
ei stryd fawr brysur, sy'n cynnwys nifer o siopau a thafarndai
yn dyddio o'r oes a fu. Lleolir Ysbyty Iechyd Meddwl yr Eglwys
Newydd ger Heol Felindre, yn ogystal ag Ysbyty Felindre –
sy'n arbenigo ar drin canser; ac ym mharc gwledig cyfagos
Fferm Forest, gellir gweld y rhan olaf sy'n bodoli o Gamlas
Morgannwg. I'r gogledd o'r Eglwys Newydd, mae maestref
Tongwynlais ac adeilad hynod Castell Coch, a sefydlwyd gan
Gilbert De Clare yn 1270, pan ysbeiliwyd Castell Caerffili gan
Lywelyn ap Gruffydd. Fe'i adferwyd ar ddiwedd y bedwaredd
ganrif ar bymtheg gan William Burges ar gyfer Trydydd
Ardalydd Bute a'i droi'n hafan chwedlonol, gothig.

Yfed:
THE PLOUGH
THE ROYAL OAK
THE THREE ELMS
LEWIS ARMS TONGWYNLAIS

Bwyta:
PIZZERIA VILLAGIO
Y LOLFA THAI
TOP GUN

Caffi a choctels:
VILLAGE KITCHEN
FINO LOUNGE

Siopa:
SIOP Y FELIN
DELI A GOGO

Ymlacio:
FFERM FOREST

Hanes:
CASTELL COCH

Hamdden:
TAITH TAF

Enwogion:
IOAN GRUFFYDD
MATTHEW RHYS
MEIC STEPHENS
CHRISTINE JAMES

Llenyddiaeth:
O RAN
MERERID HOPWOOD

Llandaf

Sefydlodd Teilo Sant Gadeirlan Llandaf yn y chweched ganrif ar lannau afon Taf. Daeth y fynachlog yn ganolbwynt i Gristnogaeth yn nhywysogaeth Morgannwg am rai canrifoedd. Yn dilyn y Goncwest Normanaidd, aeth yr Esgob Urban ati i adnewyddu'r eglwys yn 1120, gweithgaredd a barhaodd am rai canrifoedd, ac fe adlewyrchir hynny yn amrywiaeth nodweddion pensaernïol y gadeirlan.

Dechreuodd y pensaer o Gaerfaddon, John Wood, adnewyddu'r eglwys yn 1722, ond ni chafwyd adferiad sylweddol tan ganol y bedwaredd ganrif ar bymtheg pan ailgynlluniwyd yr eglwys i gydweddu â'r nodweddion Canoloesol. Drylliwyd ffenestr orllewinol y Gadeirlan mewn cyrch awyr yn ystod yr Ail Ryfel Byd, dymchwelwyd to corff yr eglwys, a chafodd cerrig beddi eu lluchio hanner milltir i ffwrdd, ond goroesodd Triptych Rosetti a deuddeg ffenestr liw. Ni chafodd yr eglwys ei hadfer yn llwyr tan 1960, pan ychwanegwyd sawl nodwedd newydd, gan gynnwys cofeb ddadleuol Epstein, 'Christ in Majesty'.

Bu ysgol o ryw fath yn Llandaf ers y nawfed ganrif ond ailsefydlwyd Ysgol y Gadeirlan ger llain y pentref. Ymysg ei disgyblion bu Roald Dahl ac wedi iddo dreulio dwy flynedd yno, yn 1925, danfonodd ei fam ef i ysgol breswyl yn Weston-super-Mare, ar ôl iddo dderbyn crasfa a hanner am osod llygoden farw yn un o jariau siop losin leol Mrs Pratchett, a safai ar y safle lle mae bwyty Great Wall Chinese Take Away erbyn hyn. Mae ysgol fonedd i ferched, Howells yn Llandaf hefyd, fe'i henwyd ar ôl masnachwr elusengar o'r ail ganrif ar bymtheg, Thomas Howell.

Erbyn dechrau'r ugeinfed ganrif, ehangwyd y pentref i gynnwys tai crand diwydianwyr lleol fel James Insole ac Edward Stock Hill, a fu'n gyfrifol am sefydlu Cwrt Insole a Thŷ Rookwood. Derbyniwyd Llandaf yn rhan o Gaerdydd yn 1922. Mae pentref Llandaf yn dal i gynnal ymdeimlad canoloesol drwy enwau strydoedd fel Heol y Pavin a Heol Fair, adfeilion Castell yr Esgob, a chartrefi hynafol sy'n cwmpasu'r llain ger y Gadeirlan.

Hamdden:
RHWYFO AR Y TAF

Yfed:
THE BUTCHER'S ARMS
THE MALTSERS

Bwyta:
KALLA BELLA
GREAT WALL CHINESE
MULBERRY STREET

Paned o de:
JASPER'S TEA ROOMS
GARLAND'S

Plant:
JAZZY JUNGLE

Deli:
GUSTO EMPORIO

Diwylliant:
EGLWYS GADEIRIOL
LLANDAF
ORIEL OFF THE WALL
YSGOL GYFUN
GYMRAEG GLANTAF

Ystum Taf

Dros bont afon Taf, heibio Parc Hailey ac Ysgol Gyfun Gymraeg Glantaf, ceir maestref Gogledd Llandaf neu Ystum Taf, a ddatblygodd yn bennaf oherwydd presenoldeb Camlas Morgannwg, a'r angen am loches dros dro i'r glo gwerthfawr o'r Cymoedd. Yn ogystal â'i swyddogaeth fel Iard Llandaf, gwelwyd datblygiad diwydiannau amrywiol yma gan gynnwys ffatrïoedd sebon a matsis, busnesau creu gwrtaith a llinynnau ffidil allan o esgyrn ac ymysgaroedd ceffylau marw.

Yma hefyd sefydlwyd ffowndri Evans Eagle, a oroesodd tan 1930, a gwelir olion yr enw ar dyllau archwilio ar heolydd y ddinas hyd heddiw. Llenwyd y gamlas yn dilyn yr Ail Ryfel Byd er mwyn gwneud lle i ystadau tai, a dim ond arwydd ger tafarn y Cow and Snuffers, a gaeodd yn ddiweddar, sy'n nodi'r lleoliad. Y mae'r dafarn honno'n nodedig am ei chysylltiad â'r Prif Weinidog Benjamin Disraeli; ceir sôn iddo aros dros nos yno, cyn priodi gwraig weddw'r tirfeddiannwr lleol Wyndham Lewis, Mary Anne, a oedd gryn dipyn hŷn na'r Prif Weinidog ei hun.

Caffi:
LEW'S CAFE

Yfed:
THE PINEAPPLE

Llanisien, Thornhill a Llys-faen

Mae'r enw Llanisien yn dod o enw Sant Isan, a sefydlodd gymuned Gristnogol ar y cae mawr ger Heol Llandennis, lle gwelir olion siambr gladdu heddiw. Amcangyfrir yr adeiladwyd Eglwys Normanaidd Sant Isan yn ystod y ddeuddegfed ganrif. Yn yr un cyfnod caniataodd Robert Fitzhamon sefydlu Eglwys Fair a'i phlwyf. Yn dilyn Diddymu'r Mynachlogydd, daeth Eglwys Sant Isan yn ganolbwynt y pentre, a rhannwyd y tiroedd lleol rhwng teulu'r Kemys o Gefn Mabli a Lewisiaid y Fan. Ceir cysylltiadau lleol hefyd â theulu'r Cromwelliaid, gan mai yn Llanisien y ganed Richard Williams, nai canghellor Harri VIII sef Thomas Cromwell, a Thad-cu Oliver Cromwell.

Y mae enwau strydoedd lleol yn cyfeirio at ffermydd yn yr ardal fel Tŷ Glas, Heol Hir, Llanishen Fach a Fidlas, a thu cefn i Fferm Fidlas yr adeiladwyd cronfeydd dŵr Llanisien a Llys-faen yn y 1870au oedd yn ffynhonellau allweddol o ddŵr i'r ddinas am gyfnod maith. Yn agos at y draphont ger Heol Fidlas y mae Bwthyn y Bont, lle dywedir bod ysbrydion merch gwallt coch a cheffyl gwyn yn rhodio.

Yr unig ddiwydiant sylweddol a welwyd yn Llanisien oedd gweithfeydd brics a theracota ger cae Heol Ffidlas tan yr ugeinfed ganrif, pan glustnodwyd 47 erw yn 1939 oddi ar Heol Caerffili ar gyfer cynhyrchu arfau rhyfel, a sefydliad arfau atomig yn nes ymlaen, a ddenodd brotestwyr CND. Daeth diwedd i hyn yn y 1990au, pan benderfynwyd nad oedd safle o'r fath mewn maestref yn gwneud synnwyr.

Ger tafarn y Traveller's Rest ar fryn Thornhill y mae olion Castell Morgraig lle cynhaliwyd safiad ola Llywelyn Bren, sef Llywelyn ap Gruffydd ap Rhys, yn erbyn yr Arglwyddi Eingl-Normanaidd y brenin, Edward II. Apwyntiwyd Gilbert de Clare, Arglwydd Morgannwg, i weinyddu'r ardal ond yn dilyn marwolaeth de Clare ym mrwydr Bannockburn, daeth newyn ac adfyd i'r fro dan arweinyddiaeth yr Eingl-Normaniaid ac arweiniodd Llywelyn wrthryfel yn eu herbyn.

Cyhuddwyd Llywelyn Bren o annog anniddigrwydd ymhlith y brodorion. Arweiniodd Llywelyn fyddin o hyd at 10,000 o Gymry mewn gwrthryfel yn erbyn y gelyn gan feddiannu tiroedd Morgannwg, o Gwm Nedd i Ddyffryn Gwy. Anfonwyd byddin o Gastell Caerdydd yno a bu brwydr fawr ger Castell Morgraig yn 1316.

Dihangodd Llywelyn i diroedd uwch Morgannwg ac fe'i cipiwyd yn Ystradfellte a'i garcharu am ddwy flynedd yn y Castell. Er i'r Brenin faddau iddo, fe'i darbwyllwyd i'w ddienyddio am deyrnfradwriaeth, ac fe gladdwyd Llywelyn Bren ym Mynachlog y Brodyr Llwydion sydd o dan fwyty Brown's yn adeilad Admiral erbyn hyn.

Bwyta:
YR HEN FWTHYN

Yfed:
CHURCH INN
THE BLACK GRIFFIN
THE EXCALIBUR

Paned:
COFFEE LOUNGE

Mynd am dro:
PARC CEFN ONN
CRONFA DDŴR LLANISIEN

Pen-tyrch,
Creigiau a
Gwaelod-y-garth

Y mae rhai o olion cynnar dyn yng Nghaerdydd i'w canfod ym mhlwyf Pen-tyrch, gan gynnwys cromlech ger Creigiau, a siambrau claddu sy'n dyddio o'r Oes Efydd ar fynydd y Garth, a anfarwolwyd yn y ffilm *The Englishman Who Went Up a Hill But Came Down a Mountain* yn 1995.

Dim ond er 1996 y daeth y maestrefi gwledig hyn yn rhan o Gaerdydd, ond mae hanes lleol yn eu clymu i'r ddinas, drwy ddylanwad sawl teulu, gan gynnwys llinach rymus y Mathewsiaid a fu'n enw amlwg yn yr ardal o'r bymthegfed ganrif hyd y ddeunawfed ganrif. Adeiladodd Robert ap Matthew Gastell y Mynach ger Creigiau, a bu cangen o'r teulu yn Radyr yn gyfrifol am sefydlu gweithfeydd haearn Pen-tyrch. Dros y canrifoedd wedi hynny datblygodd yr ardal yn ganolfan ddiwydiannol oherwydd coed, glo a chalchfaen yn bennaf gan chwyddo poblogaeth yr ardal drwy ddenu gweithwyr.

Tan ail ddegawd yr ugeinfed ganrif, yr oedd ardal Creigiau, (y mae'r enw yn deillio o fferm Criga), yn llwyr amaethyddol, ond pan agorodd cwmni rheilffordd y Barri orsaf gerllaw, denwyd ymwelwyr i'r ardal, ac yna ystadau tai a chartrefi crand. Y mae'r rhan hon o'r ddinas yn dal i gynnal ei chymeriad gwledig, ac mae'r iaith Gymraeg, sydd ar lafar yn lleol, yn adleisio acen yr Wenhwyseg, ac yn dal i ffynnu yn yr ardal.

Yfed:
THE GWAELOD INN
THE KINGS ARMS

Bwyta:
THE CAESAR'S ARMS

Siopa:
SIOP FFERM
THE CAESAR'S ARMS

Adloniant:
CANOLFAN ACAPELA

Rhiwbeina

Rhiw Sant Beuno yw tarddiad enw'r faestref ogleddol y gellid
yn hawdd ei galw'n Dan y Wenallt. Yn wir, yma ceir rhai
o enwau hynotaf y ddinas, gan gynnwys Nant Rhydwaedlyd,
lle bu farw Iestyn ap Gwrgant, tywysog cynhenid olaf
Morgannwg, wrth frwydro yn erbyn byddin Iarll Caerwrangon,
Robert Fitzhamon, ar ddiwedd yr unfed ganrif ar ddeg.
Ceir sôn mai bedd y tywysog o Gymro hwn yw sail Y Twmpath
dan fryn y Wenallt, lle ceir golygfa wych o'r ddinas. Mae hefyd
olion o'r Oes Haearn a chyfnod y Rhufeiniaid.
    Roedd sawl fferm yn perthyn i'r ardal, gan gynnwys
Pant-mawr, Tyn-y-cae, Tyn-y-coed a'r Deri, a enwyd ar
ôl y dderwen sy'n dal i sefyll ger tafarn y Deri a'r Deri Stores.
Bu fferm Rhiwbeina ei hun ym meddiant y teulu Morgan
o Dredegar, a dim ond ar ddechrau'r ugeinfed ganrif y'i
datblygwyd ar ffurf pentref llain las dan oruchwyliaeth y
Rhiwbina Garden Village Society, gan ddechrau gyda chasgliad
o dai a gynlluniwyd gan T. Alwyn Lloyd ar Lôn Isa, Y Groes,
a Lôn y Dail yn 1913. Yn wir, mae'r rhan fwyaf o strydoedd
yr ardal ag iddynt enwau Cymraeg, oherwydd fe'u henwyd
gan y bardd W. J. Gruffydd o Fethel ger Caernarfon, a fu'n
byw yn yr ardal tra bu'n Athro yn Adran Astudiaethau Celtaidd
y Brifysgol. Mae hi'n ardal braf sy'n dal i gynnal awyrgylch
pentref, a cheir poblogaeth sylweddol o siaradwyr Cymraeg.

Bwyta:
SNAILS DELICATESSEN

Siopa:
NEST
VICTORIA FEARNE GALLERY
HOUGHTON WINE CO.

Ymlacio:
FRAGRANT 277

Yfed:
YE OLDE BUTCHERS ARMS
Y DERI INN

Hanes:
Y TWMPATH

Picnic:
Y WENALLT

Enwogion:
KATE ROBERTS
W. J. GRUFFYDD
(BARDD AC YSGOLHAIG)
RACHEL THOMAS
(ACTORES)
IORWERTH PEATE
(SAIN FFAGAN)
STAN STENNETT
(DIDDANWR)

Y Waun
a Gabalfa

Ceir dwy ran i ardal y Waun, sef y Waun Ddyfal (Little Heath), sy'n ffinio â'r Rhath a Cathays a Mynydd Bychan (Great Heath) sy'n ymestyn i'r gogledd at Lanisien a Rhiwbeina. Tir comin oedd yma ond prynwyd swmp helaeth o'r Waun Ddyfal gan Drydydd Ardalydd Bute pan gaewyd rhan fawr o'r Waun gan Gorfforaeth Caerdydd. Doedd rhai o'r trigolion lleol ddim yn hapus am hyn, a chofnododd ysgrifennydd yr Ardalydd wrthsafiad gan griw o 'ferched Amazonaidd â phicffyrch ag arfau cyffelyb' a gwaredwyd y sgwatwyr lleol a'u tai unnos yn 1799.

Crëwyd tair prif fferm o'r tir pori blaenorol; Y Waun, Ton yr Ywen ac Allensbank, ond diogelwyd y goedwig, ac am bron i ganrif, ni welwyd braidd dim newid yn naearyddiaeth yr ardal. Yn ystod yr 1890au dechreuwyd adeiladu strydoedd tai ar diroedd y teulu Lewis ger Heol Allensbank a Heol yr Eglwys Newydd a threfolwyd yr ardal yn sylweddol erbyn y 1960au. Sicrhawyd ardal agored i'r cyhoedd fodd bynnag ac y mae, hyd heddiw, ymysg y gorau o barciau'r ddinas.

Neilltuwyd rhan o Barc y Waun ar gyfer Ysbyty'r Waun, neu Ysbyty Athrofaol Cymru, a agorodd yn Rhagfyr 1971 nid nepell o ddatblygiad Heol y Dwyrain, ac ardal hynafol Gabalfa.

Tarddiad enw Gabalfa yw'r Ceubalfa, sy'n cyfeirio at y cyfnod pan oedd rhaid defnyddio cwch i groesi'r afon Taf cyn agor pont Rhodfa'r Gorllewin. Ceir cyfeiriad at sawl annedd ar Heol y Gogledd ar ddiwedd y bedwaredd ganrif ar bymtheg, gan gynnwys Fferm Mynachdy, a ffermdy Llys Tal-y-bont, a fu unwaith ym meddiant Abaty Llantarnam, sydd yn ei dro, yn egluro'r enw lleol Mynachdy. Ar droad yr ugeinfed ganrif, tarfwyd ar heddwch amaethyddol yr ardal, ac adeiladwyd strydoedd ag enwau o bedwar ban yr Ymerodraeth Brydeinig, gan gynnwys Heol Canada, Heol Newfoundland, Heol Awstralia, Heol Seland Newydd a Gerddi Affrica. Yn 1922 daeth Gabalfa yn rhan o ddinas Caerdydd.

Dwyrain
y Ddinas

Cathays

Oherwydd presenoldeb Prifysgol Caerdydd, Cathays yw'r ardal sy'n hawlio'r nifer fwyaf o fyfyrwyr ymhlith ei thrigolion, sy'n egluro'r nifer fawr o gaffis a bwytai tec awê. Fel sawl ardal arall yng Nghaerdydd, tir amaethyddol fu yma'n bennaf hyd at yn hwyr yn y bedwaredd ganrif ar bymtheg ond ar ôl cael ei thraflyncu fel rhan o'r dre yn 1875 gwelwyd datblygiadau mawrion. Erbyn troad yr ugeinfed ganrif Cathays oedd y faestref gyntaf y tu hwnt i furiau'r Castell i gael ei threfoli'n llwyr, a dydy'r Waun Ddyfal – sy'n llenwi'r gofod i'r de o Barc y Rhath rhwng rheilffyrdd Caerffili a Merthyr – wedi newid fawr ddim ers hynny.

Un o atyniadau hynotaf yr ardal yw'r fynwent fawr a agorwyd yn 1859, sef Mynwent Cathays, sy'n cynnwys nifer o gerrig beddi diddorol, gan gynnwys rhai enwogion lleol fel yr arloeswr hedfan Ernest Willows, y paffiwr 'Peerless' Jim Driscoll a'r perchennog llongau Reardon Smith. Mae ambell i gymeriad llai adnabyddus yn gorffwys yno hefyd fel y bardd Edward 'Cochfarf' Thomas o'r Betws, a'r 'Balloon Girl', y laslances Louisa Maud Evans, fu farw mewn damwain mewn balŵn yn 1896.

Yn nes at y dre ar hen gaeau deheuol yr ardal y mae'r ganolfan ddinesig drawiadol, Parc Cathays, sy'n cynnwys sawl adeilad eiconig – Y Deml Heddwch, Yr Amgueddfa Genedlaethol, a Neuadd y Ddinas yn eu plith. Cerfiwyd Neuadd y Ddinas o garreg wen Ynys Portland yn Swydd Dorset, oedd hyn yn un o amodau Trydydd Ardalydd Bute wrth gyfrannu'r tir at yr achos.

Yfed:
THE CRWYS
THE WOODVILLE
THE MACKINTOSH
THE PEN AND WIG
VANILLA ROOMS
BACCHUS BAR AND LOUNGE

Bwyta:
PARK HOUSE
LORENZA'S
DAIQUIRI'S
EMBASSY CAFÉ
MOWGLI'S

Caffis:
CAFE CALCIO
SHERMAN CYMRU
CAFE ATMA
THÉ POT
TUCKER'S

Paned a theisen:
EMMA JANE'S CUPCAKE KITCHEN

Cinio ar frys:
THE FALAFEL BAR
JONES & JONES
DOUGH
NOODLE BOX

Bwyd hwyr y nos:
VENUS KEBAB

Siopa:
OTAKUZOKU

Ymlacio:
GROOM FOR MEN

Diwylliant:
THEATR SHERMAN CYMRU
ORIEL MARTIN TINNEY
ORIEL KOOYWOOD

Llenyddiaeth:
FFYDD GOBAITH, CARIAD
LLWYD OWEN

Llanedern
a Phen-twyn

Bu newid mawr ym maestrefi Llanedern a Phen-twyn er pan
gyrhaeddodd Sant Edern yr ardal yn ystod y bumed ganrif
gan sefydlu eglwys ar lannau afon Rhymni. Adferwyd yr eglwys
honno gan y Normaniaid yn ystod y ddeuddegfed ganrif,
ac mae Eglwys wyngalch hardd Sant Edern yn dal i sefyll ger
yr A48. Yng Nghoed y Gores gerllaw yr oedd cartref David
Morgan, un o gynghorwyr Bonnie Prince Charlie; cyhuddwyd
ef o deyrnfradwriaeth ac fe'i dienyddiwyd yn dilyn Brwydr
Culloden.

Erbyn diwedd y bedwaredd ganrif ar bymtheg,
canolbwynt y pentref oedd tafarn yr Uncorn. Mae'r Uncorn
yn dal ar agor, ac yn un o dafarndai mwyaf dymunol cwmni
Brains erbyn hyn, gyda chroeso Cymreig yno.

Teulu Kemys-Tynte, Cefn Mabli, oedd y tirfeddianwyr
lleol tan ddechrau'r ugeinfed ganrif, ac ymysg y trigolion
lleol yr oedd tenantiaid ffermydd Pen-twyn, Tyn y Berllan
a Llanedern ei hun. Yn 1921, fodd bynnag, datgymalwyd ystad
Cefn Mabli a thros y degawdau a ddilynodd, trawsnewidiwyd
yr ardal yn llwyr oherwydd y galw am ragor o ystadau tai.
Er 1974, agorwyd, a chaewyd, canolfan siopa'r Maelfa yn
Llanedern, a chynhaliwyd 'Steddfod yn y Ddinas' yno pan
ddaeth yr Eisteddfod Genedlaethol 1978 i Gaeau Pen-twyn.
Bellach, hwy yw dwy o faestrefi mwyaf poblog y ddinas,
ac ehangwyd arnynt ymhellach yn ystod yr 1990au
i gynnwys Pontprennau.

Llaneirwg, Llanrhymni a Thredelerch

Tredelerch yw'r enw Cymraeg 'Rhymni', a'r enw hwnnw'n deillio o'r enw 'Rompney', a roddwyd ar yr ardal gan y Normaniaid. Ymysg yr arglwyddi hanesyddol arni yr oedd Gilbert De Clare; Edmund, Iarll Stafford, a Thomas Cromwell, a dderbyniodd yr ystad yn 1532 yn rhodd gan Harri VIII, cyn cael ei ddienyddio gan y brenin am deyrnfradwriaeth. Tredelerch yw'r enw Cymraeg a roddir ar Rymni, sy'n deillio, mae'n debyg, o bresenoldeb elyrch ar afon Rhymni.

O Eglwys hynafol Awstin Sant ar Heol Casnewydd, a sefydlwyd yn y ddeuddegfed ganrif ac a addaswyd yn ystod y ddeunawfed ganrif, gellir dilyn llwybr carreg lle saif ffermdy Beili Bach, llwybr a ddefnyddiwyd gan smyglwyr lleol i guddio'u hysbail heb fod ymhell o dafarn y Pear Tree Inn, neu'r Rompney Castle bellach, ar Heol Gwynllŵg. Denwyd nifer dros bont Rhymni i lymeitian ar y Saboth yn y Rompney Arms, y Cross Inn a'r Carpenter's Arms, oherwydd ei lleoliad daearyddol yn Sir Fynwy, hyd nes i Rymni ddod yn rhan o Forgannwg yn 1887, ac yna'n un o faestrefi Caerdydd yn 1938. Ymysg ei dyrnaid o drigolion ar y pryd yr oedd ffermwyr a gyflenwai flodau, llaeth a llysiau i drigolion Caerdydd, ond yn dilyn yr Ail Ryfel Byd, gwelwyd datblygiad ystadau tai ar hyd tir y ffermydd hynny.

Pedair canrif yn ôl profodd yr ardal drychineb naturiol, trawyd glannau'r Hafren gan don anferthol yn 1607, gan foddi dwy fil o bobl mewn llifogydd mawr. Ceir cofeb i'r digwyddiad dramatig ger Eglwys Llanbedr Gwynllŵg, i'r dwyrain o Laneirwg. Bron i dair canrif cyn hynny, yn dilyn dienyddiad Llywelyn ap Gruffydd yn 1282, cyflwynwyd ei ben i Edward II yng Nghastell Conwy, ond ceir sôn i'w gorff gael ei gludo gan fynachod i Neuadd Llanrhymni a'i osod yno mewn arch.

Yn sicr, dyma lle ganed y môr-leidr byd-enwog Harri Morgan, a gludwyd i Farbados yn was cyn dod yn gapten ar ei long ei hun. Bu farw Harri yn 1688 yn ddyn cyfoethog iawn, gan adael nifer o gartrefi i'w wraig, gan gynnwys y cartref teuluol yn Barbados oedd â'r enw Llanrhymni arno, yn atgof o'i ardal enedigol.

Ymhellach i'r gogledd ceir plwy Llaneirwg, a gafodd ei enwi ar ôl Eurwg – Brenin Gwent yn ystod y cyfnod Rhufeinig Prydeinig. Sefydlodd eglwys yno ar ôl cael ei fedyddio yn afon Rhymni gan genhadwr o Rufain. Pan ddaeth y Normaniaid i'r ardal, adferwyd yr eglwys a newidiwyd yr enw i gofio eu nawddsant Mellon, Esgob Rouen. Y mae ardal hynafol Llaneirwg yn dal i gynnal ymdeimlad pentref.

Yfed:
THE OLD COACH HOUSE
THE BLUEBELL
ROMPNEY CASTLE
THE SIR HENRY MORGAN

Bwyta:
YAKINIKU

Siopa:
BLOOMS OF BRESSINGHAM
THE ORCHARD

Llenyddiaeth:
CEFN MABLI
W. J. GRUFFYDD

Pen-y-lan
a'r Rhath

Mae Pen-y-lan a Phlasnewydd yn ffurfio dwy ran o blwyf canoloesol y Rhath – enw sy'n deillio o'r gair Wyddeleg am gaer, sef *rath*. Ardal amaethyddol oedd hon, yn bennaf gyfrifol am fwydo trigolion y Castell o'r cyfnod Normanaidd ymlaen, a cheir adlais o'r ffermydd lleol yn enwau strydoedd fel Heol Pen-y-waun, Crwys, a Tŷ-draw. Canolbwynt hanesyddol y plwy yn yr Oesoedd Canol oedd Eglwys Sant Margaret, sy'n dyddio o'r ddeuddegfed ganrif. Mae'r eglwys hardd hon yn dal i sefyll ar y gyffordd rhwng Heol Albany a Heol Waterloo, ac yn y fynwent yno y mae beddrod y teulu Bute dylanwadol. Bu'r ardal ym meddiant sawl teulu pwysig arall dros y canrifoedd gan gynnwys yr Herbertiaid a theulu'r Richards, a unwyd trwy briodas â'r teulu Mackintosh o'r Alban; eglura hyn enwau strydoedd fel Mackintosh, Keppoch, Strathnairn, yn ogystal ag Arabella, Donald, Angus ac Alfred.

Yn ystod cyfnod Arglwydd Tredegar, un o'r ychydig filwyr Prydeinig i ddychwelyd o'r frwydr enbyd a anfarwolwyd gan Tennyson yn 'The Charge of the Light Brigade', adeiladwyd nifer o strydoedd mwyaf braf y ddinas a'u henwi ar ôl brwydrau eiconig eraill o gychwyn yr ugeinfed ganrif; Blenheim, Kimberley, Balaclava ac Alma. Saif Tŷ Maer y Ddinas ar waelod Heol Richmond, bu unwaith yn gartref i'r teulu Ambrose yn y gyfres deledu *Dinas* ar S4C. Mae'n glamp o dŷ crand a adeiladwyd yn wreiddiol ar gyfer y masnachwr James Howell.

Mae parciau hyfryd ym Mhen-y-lan – Parc y Rhath, a Gerddi Waterloo a'r Felin, a ben bore y mae'r gerddi hyn, a'r llwybr dymunol ar hyd Nant Lleucu, a enwyd ar ôl gwraig y rebel Llywelyn Bren a bu ei farw yn 1349, yn llawn rhai'n cerdded eu cŵn yn ogystal â rhedwyr brwd.

Ganol dydd, y mae'r caffis niferus Heol Wellfield, (y mae'r enw Wellfield yn cyfeirio at ffynhonnau sanctaidd ar fryn Pen-y-lan), yn fwrlwm o fyfyrwyr a theuluoedd, ac yn cyfrannu at deimlad o gymuned ddymunol a chyfeillgar.

Mae goleuadau llachar a seiniau egsotig y bwytai o bob cwr o'r byd yn denu llawer ar hyd Heol y Ddinas, neu Heol y Castell fel yr oedd cyn 1905 pan ddyfarnwyd Caerdydd yn ddinas. Heol y Plwcca oedd enw'r stryd cyn hynny, sy'n ein harwain at un o fannau mwyaf dychrynllyd y ddinas, Plwcca Halog, neu 'Death Junction', lle ddienyddiwyd sawl dihiryn a sawl un dieuog, a Heol y Crwys y tu hwnt.

Bwyta:
MILGI
ICHIBAN
MEZZE LUNA
TROY

Yfed:
THE ALBANY
THE ROATH PARK
THE CLAUDE

Cinio Sul:
THE PEAR TREE
THE CROFTS

Celf:
ORIEL YR ALBANY

Ymlacio:
YEAR OF THE TIGER
CLARINS GOLD SALON

Paned o de:
WATERLOO GARDENS
TEAHOUSE
A SHOT IN THE DARK
TEA & CAKE
ORIEL MILKWOOD

Enwogion:
GERAINT JARMAN
(ALFRED STREET)
ALUN LLYWELYN-WILLIAMS
(HEOL NINIAN)
BOBI JONES
(HEOL CYFARTHFA)
GWYNETH LEWIS AC
OWAIN ARWEL HUGHES

De'r
Ddinas

Adamsdown a'r Sblot

Fel rhannau eraill o blwyf y Rhath, tir ffermio'n unig oedd yma hyd ganol y bedawredd ganrif ar bymtheg, ond roedd Adamsdown neu Waunadda a'r Sblot ymhlith y maestrefi cynharaf i gael eu datblygu mewn ymateb i'r galw am gartrefi i weithwyr y Dociau.

Ceir awgrym fod yr enw Adamsdown yn deillio o'r hawl a estynnwyd gan Arglwyddi Morgannwg i geidwad porth y Castell i wneud defnydd o'r tir, ac roedd Adam Kyngot yn borthor y Castell yn 1331. Ardal Newtown, rhwng Stryd Mary Ann a Stryd Tyndall, oedd yr ardal gyntaf i dyfu y tu hwnt i reolaeth, oherwydd mewnlifiad aruthrol o Wyddelod yn ystod y 1840au. Mewn ymateb i hyn, lluniwyd terasau taclusach ag iddynt enwau seryddol fel Sun, Planet, Eclipse a Star, yn ogystal â metalau fel Iron, Gold a Copper, a gemau: Topaz, Diamond a Sapphire.

Un o adeiladau amlycaf Waunadda, i ddefnyddio cymreigiad diweddar ar yr enw, yw'r carchar a'i waliau mawreddog a agorwyd yn 1832 yn dilyn cau'r carchar gwreiddiol ger y farchnad – ac a ddatblygwyd ymhellach yn 1854. Adeiladwyd nifer fawr o eglwysi yn Waunadda yn ystod y cyfnod Fictoraidd – nifer o'r rheiny ar gyfer enwadau Cymraeg. Un o'r harddaf yw Eglwys Anglicanaidd St Germans ar Star Street, a adeiladwyd yn y dull Gothig Addurniadol yn 1884, gan ddilyn esiampl Mudiad Rhydychen gan gyflwyno 'prydferthwch sanctaidd' i rannau difreintiedig cymdeithas. Byddai'n anodd ymweld ag Adamsdown heb sylwi ar adeiladau Neo-Gothig hardd y Clafdy Brenhinol (yr hen CRI) oddi ar Heol Casnewydd, sydd wedi profi sawl adferiad gwyrthiol ei hun ers ei hagor yn ei ffurf wreiddiol ganol y 1880au ar dir barics Longcross.

Yfed:
THE ROYAL OAK

Bwyta:
THE CANTEEN

Hanes:
PARC Y FYNWENT
EGLWYS ST GERMANS

Teisennau bendigedig:
BENEDITO'S
SIMPLY STEVE'S

Aros dros nos:
NOMAD
THE BIG SLEEP
RADISSON SAS
HOLLAND HOUSE
NOVOTEL

Enwogion:
Y FONESIG SHIRLEY BASSEY
ERNEST WILLOWS YR
ARLOESWR HEDFAN

Llenyddiaeth:
BOB YN Y DDINAS
SIÔN EIRIAN

Grangetown

Ymysg tai teras Fictoraidd Heol Clive yn Grangetown,
neu Drelluest, y mae un o adeiladau hynaf y ddinas,
Ffermdy'r Grange sydd dros wyth can mlwydd oed; saif
ar dir eglwysig a gyfrannwyd gan Esgob Llandaf i fynachod
Sistersaidd Abaty Margam ar droad y drydedd ganrif ar ddeg.
Amaethwyd tir yr ardal tan ddechrau'r ugeinfed ganrif, pan
drefolwyd yr ardal yn sydyn, i ddarparu tai i weithwyr dociau
Caerdydd a Phenarth.

Bellach, mae Grangetown yn ardal fywiog ac aml-ethnig
sy'n meddu ar sawl mosg ac ar brif deml Hindwaidd y ddinas.
Ceir sawl parc braf, gan gynnwys Gerddi'r Grange – cyrchfan
carnifal Grangetown bob mis Mehefin. Ar wal y rheilffordd sy'n
ffinio â Pharc Seven Oaks ger Heol Sloper mae murlun graffiti
trawiadol a adnewyddir bob Gorffennaf fel rhan o Ŵyl Roxe
Jam ac ar gae'r un parc dros fisoedd yr haf, gellid gweld dau
o dimau pêl fas mwyaf sefydledig Prydain – Grange Catholics,
a Grange Albion a nododd ei ganmlwyddiant yn 2007.

Y mae Grangetown, fel Treganna gynt, yn denu nifer
o fewnfudwyr Cymraeg eu hiaith i fyw yn yr ardal, gan dyrru
i dafarn y Cornwall am glonc ac i wylio gemau pêl-droed –
nid nepell o'r tŷ lle llythyrodd ysgrifennydd cyntaf Cymdeithas
yr Iaith Gymraeg, John Davies, â phobl o bob cwr o'r wlad yn
apelio ar iddynt ddod i'r brotest gyntaf yn 1962.

Bwyta:
VEGETARIAN FOOD STUDIO
YANG'S
MEROLA'S

Cinio ar frys:
INMAS
CLARK'S PIES

Siopa:
THE PUMPING STATION
CHINA SUPERMARKET
BRUTON'S

Yfed:
THE CORNWALL
THE GRANGE

Chwaraeon:
STADIWM DINAS
CAERDYDD

Hamdden:
CANOLFAN HAMDDEN
CHANNEL VIEW

Llenyddiaeth:
Y TIWNIWR PIANO
CATRIN DAFYDD

Tre-Bute
a'r Bae

Cyn 1839, dim ond gwaun, gwlyptiroedd a chamlas
Morgannwg oedd i'w gweld i'r de o ganol y dre. Ond yn
ystod y flwyddyn honno, newidiwyd cwrs hanes Caerdydd
am byth, pan agorodd Ail Ardalydd Bute y doc cyntaf
o bump a adeiladwyd yn yr ardal a fu bron â'i yrru'n
fethdalwr. Erbyn 1885 roedd porthladd Caerdydd yn gyfrifol
am danio'r Chwyldro Diwydiannol gyda bron i bumed rhan
o allforio glo'r holl fyd yn gadael o ddociau Caerdydd.
Yn 1907, arwyddwyd y siec gyntaf o am £1,000,000 yn
y Gyfnewidfa Lo yn y bae. Profodd y ddinas dwf aruthrol
yn ei phoblogaeth ar hyd y bedwaredd ganrif ar bymtheg
ac am gyfnod hir, ardal fywiocaf y ddinas oedd Tre-Bute.

　　Denwyd y dosbarth canol newydd, yn beirianwyr,
masnachwyr a chapteiniaid llong, i dai crand Sgwariau
Loudon a Mount Stuart, ac yna i strydoedd dymunol Rhodfa
Windsor a Clarence Embankment, tra roedd Stryd Bute
ei hun yn ferw o siopau, gwestai a thafarndai rif y gwlith,
gan ddiwallu holl anghenion y morwyr a ddôi o bedwar ban byd.

　　Ar droad yr ugeinfed ganrif, symudodd y dosbarth canol
i'r maestrefi newydd, a gwelwyd dirywiad graddol yn safonau
amodau byw'r trigolion lleol a chododd tensiynau hiliol eu pen
wrth i ddiweithdra gynyddu a'r galw am lo leihau. Erbyn 1964,
yr oedd y West Bute Dock cyntaf hwnnw ynghau, a Sgwâr
Loudon a strydoedd cyfagos wedi'u dymchwel er mwyn
codi fflatiau yn eu lle. Brwydro ymlaen wnaeth y gymuned
leol, serch ei henw drwg ym meddyliau dinasyddion eraill
fel llecyn dieithr, peryglus, hyd nes i'r gwŷr busnes weld cyfle
i ailfrandio'r ardal fel 'Bae Caerdydd'. Ers diwedd y 1980au,
y mae'r Dociau wedi'u trawsnewid yn llwyr yn dilyn datblygiad
morglawdd a greodd lyn dŵr croyw o afonydd Taf ac afon
Elái. Yn amgylchynu'r llyn y mae bwytai a thafarndai niferus
Cei'r Fôr-forwyn ac adeiladau eiconig sydd yn ffurfio awyrlun
Caerdydd gyfoes: St David's Hotel, Canolfan y Mileniwm,
yr Eglwys Norwyaidd, adeilad y Pierhead, ac wrth gwrs adeilad
trawiadol y Senedd.

　　Mae cymuned Tre-Bute yn dal yn glòs a chosmopolitaidd.
Wrth basio'r geiriau graffiti sy'n eich croesawu i 'Independent
Tropical Wales' mae'n bosib y clywch chi'r adhăn – yr alwad
i weddi o fosg Yemeni Alice Street, Masjid-e-Zawiyah.

036 / 037

Yfed:
ELI JENKINS
SALT
THE WATERGUARD
TERRA NOVA

Coctel:
TIDES
BA ORIENT
BAR ONE
BAR CWTCH
VIP LOUNGE

Celf:
BAY ARTS
THIRD FLOOR GALLERY
CREFFT YN Y BAE

Caffi:
COFFEE MANIA
GORGE WITH GEORGE
TRUMP'S
GOLEULONG 2000
NORSK

Siopa:
FABULOUS WELSHCAKES
PORTMEIRION

Bwyta:
WOOD'S BRASSERIE
CÔTE
PEARL OF THE ORIENT
MIMOSA
CAFE ROUGE
DEMIRO'S

Ymweld:
Y SENEDD
ADEILAD Y PIERHEAD
TECHNIQUEST

Adloniant:
CANOLFAN MILENIWM
GLEE CLUB

Aros dros nos:
ST DAVID'S HOTEL & SPA
107 BUTE
JOLYON'S

Hamdden:
GWARCHODFA NATUR BAE
CAERDYDD, MORDAITH
O'R BAE I'R HAFREN A
THEITHIAU HWYLIO I YNYS
ECHNI, CERDDED
MORGLAWDD CAERDYDD

Gorllewin
y Ddinas

Caerau
a Threlái

Ystyriwyd Trelái yn bentref tan 1922 a oedd yn rhan o blwyf
ehangach Llandaf, a chanolbwynt canoloesol yr ardal oedd
clwstwr o fythynnod ger y bont dros afon Elái. Ceir cofnod o'r
bont yn 1545, ac ychydig dros ganrif yn ddiweddarach yn 1648
fe chwaraeodd ran allweddol yn ystod y Rhyfel Cartref, pan
ddanfonodd y Cyrnol Horton gatrawd o filwyr i'w hamddiffyn
rhag byddin o Frenhinwyr, gan ohirio goresgyniad Caerdydd.

Ar ddiwedd y bedwaredd ganrif ar bymtheg, denwyd
diwydiant i'r ardal wrth i sawl bragdy eiconig agor ger
y rheilffordd newydd, gan esgor ar yr hysbyseb 'Ely ales,
the best in Wales'. Nid nepell o fragdy Trelái, yn 1890 agorodd
Samuel Chivers ei ffatri finegr a chyffeithiau; roedd yn nodedig
am ei ddawn fusnes, a'r ffaith iddo ddewis claddu un o'i
goesau ym Mynwent Cathays yn dilyn damwain. Yn Nhrelái
hefyd yr agorwyd y gweithfeydd papur a fu'n arwain y gad yn
y maes cynhyrchu papur newydd am dros ganrif, tan i'r oes
gyfrifiadurol arwain at gau'r ffatri yn 1999. Yn 1922 daeth
Trelái yn un o faestrefi Caerdydd, ac o fewn dwy flynedd
adeiladwyd tair mil o dai cyngor ar hen diroedd fferm Tŷ Coch
a Thŷ Gwyrdd, gyda Grand Avenue yn rhodfa ganolog hardd.
Cymuned glos sy'n ymfalchïo yn eu cornel nhw o Gaerdydd
yw Trelái.

I'r de o Drelái y mae Caerau, sydd â hanes gryn dipyn
hŷn na Threlái. Hyd heddiw, ar lwyfandir uwchben yr ystad
o dai cyfoes, fe welir olion caer o'r Oes Haearn, a adeiladwyd
gan lwyth o Silwriaid lleol, a fu'n rheoli aberoedd afonydd
Taf ac Elai. Ar gwrs rasio Trelái yn 1922, darganfuwyd olion
Rhufeinig lle bu gweithfeydd haearn. Yn 1895 cynhaliwyd
y Grand National Cymreig cyntaf, gan ddenu miloedd o
wylwyr am flynyddoedd lawer. Cynhaliwyd y ras olaf ar Gwrs
Rasio Trelái yn 1939, pan enillodd Keith Piggott, tad Lester,
a'i geffyl Grasshopper.

Bwyta:
THE TRAHERNE ARMS
THE BEECH TREE INN
CARDIFF FISH BAR

Hamdden:
PARC TRELÁI

Llenyddiaeth:
UN DDINAS, DAU FYD
LLWYD OWEN

Hanes:
MYNWENT ORLLEWINOL
TRELÁI

Aros dros nos:
GWESTY'R COPTHORNE

Pontcanna
a Glanyrafon

Fel y gŵyr nifer, gan gynnwys asiantau tai'r ddinas, enw gwneud am ran ogleddol Glanyrafon yw Pontcanna. Ond ers degawdau olaf yr ugeinfed ganrif, mae'r ailfrandio deheuig hyn wedi sicrhau mai yma mae cartref ysbrydol y 'Cyfryngi Cymraeg'. Hawdd felly fyddai dychmygu mai hanes diweddar sydd i 'strydoedd cul Pontcanna', ond yn ôl Iolo Morganwg, y mae'r enw'n tarddu o enw'r Santes Canna, tywysoges o Lydaw oedd yn byw yn ystod y chweched ganrif. Nid nepell o Fferm Pont Canna, ar dir Fferm Plas Turton, ger y gyffordd rhwng Heol y Gadeirlan a Stryd Teilo, yr oedd pont dros nant Canna, gorchuddiwyd hi ar ddiwedd y bedwaredd ganrif ar bymtheg ac mae'n dal i lifo o dan strydoedd braf yr ardal.

Mae gogledd Heol y Gadeirlan a Heol Pontcanna yn fwrlwm o gaffis, bwytai a bwtîcs annibynnol, gan gynnwys canolbwynt answyddogol y 'pentref', deli Bant a La Cart, lle mae'r Gymraeg a'r Saesneg yn cymysgu â'i gilydd yn gwbl naturiol. Wrth basio stad dai newydd Ffynnon Ganna, ar safle'r hen Glwb Trydan, yn agos at hen stiwdios HTV a TWW gynt, sy'n rhannol egluro pam y daeth y cyfryngi i setlo yma gynta, fe ddowch at gaeau braf Llandaf a Phontcanna, safle Eisteddfod Genedlaethol Caerdydd yn 2008, a maes chwarae clwb rygbi Clwb Rygbi Cymric, yma hefyd mae cartref Clwb Criced Morgannwg.

Ger Gerddi Sophia, a enwyd ar ôl gweddw Ail Ardalydd Bute, ceir amrywiaeth o barciau bychain, gan gynnwys gardd hyfryd Stuttgart, sef rhodd yn 2006 gan un o efeilldrefi Caerdydd i'r ddinas.

Y mae strydoedd de Glanyrafon yn dwyn nifer o enwau Arglwyddi Eingl-Normanaidd Morgannwg i gof, gan gynnwys Despenser a Fitzhamon, yn ogystal â rhai o beirianwyr y dociau a chyfreithwyr teulu'r Bute. Ardal fwy aml-ethnig sydd rhwng Heol y Bont-faen a Heol Tudor ac mae enghreifftiau rhagorol o fwytai rhyngwladol, gan gynnwys cyrri cartref Mrs Madhav, a'r bythol boblogaidd Riverside Cantonese.

Yfed:
THE HALFWAY
THE BEVERLEY
THE CRICKETERS
Y MOCHYN DU
TAFARN CAYO
THE ROBIN HOOD
THE NEW CONWAY

Siopa:
BODY BASICS
C@BAN
FLOWERS WITH A TWIST
THE FRAME SHOP

Caffi:
COFFEE #1
CAFE BRAVA

Bwyta:
FISH AT 85
CIBO
CAMEO

Celf:
GALLERIE GALLES
THE FRAME SHOP

Aros dros nos:
MAISON GALLES
ELGANO'S

Hamdden:
THE BIKE SHED
CAEAU PONTCANNA
SEFYDLIAD CHWARAEON
CYMRU

Chwaraeon:
CLWB RYGBI CYMRIC
STADIWM SWALEC
CLWB HAMDDEN IECHYD DA

Enwogion:
IVOR NOVELLO
(HEOL Y GADEIRLAN
A HEOL Y BONT-FAEN)
GERAINT JARMAN
(BROOK STREET)

Radur a Threforgan

Olion aelwyd o'r Oes Haearn yw'r dystiolaeth gynharaf o bresenoldeb dyn a geir yng nghoedwig Radur, ond bu'n rhaid aros tan yr unfed ganrif ar ddeg i weld cofnod ysgrifenedig o 'Aradur' fel arhosfa leol i bererinion wrth ymweld â chysegr Teilo Sant yn Llandaf. Yn ystod y drydedd ganrif ar ddeg, sefydlwyd Eglwys Sant Ioan gan Richard De Clare, a maenordy Cwrt Radur, cartref Hugh Despenser, a ysbeiliwyd gan y teulu Mortimer yn 1321, ac sy'n dal i sefyll yn dafarn dafliad carreg i ffwrdd yn Danescourt.

Erbyn y ddeunawfed ganrif, roedd rhannau sylweddol o Radur yn rhan o ystad Iarll Plymouth, a ffafriodd ffermydd mawrion yr ardal, ond wrth i weithfeydd haearn Pen-tyrch ddenu gweithwyr i'r ardal, tyfu o glwstwr o fythynnod wnaeth Pentre Poeth, a newidiwyd yr enw i Dreforgan er cof am y tirfeddiannwr lleol Morgan Williams a ganiataodd y datblygiadau ar ei dir ef. Datblygwyd yr ardal ymhellach ganol y bedwaredd ganrif ar bymtheg yn dilyn datblygiad Rheilffordd Dyffryn Taf. Profodd Radur yn llecyn cyfleus ar gyfer lein aros i adael y glo a gludwyd o'r Cymoedd i'r Dociau dros dro, ac i storio cerrig Radur (Radyr Stone) a gloddiwyd o'r chwarel leol. Pan agorodd gorsaf gyhoeddus Radur yn 1883, denwyd nifer o aelodau o'r dosbarth canol newydd i fyw yn yr ardal, a chodwyd tai crand ar Heol Isaf a Heol yr Orsaf, ynghyd â siopau, ysgolion a chapeli, clwb criced a chwrs golff. Ymysg y mewnfudwyr i'r ardal am gyfnod yn 1918, yr oedd Harald a Sophie Dahl, rhieni'r llenor Roald Dahl, cyn i Sophie symud y teulu i Landaf yn 1920 yn dilyn marwolaeth ei gŵr.

Ymlacio:
ENER-CHI

Yfed:
THE RADYR COURT
TYNANT INN

Hamdden:
CWRS GOLFF RADUR

Bwyta:
SEASONS KITCHEN & BAR
DE COURCEYS MANOR

Siopa:
SIOP FFERM TŶ NANT
PENTREF GARDDIO PUGH'S

Treganna

Fel yn achos Pontcanna, y mae'r enw Treganna yn deillio
o enw'r Santes Canna o Lydaw, â chanddi lais hardd a hudodd
nifer o baganiaid i droi'n Gristnogion. Fe'i cofir yng nghapel
Eglwys y plwy, Sant Ioan sydd mewn cilgant braf oddi ar
Heol y Bont-faen, a gwblhawyd yn 1871, ac a gynlluniwyd
gan yr un penseiri a oedd yn gyfrifol am adfer Eglwys Gadeiriol
Llandaf, J. P. Seddon a John Prichard. I'r gogledd, mae
Heol y Farchnad, canolbwynt masnachol Treganna yn ystod
ail hanner y bedwaredd ganrif ar bymtheg. Agorodd un
o dafarndai mwyaf y ddinas, y Corporation Hotel, yn ogystal
â'r Old Butcher's gerllaw, oherwydd llwyddiant y farchnad
wartheg hon yn 1889, ond erbyn hyn, mae'r un ardal yn fwy
adnabyddus am fod yn gartref i ganolfan gelfyddydau Chapter,
a sefydlwyd yn 1971 yn hen adeilad Ysgol Uwchradd Treganna,
adeilad a fomiwyd yn ystod yr Ail Ryfel Byd, lle derbyniodd
y pêl-droediwr John Toshack ei addysg.

I'r gorllewin, ar hyd Heol y Bont-faen, ar hen dir comin
Trelái, y mae Parc Fictoria a agorwyd i nodi Jiwbilî Diemwnt
y Frenhines Fictoria yn 1897. Mae'n adnabyddus oherwydd,
presenoldeb 'Billy the Seal', morlo benywaidd a ddarganfuwyd
ar gwch pysgod ac a gartrefwyd yn llyn y parc; anfarwolwyd
Billy gan un o ganeuon Frank Hennessy a chofeb iddi ger
llyn y parc.

Ers degawdau bellach, y mae Treganna wedi denu nifer
o Gymry Cymraeg ifanc ac ifanc eu hysbryd i fyw yn yr ardal,
gan sicrhau bod Capel Methodistaidd Salem yn fywiog
tu hwnt ar y Sul, yn ogystal â thafarn ganolog y Duke of
Clarence, sy'n cynnal nosweithiau misol dan yr enw 'Clwb
y Diwc'. Golyga hyn hefyd bod unrhyw gwmni lleol gyda
chysylltiadau Cymraeg, fel canolfan blantos Bambeans,
caffi Waffle, a bwyty Thai y Bangkok Café, yn denu nifer fawr
o gwsmeriaid Cymraeg eu hiaith.

Yfed:
THE CORPORATION
DUKE OF CLARENCE
THE VICTORIA PARK
THE ROMILLY
THE CANTON
THE BUTCHER'S ARMS

Celfyddyd:
CANOLFAN Y CHAPTER
ORIEL CANFAS
NEUADD LLANOFER

Byrbryd:
CLARK'S PIES

Bwyta:
PETE'S PLAICE
THE ITALIAN WAY
BANGKOK CAFÉ
THE CODFATHER
PHO BAC
PURPLE POPPADOM

Paned:
SAFFRON CAFE
WAFFLE

Hamdden:
PARC THOMPSON
PARC FICTORIA

Y Tyllgoed a Phentre-bane

Tan ganol yr ugeinfed ganrif, roedd y Tyllgoed a Phentre-bane yn dir amaethyddol agored. Canolbwynt y pentre am genedlaethau oedd bwthyn, coed conwydd a chastanwydden. Pan ddinistriwyd y bwthyn mewn tân, sefydlwyd tafarn The Fairwater, lle mae'r Clwb Ceidwadol erbyn hyn.

Ceir sawl cartref nodedig yn y Tyllgoed, gan gynnwys tŷ gothig a gynlluniwyd ar gyfer W. G. David ger Ely Rise, a Thŷ Bronna, a gynlluniwyd gan Charles Vosey, bu'r tŷ'n adnabyddus am ysbryd gwraig y perchennog, Hastings Watson. Trefolwyd yr ardal ymhellach ar ôl cael ei derbyn yn rhan o Gaerdydd yn 1929, ac ehangwyd yr ardal pan ddatblygwyd stad o dai ar hen ffermdir Pentre-bane.

Hamdden:
CANOLFAN SGIO AC
EIRAFYRDDIO CAERDYDD
'THE DELL'
YM MHARC Y TYLLGOED

Bwyta:
FRIARY FISH BAR

Yfed:
THE FAIRWATER

Diwylliant:
YSGOL GYFUN
GYMRAEG PLASMAWR

Enwogion:
JOHN TOSHACK
TERRY HOLMES
NESTA WYN JONES
(BU'N DYSGU YMA
AM GYFNOD)

①

Aros dros nos

tud. 046—061

I rai, gwnaiff soffa ffrind neu stafell sbâr
y tro yn iawn; i eraill, *suite* pum seren
â golygfa odidog yw'r unig ffordd waraidd
o aros dros nos yn unrhyw le. Os nad oes
perthnasau neu gyfeillion croesawgar yn
eich disgwyl yn y ddinas, mae yna lety yng
Nghaerdydd i siwtio pob poced a chwaeth,
a hynny mewn lleoliad o'ch dewis chi;
o foethusrwydd hynod o safon ryngwladol
hyd at hostel go handi neu westy bwtîc.
Beth bynnag fo'r achlysur – taith gwaith,
parti plu, trip rygbi neu ddihangfa dros
dro – byddwch yn siŵr o ddarganfod
lle i enaid gael llonydd am wyth awr
o heddwch, neu gornel bach dirgel
i gael treulio'r Penmaen-mawr.

Gwestai mawr

O'r eiliad y camwch chi heibio drysau troelli'r gwesty pum seren hwn, fe welwch chi steil o safon eithriadol, yn bennaf oherwydd yr atriwm trawiadol sy'n adleisio amgueddfa Guggenheim Efrog Newydd, a'r darluniau amryliw a chyfoes gan yr artist o Gernyw, Neil Canning. Ers ei sefydlu gan gwmni Rocco Forte yn 1999, creodd y gwesty argraff arbennig ar awyrlun Bae Caerdydd, diolch i'w gynllun trawiadol sy'n adleisio llong wen ag iddi wylan ar ei phen. Yn ogystal â chyfres o stafelloedd braf a *suites* hynod foethus ag iddynt falconïau'n edrych dros y Bae, y mae yma sba nefolaidd sy'n cynnig triniaethau thalassotherapy yn ogystal â stafelloedd ymlacio, campfa a phwll nofio ag iddi deils glasfaen hardd, tra fod safon y bwyd lleol a weinir yn y bwyty yn adlewyrchiad teg o ansawdd cyffredinol y gwesty arbennig hwn.

Stryd Havannah
Bae Caerdydd CF10 5SD
029 2045 4045

RADISSON BLU

Ydych chi'n dymuno cael gwesty canolog gyda'r olygfa odidocaf dros ddinas Caerdydd? Y Radisson Blu yw'r dewis gorau i chi felly. Heb fod ymhell o'r orsaf drenau ganolog, a chamau'n unig i ffwrdd o John Lewis, mae'r gwesty cyfoes hwn wedi'i leoli yn un o adeiladau talaf y ddinas. Gallwch weld ymhell dros afon Hafren, ac i fyny tuag at Gastell Coch. Mae'r ystafelloedd wedi'u dodrefnu'n syml ond chwaethus – gyda'r ystafelloedd 'Ffasiwn' yn cynnwys celfi Missoni, tra bod gwydro dwbl y ffenestri llydan ym mhob ystafell yn sicrhau noson dda o gwsg. Y mae'r lolfa braf gyda'i Di-Wi am ddim yn agored i bawb, a'r bwyty Filini poblogaidd yn cynnig bwydlen wedi'i hysbrydoli gan yr Eidal. O flaen yr adeilad mae cofeb addas i Jim Driscoll, y paffiwr a aned dafliad carreg i ffwrdd yn ardal ddiflanedig Newtown, felly os ewch am beint o Brains yn nhafarn ddeniadol y Golden Cross gyferbyn, cofiwch gynnig llwncdestun i un o arwyr y ddinas.

Meridian Gate, Teras Bute
Canol y Ddinas CF10 2FL
029 2045 4777

HILTON

Os am westy o safon mewn safle gwych, mae'r Hilton yn anodd i'w guro. Oddi ar iddo agor yn 1999 i gydfynd â Phencampwriaeth Cwpan Rygbi'r Byd, mae'r gwesty rhyngwladol hwn wedi cynnig gwasanaeth o'r radd flaenaf a golygfeydd ysgubol dros Gastell Caerdydd. Yn ganolbwynt i'r neuadd ymgynnull ar waelod yr atriwm agored, y mae carped amryliw Xebec Decor gan yr un cwmni sydd yn cyflenwi'r Ritz a'r Dorchester yn Llundain, ac ar waliau'r coridorau ceir darluniau argraffiadol trawiadol gan Matisse. Mae'r ystafelloedd o faint da, gan gynnwys ystafelloedd ymolchi o ansawdd, a sebonach gan Peter Thomas Roth, ac mae'r clwb ffitrwydd yn cynnwys campfa, pwll nofio, sawna ac ystafell stêm sy'n siŵr o'ch adfywio ar ôl diwrnod hirfaith neu'ch paratoi am noson fawr. Adnewyddwyd y cyntedd yn 2010 i gynnwys bar braf y Metropole Lounge, lle cynigir te pnawn a choctels cofiadwy, yn ogystal â bwyty Razzi a'r Steam Bar gerllaw.

Ffordd y Brenin
Canol y Ddinas CF10 3HH
029 2064 6300

PARK PLAZA

Un o westai brafia'r brifddinas yw'r Park Plaza, a agorodd yn 2006 ar Heol y Brodyr Llwydion. Yn ogystal â chynnig ystafelloedd o safon – gyda golygfeydd trawiadol dros Neuadd y Ddinas, Gerddi'r Orsedd a'r Amgueddfa Genedlaethol – mae canolfannau cyfarfod, campfa, pwll nofio a sba o'r safon uchaf. Y mae'r lolfa fawr yn y cyntedd yn hafan i drigolion y ddinas yn ogystal ag ymwelwyr, ac yn lle perffaith i fwynhau te pnawn bendigedig, cyn ymlwybro tuag at y bwyty braf, a bar Laguna sydd â rhai o goctels gore'r ddinas.

Heol y Brodyr Llwydion
Canol y Ddinas CF10 3AL
029 2011 1111

GWESTY'R PARC HOTEL

Un o westai hynaf y ddinas yw gwesty'r Parc, a sefydlwyd yn wreiddiol yn 1882 gan y masnachwr lleol James Howell ar safle'r hen Theatr Frenhinol yn Crockherbtown sef Heol y Frenhines heddiw. Fe'i cynlluniwyd yn wreiddiol i efelychu amgueddfa'r Louvre ym Mharis. Ers ailagor yn 2009 yn dilyn tân, Cymreigiwyd yr enw, a derbyniodd adnewyddiad sylweddol, gan olygu bod y Parc yn westy hardd o Oes Fictoria sy'n cynnwys cyffyrddiadau cwbl gyfoes. Yn ogystal â sawl gofod braf sy'n addas ar gyfer cynadledda neu ddathliadau priodas, ceir 140 o ystafelloedd gwely cyffyrddus, a defnydd o gampfa Vitality uwchben bar Henry's sydd gyferbyn â'r gwesty ar Blas y Parc. Mae bar siampaen Harlech yn un o guddfannau mwyaf chwaethus y ddinas, a bwyty'r Social yn gyrchfan boblogaidd tu hwnt gyda gourmands o bell ac agos, diolch i'r defnydd mentrus o fwyd lleol sydd wedi ennill sawl gwobr.

Plas y Parc
Canol y Ddinas CF10 3UD
08713 769 011

GWESTY'R ANGEL

Gwesty arall ag iddo hanes difyr yw gwesty eiconig yr Angel, a sefydlwyd ym 1883 gan Drydydd Ardalydd Bute. Mae'r Angel yn dal i gynnal naws arbennig, diolch i nodweddion fel carpedi moethus a *chandeliers* o risial Waterford. Mae iddi 102 o ystafelloedd gwely cyffordus, a thair ystafell fawr braf, sy'n denu nifer o wleddoedd priodas yn ogystal â'r seremonïau eu hunain. Ceir perthynas gyda chlwb iechyd Vitality ar Heol y Castell gerllaw, lle cynigir gwasanaeth campfa a thriniaethau harddwch am bris gostyngol i westeion. Ar ddiwrnod gêm rygbi rhyngwladol, does yna unman gwell i fwynhau'r awyrgylch, gan fod Parc yr Arfau a Stadiwm y Mileniwm ar y naill ochr, a golygfa dda o Barc Bute dros Wal yr Anifeiliaid sy'n amgylchynu'r castell a gynlluniwyd gan William Burges ac a gerfluniwyd yn 1890 gan Thomas Howell, ar yr ochr arall.

✳

Stryd y Castell
Canol y Ddinas CF10 1SZ
029 2064 9200

THE BIG SLEEP

Creodd The Big Sleep argraff o'r cychwyn cynta pan gyrhaeddodd un o'i sylfaenwyr, yr actor John Malkovich, lawnsiad y gwesty yn ei byjamas. 'Super chic but sexy chic' oedd disgrifiad cylchgrawn *Elle Decoration* o steil hynod gyfoes y gwesty, sy'n cynnwys dodrefn formica wedi'u cyfosod â lliwiau *retro-chic* tanjerîn, glas golau a phinc Barbie. Mae dafliad carreg o neuadd adloniant Motorpoint, a chanolfan siopa Dewi Sant 2, yn ogsystal â'r Atrium a'r Orsaf Ganolog. Mae'n cynnwys bar poblogaidd, a gweinir y brecwast syml, cyfandirol yn y stafell fwyta braf.

✳

Teras Bute
Canol y Ddinas CF10 2FE
029 2063 6363

NOVOTEL

Gwesty cyfoes pedair seren ag iddo bwll nofio a chanolfan gynadledda ar Heol Tyndall. Y mae'r gwesty smart hwn bum munud i ffwrdd o siopau a thafarndai'r dre, a llai nag ugain munud ar droed o Ganolfan y Mileniwm ac atyniadau'r Bae y tu hwnt i Rodfa Lloyd George. Ond hanner canrif yn ôl, dyma oedd canolbwynt ardal Wyddelig Newtown yn y ddinas, a ddatblygwyd ar ganol y bedwaredd ganrif ar bymtheg i ateb y galw am lety i'r gweithwyr Gwyddelig a ddaeth yn eu miloedd o siroedd deheuol Iwerddon i ffeindio gwaith yn Nociau Caerdydd. Yn 1966, dymchwelwyd yr ardal gyfan oherwydd stad druenus yr adeiladau, ond mae sawl hen warws yn dal i oroesi. Gerllaw sefydlwyd gardd gofio i gymuned Newtown, a gynlluniwyd gan yr artist lleol David Mackie ac a agorwyd yn swyddogol gan Charlotte Church.

✳

Ffordd Schooner
Glanfa'r Iwerydd
Bae Caerdydd CF10 4RT
029 2047 5000

Gwestai bwtîc

HOTEL ONE HUNDRED
Adnewyddwyd hen dŷ teras
Fictorianaidd ar Heol Casnewydd
a'i droi'n westy yn 2009 a
chyflwyno'r saith ystafell wely yno
am brisiau amrywiol, rhesymol. Yn
ogystal â gwelyau pren cyffyrddus
a gynhyrchwyd yn lleol, teledu
LED a DVD, ceir ym mhob
ystafell ddoc iPod, a'r defnydd o
Di-Wi am ddim. Gweinir brecwast
cyfandirol yn rhan o'r pris, neu
gallwch archebu brecwast Cymreig
am bris ychwanegol.

100 Heol Casnewydd
Y Rhath CF24 1DG
07916 888 423

JOLYON'S
Mae gwesty bwtîc Jolyon's
wedi denu clod gan y wasg ac
ymwelwyr am gynnig hafan glyd a
chyffyrddus yng nghanol bwrlwm y
Bae. Dodrefnwyd pob un o'r saith
ystafell yn unigryw. Ysbrydolwyd
y dodrefn moethus gan lewyrch
Tiger Bay ar ei anterth, sydd
mewn gwrthgyferbyniad trawiadol
â'r ystafelloedd molchi modern.
Gweinir y brecwast Cymreig yn
Bar Cwtch islaw, gan sicrhau
dechrau da i'r diwrnod ar ôl noson
wych o gwsg. Cofiwch hefyd
am Jolyon's at No. 10, ar Heol
y Gadeirlan, sy'n perthyn i'r un
cwmni, os am fod yn nes at ganol
y ddinas.

5 Cilgant Bute
Bae Caerdydd CF10 5AN
029 2048 8775

TŶ ROSA

Heb fod ymhell o adeilad hynaf Caerdydd, Ffermdy Grange ar Heol Clive, y mae'r gwesty bwtîc hwn sy'n arbenigo mewn cynnig llety sy'n gwneud pwynt o groesawu pawb, yn enwedig pobol o'r gymuned hoyw ac LGBT. Yn ogystal â sawl ystafell ag iddynt enwau cestyll Cymru (gan gynnwys Harlech, Caerffili a Chastell Coch) ceir lolfa gyfforddus ag iddi soffas lledr a thân agored, llyfrgell DVD a Di-Wi drwy'r tŷ – heb anghofio gardd hyfryd lle caniateir ysmygu. Mae'r brecwastau'n boblogaidd, a gellir archebu swper o flaen llaw. Darperir ar gyfer eich holl anghenion bwyta. Gan fod Heol Clive yn un o briffyrdd Grangetown, ceir sawl arhosfan fws ac mae gorsaf drenau gerllaw er mwyn cyrraedd atyniadau'r Bae neu'r dre yn hwylus, os nad ydych am fwynhau atyniadau G-town ei hun.

❀
118 Heol Clive
Grangetown CF11 7JE
029 2022 1964

GWESTY ELGANO

Ymysg gwestai gwely a brecwast Heol y Gadeirlan ym Mhontcanna y mae gwesty braf Elgano, sy'n cynnig ystafelloedd cyffyrddus am bris hynod resymol. Ceir ystafelloedd ymolchi *en suite*, neu'r dewis o aros yng nghoetsws tawel yr ardd, sy'n cefnu ar Barc Sophia. Y mae'r brecwast Cymreig ar y fwydlen ymysg y gorau yn y ddinas, gan fod y perchnogion, Elgan a Hazel, hefyd yn rhedeg cwmni arlwyo hynod lwyddianus o dan enw Elgano er 1995. Dafliad carreg o Stadiwm SWALEC, ac ugain munud o'r dre ar droed, ceir digonedd o dafarndai dymunol gerllaw, yn ogystal â bwytai hyfryd Pontcanna gyda'r hwyr.

❀
58 Heol y Gadeirlan
Pontcanna CF11 9LL
029 2034 4060

CHURCHILLS HOTEL

Os hoffech ysbaid o fwrlwm y brifddinas, a hynny mewn lleoliad lled ganolog, byddai'n werth ystyried archebu stafell yn y gwesty cyfoes hwn ag iddo naws draddodiadol, sydd â golygfa wahanol, ddiguro o gaeau braf Llandaf. Y mae'r Eglwys Gadeiriol, chwarter awr i ffwrdd ar droed ac yn nes fyth mae caffis Pontcanna a'i siopau annibynnol. Ceir dewis da o ystafelloedd cysurus neu fythynnod tawel, ac o gofio mai bragdy Brains sy'n rheoli, gallwch fentro y bydd peint safonol yn eich aros yn Winston's Bar.

❀
3 Llandaff Place
Llandaf CF5 2AD
029 2040 1300

SELD IN THE CITY

Os fuoch chi'n ddigon ffodus i fwynhau noson neu ddwy yng ngwesty bwtîc Llety Bodfor, Aberdyfi, byddwch ar ben eich digon o glywed fod gan Ann Hughes, rheolwraig Llety Bodfor a chwmni dylunio Seld, westy sy'n ddihangfa ddinesig hynod ddymunol hefyd. P'run ai ydych chi'n chwilio am hafan heddychlon, neu am loches ganolog i'w ddefnyddio i brofi gweithgareddau amrywiol y ddinas ohoni, mae Seld in the City yn cynnig lle moethus ichi mewn tŷ teras trawiadol ar Heol y Gadeirlan. Mae gan 'Fflat Soffia' ddwy ystafell wely, lolfa, ystafell ymolchi a chegin a ddodrefnwyd yn chwaethus â chyffyrddiadau cyfoes yn ogystal ag elfennau Fictoraidd. Bydd y soffa fawr foethus yn y lolfa ganolog yn siŵr o fod yn boblogaidd yn enwedig ar derfyn diwrnod caled o ymweld yn y ddinas.

❀
Soffia, Fflat 3
128 Heol y Gadeirlan
Pontcanna CF11 9LG
01654 767 475

Hostelau

YHA

Heb fod ymhell o Barc y Rhath, gyferbyn â bwyty Eidalaidd Scalini's, saif hostel ieuenctid Glan-y-llyn, sy'n cynnig lloches i deithwyr er 1980. Ceir yno stafelloedd rhannu i ferched a dynion, neu stafelloedd i deulu a chawod *en suite*. Mae yna sawl arhosfan bws o fewn tafliad carreg i'r ganolfan, os am ddianc i'r dre, ond os yw amser yn caniatáu byddai'n werth ystyried trefnu bore neu brynhawn cyfan yn darganfod rhyfeddodau'r Rhath, a hanesion hynod Mynwent Cathays gerllaw.

2 Heol Wedal
Y Rhath CF14 3QX
0845 371 9311

NOMAD

Ger Ysgol Gelf a Dylunio Caerdydd ar sgwâr hynafol Gerddi Howard, mae hostel Nomad sy'n cynnig gwasanaeth gwych am y pris, rhwng Adamsdown a'r dre. Oddi ar i'r Nomad agor yn 2007, mae'n denu amrywiaeth o gwmseriaid, gan gynnwys bacpacwyr a phartïon stag a phlu, i fanteisio ar wasanaethau sy'n cynnwys cegin, ystafell poker a llieiniau a thywelion am ddim, a hynny mewn awyrgylch gyfforddus a saff. Does dim 'amser cau', sy'n golygu y gallwch fwynhau atyniadau amryliw Heol y Ddinas hyd oriau mân y bore. O'r fan hon gellir neidio ar drên i'r Orsaf Ganolog neu hyd yn oed i Gastell Caerffili mewn chwinciad.

11—15 Gerddi Howard
Y Rhath CF24 0EF
029 2025 6826

BUNKHOUSE

Os am noson o gwsg mewn lleoliad canolog am bris teg, yna'r Bunkhouse amdani. Y mae'r geiriau Beds, Bar, Boogie yn crynhoi'r weledigaeth i'r dim, gan fod yr ystafelloedd cysgu ar y lloriau uchaf, y bar ar y llawr canol, a'r Halfpenny Theatre gyda'i gwelyau ymlacio, seddi sinema retro a'i llawr dawnsio bywiog yn y selar islaw. Gyda phris gwely cyn ised â £15 y noson, mae modd dewis ystafell rannu i ferched, dynion, neu gyfuniad o'r ddau, a ceir stafelloedd molchi *en suite*, loceri, a defnydd am ddim o deledu, gliniadur a Di-Wi yn rhan o'r pris, yn ogystal â gostyngiad o 10% am ddiodydd yn y bar.

94 Heol y Santes Fair
Canol y Ddinas CF10 1DX
029 2022 8587

NOS DA

Nid nepell o'r orsaf ganolog, ar lannau'r afon Taf, y mae gwesty â golygfa amhrisiadwy o un o eiconau mwya'r ddinas – Stadiwm y Mileniwm. Nid yn unig y mae Nos Da yn darparu stafell am bris da mewn hostel pum seren, ond mae'n cynnig rhywbeth i blesio pawb – bar hwyr bywiog, campfa, a hyd yn oed wasanaeth benthyca DVDs rhad ac am ddim. Mae Nos Da dafliad carreg o farchnad fwyd hynod fywiog Glanyrafon, a gynhelir bob bore Sul rhwng 10 a 2 hefyd. Os nad yw hynny'n ddigon, mae'r gegin yn cynnig bwydydd a chanddynt flas Cymreig. Mae'r hostel yn fan poblogaidd iawn am bartïon a lansiadau difyr o bob math. Ond efallai mai'r mesur mwyaf o lwyddiant y llety llawen hwn yw ei ddawn i ddenu trigolion lleol, yn ogystal ag ymwelwyr, gan sicrhau 'Noswaith Dda' i bawb.

53—59 Stryd Despenser
Glanyrafon CF11 6AG
029 2037 8866

● NOS DA

Moderntaces
NORWAY
Når du er gammel og ingen vil ha deg, så sett deg på taket og la kråkene ta deg!
×× MaikenReimer
Marie L Holmqvist + Kristin Bergendal
Bank Hol on an E!
MAN WHO WAITS FOR DUCK TO FLY INTO MOUTH WAIT VERY LONG TIME
WHEN A MAN KILLS A ... ITS CALLED SPORT ... WHEN A LION KILLS ... ITS CALLED FEROCITY!!
LEWIS CASEY
NELSON BAY, AUS.
5/5/2011
ALLY, KIM & NICOLE FROM CANADA
11.7.11
JAI
BILLERICAY
2011
Rob and Mandie
22-4-11
CAMBRIDGE
SWEDEN
Mark's Stag Do!
9th 10th April 2011
Great atmosphere great time!
Riiight Steameh!
UoS GC1 TOUR '11
(Big, and Heavy)
Magdalena @25
Marion & Isabelle
9/07/11
Kate Gunter
Chloee Carrey
9/04/2011
Je souhaite à tous les français qui lisent ce mot de profiter du séjour ici
HOLA ESPAÑOLES! DISFRUTAN CARDIFF!
Mel's 25th Birthday!
10/7/11
Cardiff
JESS AT LEVE
AT REJSE ER AT LEVE
TANJA ØSTERGAARD
DENMARK 27.-28 April
TUCUMAN
ARGENTINA
Kim & Sh
Paterso
15th Jun
ANGELIQUE
CAT AND
R.L.H CERAMICS!
14-5-2011
BIG HANDS
LARKY'S CLOCK
MACHO MAN RANDY SAVAGE
Donald Lake Western
9/7/11
Jade Lewis
020811

Lleoedd i grwpiau mawr

BUTE 107

Y tro nesa y byddwch chi'n ymweld â Chaerdydd mewn grŵp mawr – gyda'r gwaith, ar gyfer Eisteddfod, penwythnos stag, parti plu neu aduniad teulu – ac am gyfri'r ceiniogau er mwyn cael mwynhau'r ddinas mewn steil, byddai'n werth ystyried arhosiad yn 107 Bute Street, a hynny am ba bynnag hyd y dymunwch. Yn wahanol i motels anhysbys cyfagos y Bae, mae 107 Bute Street yn cynnig lle i grŵp o hyd at 20 person i rannu'r adeilad tri llawr hwn mewn ystafelloedd o amrywiol feintiau – o *suite* sengl i sawl ystafell deulu neu ddwbl, yn ogystal â byncws bwtîc. Ceir cegin ganolog ag iddi ddigon o ofod i bawb, yn ogystal â lolfa, llecyn ymlacio, a golchdy. Fel ei berthynas ym Mhontcanna, Maison Galles, y mae i'r lle hwn dipyn mwy o steil na'r byncws arferol. Cofiwch archebu'n brydlon, gan fod Bute 107 yn cynnig Biwt o fargen.

107 Stryd Bute
Bae Caerdydd CF10 5AD
029 2025 7076

MILLENIUM VIEW PENTHOUSE

Os ydych ag awydd byw'r freuddwyd ddinesig dros dro ar eich ymweliad, yna byddai'n werth ystyried archebu'r fflat hon, sydd â lleoliad anodd ei guro, a golygfa a hanner o Stadiwm y Mileniwm. Cewch fanteisio ar gyfleusterau hunanarlwyo'r gegin gyfoes, neu fwynhau camu allan i fwytai a bars canol dre, ond un peth sy'n sicr, boed law neu hindda, byddwch ar dân dros frecwast ar y balconi, felly cofiwch ddod â'r *croissants* – mae'r *cafetière* yn aros amdanoch chi.

Arglawdd Fitzhamon
Glanyrafon CF11 6AR
0845 226 9831

MAISON GALLES

Wrth gamu dros riniog Maison Galles, mae'n hawdd dychmygu eich bod am rai eiliadau'n gadael Pontcanna i gael eich trawsblannu yn un o *apartments* chwaethus y Rive Gauche, diolch i weledigaeth Rhodri Ellis Owen sy'n feistr ar fanylion. O'r carped porffor moethus i'r papur wal *bespoke* sy'n cyfosod geiriau'r 'Marseilles' a 'Hen Wlad Fy Nhadau', hyd at yr ystafelloedd chwaethus sy'n llawn dodrefn pren hynafol o Baris, a'r gwaith celf cyfoes ar hyd y waliau gan artistiaid o Gymru a Ffrainc, mae pob modfedd o'r cartref gwyliau hwn yn sgrechian steil o safon rhyngwladol. Yn ogystal â phedair ystafell wely mae gwely soffa yn yr ystafell fyw, gan sicrhau lle i hyd at ddeg o bobol yn y bwtîc hyfryd hwn.
●

7 Cilgant Romilly
Pontcanna CF11 9NP
07885 416 103

Lleoedd eraill

MERCURE CARDIFF
Holland House Hotel & Spa
24–26 Heol Casnewydd
Canol y Ddinas CF24 0DD
029 2043 5000

MARRIOTT HOTEL
Lôn y Felin
Canol y Ddinas CF10 1EZ
029 2039 9944

IBIS
Ffordd Churchill
Canol y Ddinas CF10 2HA
029 2064 9250

×

Rhodfa Malthouse
Parc Busnes
Porth Caerdydd
Pontprennau CF23 8RA
029 2073 3222

FUTURE INN
Ffordd Hemingway
Bae Caerdydd CF10 4AU
029 2048 7111

SLEEPERZ
Ffordd Hemingway
Canol y Ddinas CF10 1RH
029 2047 8747

MALDRON HOTEL
Heol Eglwys Fair
Canol y Ddinas CF10 1GD
029 2066 8866

HOLIDAY INN
Stryd y Castell
Canol y Ddinas CF10 1XD
0871 942 9240

PREMIER INN
Tŷ Helmont
10 Ffordd Churchill
Canol y Ddinas CF10 2NB
0871 527 8196

×

Heol Pen-twyn
Pen-twyn CF23 7XH
0871 527 8202

×

Heol Ipswich
Sblot CF23 9AQ
0870 197 7049

×

Port Road, Nantisaf
Wenfô CF5 6DD
029 2059 3896

TRAVELODGE
Imperial Gate
Heol y Santes Fair
Canol y Ddinas CF10 1FA
0871 984 6424

×

Parc Hamdden
Glanfa'r Iwerydd
Ffordd Hemingway
Bae Caerdydd CF10 4JY
0871 984 6424

BL

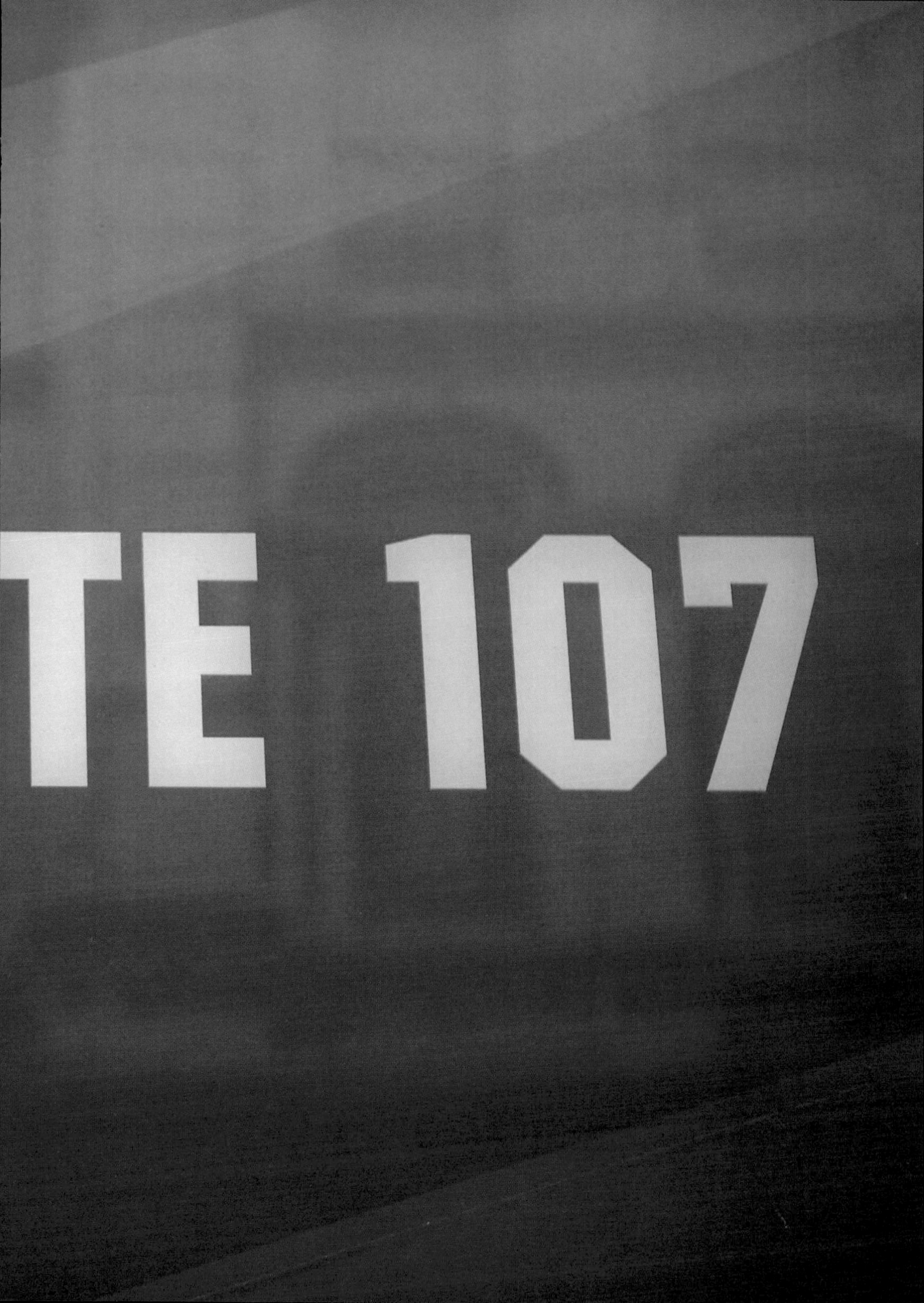
TE 107

2

Bwyd a diod

tud. 062–167

Os oes arnoch chwant cawl â blas
Cymreig, neu os ydych yn ysu am bryd
o ben draw'r byd, gall Caerdydd gynnig
bwytai i blesio pob un palet. O gaffis
niferus i ystafelloedd te, heb sôn am
ddirgel-lefydd i *gourmands* a chabanau
kebabs têc-awê.

Os oes awydd arnoch i wario'n
wirion, mae lleoedd gwych ar eich cyfer,
ond ceir yma fwytai da am brisiau hynod
deg. O'r Potted Pig i Clark's Pies, cynigir
gloddest i gig-garwyr, ond byddai'n werth
ystyried y nifer cynyddol o fwytai llysieuol
sydd yn y dre hefyd. I gyd-fynd â'r wledd
rhaid cael medd, ac os am ddiod bach
chwaethus, wel mae yma fariau coctel di-ri.
Mae'r ddinas yn berwi o *baristas* o safon
i weini coffi tan gamp i chi. Ond os am flas
go iawn o'r ddinas, beth am dro rownd
y tafarndai a mynnwch beint o Brains.

Bwytai cadwyn

Fel prifddinas, mae gan Gaerdydd fwy na'i siâr o fwytai lleol o safon, ond mae hefyd yn braf gweld rhai o enwau mawrion y wlad yn heidio yma yn eu tro. A thra bo cwsmeriaid yn rhoi blaenoriaeth i fwytai teuluol sy'n cadw'r economi leol i fynd, does dim o'i le ar brofi *hype* yr enwau mawrion yn achlysurol chwaith. Ar frig y rhestr y mae bwydlen Eidalaidd Antonio Carluccio, a'r gadwyn Ffrengig ag iddi ddylanwadau Llydewig, Côte, sydd wedi ennill gwobrau am gynnig bwyd o safon am bris rhesymol tu hwnt.

Mae Bae Caerdydd yn llawn enwau cyfarwydd hefyd sy'n cynnig rhychwant eang o fwydydd rhyngwladol: o Fecsico (Las Iguanas) yr Eidal (Strada) a'r Dwyrain Pell (Wagamama). Yng nghanol y ddinas nid nepell o Prezzo, mae pizzerias Zizzi, Pizza Hut a Pizza Express, ac os ydych chi'n awchu am fyrgyr o safon, yna ewch i Gourmet Burger Kitchen ar hast.

Mae Canolfan Siopa Dewi Sant 2 yn croesawu ei chwsmeriaid i brofi amryw o ddewisiadau gastronomaidd, o Americana Ruby Tuesday i fwydlen bistro Ffrengig Café Rouge, ac os ydych chi'n hoffi'ch bwyd yn gyflym, gallwch ddewis byrbryd o silff symudol Siapaneaidd YO! Sushi. Dros y blynyddoedd diwethaf daeth cadwyn Frankie and Benny's yn boblogaidd iawn gyda theuluoedd lleol, ond os ydych am fwyty dibynadwy sy'n cynnig bwrdd llawn pensiliau lliwgar, a wal i arddangos campwaith artistig y plant, yna chwarae teg i Ask gyferbyn â'r Llyfrgell Ganolog am gynnig profiad artistig yn ogystal ag un gastronomig – arddangosfa gelf a chinio mewn un.

Manylion lleoedd

CARLUCCIO'S
Adeilad y Llyfrgell
Lôn y Felin
Canol y Ddinas CF10 1FL
029 2023 2630

CÔTE BRASSERIE
Cei'r Fôr-forwyn
Bae Caerdydd CF10 5BZ
029 2045 3780

LAS IGUANAS
8 Lôn y Felin
Canol y Ddinas CF10 1FL
029 2022 6373
x
Cei'r Fôr-forwyn
Bae Caerdydd CF10 5BZ
029 2045 9165

STRADA
Cei'r Fôr-forwyn
Bae Caerdydd CF10 5BZ
029 2048 2112

WAGAMAMA
Adeilad y Llyfrgell
Lôn y Felin
Canol y Ddinas CF10 1FL
029 206 41564
x
Cei'r Fôr-forwyn
Bae Caerdydd CF10 5BZ
029 204 85195

PREZZO
Canolfan Dewi Sant 2
Canol y Ddinas CF10 2EF
029 2039 7512

ASK
28–32 Arcêd Wyndham
Canol y Ddinas CF10 1FJ
029 2034 4665

PIZZA EXPRESS
29–32 Heol y Santes Fair
Canol y Ddinas CF10 1PU
029 2023 3091
x
Canolfan Dewi Sant 2
Canol y Ddinas CF10 2EF
029 2035 9200
x
Cei'r Fôr-forwyn
Bae Caerdydd CF10 5BZ
029 2047 2006

GOURMET BURGER KITCHEN
Adeilad y Llyfrgell
Lôn y Felin
Canol y Ddinas CF10 2FL
029 2066 8379
x
Cei'r Fôr-forwyn
Bae Caerdydd CF10 5BZ
029 2045 4078

RUBY TUESDAY
Canolfan Dewi Sant 2
Canol y Ddinas CF10 2EF
029 2034 9930

CAFÉ ROUGE
Canolfan Dewi Sant 2
Canol y Ddinas CF10 1EW
029 2023 6574
x
2 Cei'r Fôr-forwyn
Bae Caerdydd CF10 5BZ
029 2049 7638

YO! SUSHI
Canolfan Dewi Sant 2
Canol y Ddinas CF10 2EF
029 2060 2174

FRANKIE & BENNY'S
Rhodfa Dunleavy
Grangetown CF11 0SN
029 2087 7840
x
372a Heol Casnewydd
Y Rhath CF23 9AE
029 2052 3480

Bwytai dwyreiniol

THAI HOUSE

Y mae enw teulu'r Ramasut yn adnabyddus yng Nghaerdydd am gynnig bwyd Thai o'r safon orau mewn awyrgylch soffistigedig. Mae'r bwyty hyfryd hwn wedi denu cwsmeriaid ffyddlon ac ennill gwobrau niferus, fyth ers i Noi Ramasut o Bangkok a'i wraig, Arlene, ei sefydlu yn 1985. Mae'r prydau sawrus yn adlewyrchu athroniaeth gymunedol o fwyta, trwy annog pawb wrth y bwrdd i rannu amrywiaeth eang o brydiau, yn cynnwys pysgod, cig, llysiau a reis. Paratoir y cyfan i'r safon uchaf, gan ddefnyddio cynnyrch Cymreig a mewnforion mor ffres â phosib o wlad Thai. Ceir estyniad o theatr y gegin i'r bwyty ei hun wrth i'r gweinyddion gydweddu ag athroniaeth y lle.

3–5 Cilgant Guildford
Canol y Ddinas CF10 2HJ
029 2038 7404

Y LOLFA THAI

Os byddwch chi am ginio gwahanol am bris rhesymol, byddai'n werth ystyried gwibdaith i'r Eglwys Newydd, gan fod bwydlen ganol dydd Y Lolfa Thai yn un gystadleuol iawn – £6.95 am ddau gwrs wnaiff eich llenwi tan ymhell ar ôl swper. Lleolir y bwyty uwchben y Pizzeria Villagio poblogaidd, mewn adeilad modern ar waelod y Stryd Fawr, ac mae'r fwydlen yn cynnig amrywiaeth o brydau, o'r cawl *tom yum*, cacennau pysgod, crempogau llysiau a'r cyrri gwyrdd cyfarwydd, i ddewisiadau mwy anturus ac arbrofol. Os ydych ar ymweliad gyda'r hwyr, does dim angen archebu stecen draddodiadol i ddiwallu'ch ysfa am gig eidion, y mae'r *nuea kratiem prik tai* yn andros o flasus, oherwydd y cyfuniad o gynhwysion, sy'n cynnwys garlleg pupur a choriander. Ac os mai *moules marinières* yw eich ffefryn, beth am drio'r *hoy oop*, sef cregyn gleision wedi'u stemio gyda gwellt lemwn, basil Thai a *chilli*? Os nad ydych chi awydd bwyta cig neu bysgod, ceir detholiad o saladau poeth, cyrris llysieuol a phrydau cawl ffa ar eich cyfer. Mae gan y Lolfa Thai restr dda o winoedd wedi'u dethol yn arbennig i asio â'r cynhwysion persawrus. Ceir croeso cynnes, a gwasanaeth didrafferth yma, ac mae'n werth nodi i Llwyd Owen, awdur lleol sydd efallai'n fwyaf adnabyddus am ei ddehongliadau o is-fyd treisgar Caerdydd, leoli golygfa brin o ddedwyddwch pur rhwng pâr priod a oedd wrth eu bodd â'r bwyd yn Y Lolfa Thai – canmoliaeth yn wir!

73b Heol Merthyr
Yr Eglwys Newydd CF14 1DD
029 2061 1222

PHO BAC

Chwilio am gawl gwahanol i'r arfer? Pho Bac yw'r lle i chi. Y mae'r bwyty hwn ar Heol y Bontfaen yn cynnig bwyd o Fietnam, ac mae'r enw ei hun yn dathlu'r bwyd gwerinol cenedlaethol, sef nwdls reis mewn cawl cig eidion, a ddaw o ddinas ogleddol Hanoi. Yn ogystal â chynnig sawl math o gawl nwdls wedi'u cyfoethogi gan berlysiau fel coriander, mintys a basil, ceir dewis diddorol o brydau llysieuol, pysgod a chigoedd gwahanol, gan gynnwys cig eidion wedi'i ystwytho mewn leim a gwair lemwn. Os ydych awydd mentro, gallwch archebu coesau llyffant neu draed moch wedi'u ffrio mewn cytew. Ceir dewis gwahanol o gwrw, gan gynnwys potel o lager Saigon, neu Hanoi sydd fymryn mwy chwerw, ond peidiwch â disgwyl After Eight ar ôl eich pwdin – gorffennir pob pryd yn Pho Bac gyda phlât ac arno danjerîn.

❀

72 Heol Ddwyreiniol
y Bont-faen
Treganna CF11 9DU
029 2034 4320

RIVERSIDE CANTONESE

A wyddech chi mai noson ym mwyty Riverside Cantonese seliodd y fargen i'r diddanwr a'r stand-yp Daniel Glyn a'i ddarpar wraig? Creodd y bwyty Tsieineaidd poblogaidd yng Nglanyrafon gystal argraff ar y chef Bryn Williams nes iddo drydar yn llawen am bryd bwyd ffantastig, a dim rhyfedd, mewn gwirionedd gan fod y Riverside Cantonese ar Heol Tudor yn dal i ddenu cwsmeriaid hen a newydd ers blynyddoedd lawer. Mae'r *dim-sum* ar y Sul yn andros o boblogaidd, ond mae modd ei archebu bob pnawn rhwng deuddeg a phump. Ymysg rhai o'r seigiau sy'n swyno y mae'r cregyn bylchog a shibwns a sinsir, a'r clasur hwyaden wedi'i rhostio yn null Canton. Ond peidiwch â gadael i'r selebs fachu'r cyfan, cerwch i brofi'r lle drosoch chi eich hun.

❀

44 Stryd Tudor
Glanyrafon CF11 6AH
029 2037 2163

PEARL OF THE ORIENT

Oddi ar iddo agor yn 2001 mae Pearl of the Orient wedi hawlio teitl bwyty Tsieineaidd mwyaf moethus y ddinas, yn rhannol oherwydd ei leoliad rhagorol yng Nghei'r Fôr-forwyn, a hefyd am y gwasanaeth pum seren gan y staff. Y mae'r fwydlen faith yn cynnwys hen ffefrynnau yn ogystal â phrydau mwy anghyffredin wrth ymgorffori ryseitiau o ranbarthau fel Szechuan a Canton, yn ogystal â dylanwadau o Falaysia ar fwyd y môr. Os ydych chi'n ymweld ar achlysur arbennig, cofiwch neilltuo amser am goctel neu ddau yn hafan hyfryd ba Orient drws nesaf i goroni noson hyfryd yn ninas Caerdydd.

❀

Cei'r Fôr-forwyn
Bae Caerdydd CF10 5BZ
029 2049 8080

YAKINIKU

Os am antur i gyrion pellaf y ddinas, mynnwch ymweliad â Yakiniku, bwyty Coreaidd ardderchog sydd ar ben pellaf Heol Casnewydd yn Llaneirwg. Mae'n hawdd colli'r troad cudd i Cae Garw Lodge, ond unwaith ichi gyrraedd, a cherdded trwy gyntedd gwesty Seoul House a'i ardd gerrig Siapaneaidd, byddwch wrth eich bodd. Mae'r enw Yakiniku ei hun yn cyfeirio at nodwedd anghyffredin iawn i Gaerdydd sef barbeciw wrth y bwrdd. Rhoddir pwyslais mawr ar gig wedi'i grilio yng Nghorea, sy'n golygu fod y bwyd yn iachus iawn. Beth am ddechrau â chwrw Hite, a pharseli *gyoza* Siapaneaidd yn gyntaf; cyn blasu'r cigoedd, sy'n wych gyda phowlenaid tanbaid o *dol sot bi bim bap*, sef reis wedi'i ffrio a llysiau a saws *chilli* ysgafn a'i orffen ag wy amrwd i chi gael ei gymysgu yn eich amser eich hun? Y mae'r perchennog, Kim, yn *chef* sy'n arbenigo mewn bwyd o Siapan, a'i wraig yn feistres ar greu gwleddoedd Coreaidd, ac fe adlewyrchir hynny gan y ffaith fod y lle'n denu cwsmeriaid o Fryste, Birmingham a thu hwnt. Ar y wal mae darlun gwledig o ffarmwr Coreaidd, sydd y nesaf peth at waith Kyffin Coreaidd. Enw'r artist? Mr Kim yw hwnnw hefyd, ond un arall, mae'r enw Kim yn un cyffredin yng Nghorea.

❀

Cae Garw, Heol Casnewydd
Llaneirwg CF3 2WH
01633 681 662

BANGKOK CAFÉ

Pan benderfynodd Tamsyn Ramasut a'i gŵr Steve sefydlu fersiwn iau o gadarnle ei rheini, Thai House, ar ochr orllewinol y dre, ychydig a wydden nhw y byddai'r bwyty bywiog a byrlymus ar Heol y Bont-faen yn denu cymaint o Gymry Cymraeg Treganna i wledda bob nos. Mae'r lle'n llawn lliwiau a lleisiau llawen, diolch i awyrgylch hamddenol o amgylch y byrddau a chilfachau a gynlluniwyd yn ôl cynghorion y dylunydd o'r ddinas, Bethan Gray. Mae'r bwyd yn rhagorol yma ac yn yr ail gangen ar y Kingsway, Abertawe hefyd. Denodd ganmoliaeth gan adolygydd y *Guardian*, a ganodd glodydd y cig eidion Panang, a blasau hollbresennol cnau coco a chnau mwnci, gwellt lemon a dail leim. Yn wir, hawdd fyddai canmol pob un pryd ar y fwydlen, sy'n ymgorffori athroniaeth *aroi dee* sef 'blas da'. Ewch yno ar unwaith os nad ydych am golli mas.

⁂

207 Heol Ddwyreiniol
y Bont-faen
Treganna CF11 9AJ
029 2034 0455

.CN

Pan ddaeth Bing Wu o Hunan i astudio ym Mhrifysgol Caerdydd yn 2003, sylweddolodd ei fod yn un o nifer o drigolion Tsieineaidd y ddinas a oedd yn awchu am flas bwyd taleithiau gogledd y wlad anferthol honno, ac felly yn 2011 sefydlodd .cn, sef y parth a roddir i bob gwefan yn ei famwlad. Mae'r bwyd yn amrywio o glasuron cyfarwydd, i brydau cryn dipyn mwy uchelgeisiol sy'n werth eu profi. Mynnwch botel o Tsingtao, neu wydraid o sudd eirin neu *aloe vera*, a gadewch i'r gweinydd eich perswadio i brofi bol buwch a mochyn, tafodau ych a hwyaden, a choesau brogaod i gyd mewn saws *chilli* hynod sawrus. Os dewch chi mewn pâr, neu grŵp mawr, yna mae'n werth archebu'r cawl hot-pot anhygoel, sy'n brofiad hwyliog a blasus tu hwnt.

⁂

228 Heol y Ddinas
Cathays CF24 3JH
029 2048 6688

1 MALAYSIA CUISINE

Ar Heol y Drindod, gyferbyn ag Eglwys ganoloesol Sant Ioan, y mae bwyty Alex Wong o Kuala Lumpur, 1 Malaysia. Mae'r fwydlen yn cynnig seigiau sy'n cyfuno dylanwadau estron Portiwgal, Tseina, Indonesia a'r Iseldiroedd ar fwyd ei famwlad, yn ogystal â blasau cynhenid bwyd Malay. Mae'n werth ymweld dim ond i gael esboniad ar rai o'r enwau rhyfeddol ar restr y fwydlen; mae'n amhosib dilyn cyfarwyddiadau'r salad *gado gado*, ac enwyd y cyrri cyw iâr a thamarind ag iddo flas Tseineaidd yn *kari ayam kapitan* gan gapten llong o'r Iseldiroedd, tra bod y pwdin reis *otak otak* yn efelychu plataid o 'ymennydd ymennydd'! Byddai'n bechod peidio ag aros i gael blasu'r creadigaethau hyn, ewch amdani os hoffech brofiad gwahanol a chofiadwy.

⁂

22–23 Heol y Drindod
Canol y Ddinas CF10 1BH
029 2023 3298

ICHIBAN

Ynghyd â Tenkaichi ar Heol y Ddinas, hwn yw un o fwytai *sushi* gorau'r ddinas â changen arall ar Heol Albany, y Rhath. Yn ogystal â seigiau sushi o safon, ceir ystod eang o brydau mwy sylweddol gan gynnwys *tempura*, *teryiaki*, cawl *miso* neu *ramen*. Y nwdls blasus sy'n denu nifer, ond mae'r cyrri cyw iâr *katsu* hefyd werth chweil. Ac os nad ydych chi am wledda'n gyhoeddus, cofiwch fod modd estyn am y chopsticks yn eich cegin eich hun ar ôl archebu pryd bwyd am bris gostyngol ar-lein. 'Rhif 1' yw'r cyfieithiad Cymraeg o Ichiban, a hynny am reswm da.

⁂

201 Heol Ddwyreiniol
y Bont-faen
Treganna CF11 9AJ
029 2066 8833

⁂

167 Heol Albany
Y Rhath CF24 3NT
029 2046 3333

Lleoedd eraill

THAI EDGE
Ardal yr Hen Fragdy
Canol y Ddinas CF10 1FG
029 2023 5665

YO! SUSHI
Canolfan Dewi Sant 2
Canol y Ddinas CF10 2EF
029 2060 2174

HAPPY GATHERING
233 Heol Ddwyreiniol
y Bont-faen
Treganna CF11 9AL
029 2039 7531

PEARL OF THE ORIENT

Bwytai Eidalaidd

PIZZERIA VILLAGIO

Ers ei sefydlu yn 1986 mae Pizzeria Villagio wedi dod yn ail gartre i drigolion yr Eglwys Newydd, a hynny oherwydd y pizza ardderchog, a phrydau syml ond hyfryd a baratoir gan ddefnyddio ryseitiau teuluol y teulu Palladino. Yn wir, nôl yn y 1970au, yn y Continental un o'r chefs oedd Umberto Palladino, a ddaeth i Gaerdydd o Campobasso yn ne'r Eidal. Aeth ymlaen i agor Yr Ystafell Gymraeg cyn sefydlu'r *pizzeria* poblogaidd hwn. Bellach, ei ferch Andreina, sy'n llywio'r llong i lwyddiant. Os am gael pizza di-wenith, rhowch floedd iddynt ddiwrnod o flaen llaw, er mwyn sicrhau pryd wrth eich bodd. Mae'r fwydlen pasta yr un mor ystyriol, ac yn tynnu dŵr o'r dannedd. Os hoffech bryd llysieuol, ewch am y *fusili rostite casalinga*, neu mae'r *rigatoni gratinati* yn flasus tu hwnt, tra bod selsig cartref y Penne Casalinga yn taro deuddeg gyda chigfwyteuwyr bob tro.

✻

73 Ffordd Merthyr
Yr Eglwys Newydd CF14 1DD
029 2061 3110

CASANOVA

Am flynyddoedd lawer, roedd hwn yn un o lecynnau dirgel *gourmands* y brifddinas, ac yn wir, serch y sylw cynyddol gan adolygiadau ffafriol y wasg Lundeinaidd, mae'n hawdd iawn ei basio heb ei weld, wrth i'r bwyty lechu'n ddiffwdan rhwng tafarn y City Arms a bwyty Greenwood and Brown ar Heol y Cei. Mae'r fwydlen Eidalaidd yn llawer mwy creadigol na'r bara garlleg a'r *spaghetti bolognese* arferol ond wedi dweud hynny, mae'r cogyddion yn arbenigwyr ar seigiau syml fel *penne arrabiata*, gan ddefnyddio pasta a pherlysiau ffres, sy'n gwneud byd o wahaniaeth. Cynigir bara o'r farchnad ganolog a phlatiaid o lysiau rhost mewn olew cyn ichi benderfynu ar eich pryd, ac mae'r fwydlen ginio yn arbennig o resymol mewn pris. Mae'n lle gwych, ymlaciedig, y byddwch ar dân i ddychwelyd iddo.

✻

13 Heol y Cei
Canol y Ddinas CF10 1EA
029 2034 4044

ZIO PIN

Er mwyn mynd mewn i fwyty Zio Pin ar Heol Albany, rhaid yn gyntaf basio poster *retro* i'r ffilm *La Dolce Vita* yn y cyntedd, sy'n arwydd da iawn, fel mae'n digwydd, gan fod archebu bwrdd yn y bwyty poblogaidd hwn yn sicrhau y byddwch yn byw'r bywyd braf, am awr o leiaf. Er 1981, mae Zio Pin yn cynnig bwyd a gwasanaeth o safon, ac yn gweini hen ffefrynnau fel salad trilliw, *bruschetta* a chyw iâr mewn saws pupur i griw o gwsmeriaid cyson. Does yna ddim byd ffroenuchel am y *décor* gwledig, ac fe adlewyrchir hynny yn y bwyd.

✻

74 Heol Albany
Y Rhath CF24 3RS
029 2048 5673

VALENTINO'S

Os hoffech englyn gyda'ch *funghi all' aglio con gamberetti*, dim ond un dewis sydd; bwyty bendigedig Valentino's ar Windsor Place yng nghanol y dre. Yno i'ch croesawu cyn croesi'r rhiniog y mae cerdd gan neb llai na'r Prifardd John Gwilym Jones, ac os yw cyn-Archdderwydd yn canmol y lle, gallwch fetio fod yn Valentino's fwyd o safon ardderchog.

❀

5 Maes Windsor
Canol y Ddinas CF10 3BX
029 2022 9697

CIBO

Ers blynyddoedd lawer y mae'r llecyn hwn wedi datblygu'n ail gartre i nifer o drigolion Pontcanna oherwydd y fwydlen amrywiol a phoblogaidd. Oherwydd y croeso a estynnir gan y perchnogion, cewch ymlacio'n syth gyda gwydraid hyfryd o win neu ddŵr pefriog, cyn daw'r benbleth fythol i'ch poenydio; *pizza Margherita* ynteu *penne* Cibo? Mae'n werth cadw cornel bach ar ôl am bwdin bob tro, gan fod dewis da o ffefrynnau cyffredinol fel *tiramisu, panna cotta* a *crème brûlée*. Mae awyrgylch y bwyty mor hyfryd a hamddenol nes bod yn rhaid ymestyn y noson i gynnwys coffi neu *digestif*, cyn cerdded tua thre yn fodlon eich byd, un ai hynny neu yrru oddi yno'n dyheu am gael byw yn nes!

❀

83 Stryd Pontcanna
Pontcanna CF11 9HS
029 2023 2226

THE ITALIAN WAY

Clasur o fwyty yn Nhreganna sy'n dal i ddenu'r tyrfaoedd chwarter canrif ers ei agor, diolch i fwyd da, croeso cynnes, a pholisi poblogaidd 'dewch â'ch potel eich hun'.

❀

157 Heol Ddwyrieniol
y Bont-faen CF11 9AH
029 2039 6980

SCALINI'S

Yn 2005 daeth diwedd cyfnod yn ardal y Rhath wrth i'r *trattoria* Eidalaidd Casa Mia gau yn dilyn marwolaeth y perchennog, Melo. Yn ffodus i'r bobl leol, ffurfiodd y cogydd cartref Efisio Ciuno a Roger Lewis, dyn busnes lleol, ac un o gwsmeriaid selocaf Casa Mia, bartneriaeth i sicrhau etifeddiaeth gadarn i'r bwyty eiconig ar gylchdro'r Dderwen Deg ac agor bwyty Scalini's. Y mae'r bwyd a weinir yma yn flasus tu hwnt ac yn adlewyrchu treftadaeth y cogydd Efisio sy'n wreiddiol o Sardinia. Os ydych yn chwilio am *pizza Margherita*, efallai y byddai'n syniad edrych am rywle arall, ond os mai pysgod yw'ch diléit, dyma'r lle i chi, gan fod Scalini's wedi datblygu enw da am brydau bwyd y môr, ac yn derbyn archeb ddyddiol gan gwmni Ashton's o'r farchnad ganolog. Mae gan Efisio allu diamheuol yn y gegin, yn wir, mae'n werth archebu'r 'Gamberi Efisio', er mwyn profi'r saig sydd ag enw'r cogydd arno. Os ydych chi wedi pasio'r bwyty ganwaith ger cyffordd Heol Wedal, heb alw yno erioed, yna mae'n hen bryd ichi roi cyfle i'r bwyty dymunol hwn ger Parc y Rhath.

❀

1 Heol Wedal
Y Rhath CF14 3QX
029 2048 1700

SIGNOR VALENTINO

Profodd y bwyty cyfoes hwn lwyddiant mawr pan agorwyd y gangen gyntaf ar lawr uchaf datblygiad Cei'r Fôr-forwyn, ac mae hwnnw, a'i frawd bach dinesig yng nghanolfan Dewi Sant 2, yn parhau i fod yn boblogaidd gyda chyplau a theuluoedd o bob oed. Wedi ichi ddarllen y fwydlen, sy'n amrywio o'r *pizzas* poblogaidd i ddewis helaeth o basta (gan gynnwys pasta diwenith) a chigoedd blasus – archebwch Bellini neu ddau, i gael mwynhau dewis o ddwy olygfa ddifyr; y *chefs* wrthi'n gweithio yn y gegin agored, neu oleuadau Marina Penarth yn disgleirio ym mhen-draw'r Bae.

❀

Cei'r Fôr-forwyn
Bae Caerdydd CF10 5BZ
029 2048 2007

MEROLA'S

Bwyty poblogaidd iawn gyda thrigolion Grangetown a thu hwnt, a chroeso cynnes y perchennog, Spiro, sydd wrth y llyw ers cantoedd, yn cyflwyno adlais o wres arfordir Amalfi ar ganol Heol Clare. Mae'r *calzone*'n hynod boblogaidd, a sawl pryd pasta yn addas ar gyfer llysieuwyr y dre. Os am flasu *pizza* gwirioneddol hyfryd, archebwch y marchysgall, brwyniad, garlleg ac oregano, ond er mwyn profi pleser pur, ceisiwch beidio â bwyta gormod, gan fod y *tiramisu* yn wych.

❀

181 Heol Clare
Grangetown CF11 6QS
029 2039 8803

SICILIAN ORANGE

I fynychwyr cyson bwyty La Vita a siomwyd pan gaewyd y *pizzeria* dymunol hwn gyferbyn â Chastell Caerdydd, bydd agoriad y bwyty hwn ger cyfnewidfa Gabalfa o ddiddordeb mawr i chi. Ddim yn bell o Cocorico Patisserie ar Heol yr Eglwys Newydd y mae menter newydd Marco Branciamore o Ben-y-lan, sy'n fwyty Eidalaidd werth ymweld ag ef. Yn ogystal â dewis o'r *pizzas* a ddenodd nifer i La Vita, mae'r fwydlen yn llawn prydau o Sisili gan mai un o ardal Palermo yw ei dad Marcello, sydd â siop trin gwallt ar Heol Waterloo. Cymerwch y *caprino fritto*, er enghraifft, i gychwyn, sef caws gafr wedi'i ffrio mewn briwsion bara a'i weini â siytni nionyn coch wedi'i garameleiddio – hyfryd. Fel prif gwrs, ystyriwch y *linguini* gorgimwch wedi'i goginio yn y dull Sisiliaidd, *risotto* madarch, neu beth am stecen wedi'i weini â saws 'alla mamma'? Yn sicr, bydd eich *bambini* wrth eu boddau gyda'r fwydlen i blant; os ydynt yn anturus, beth am beli *risotto arancini piccoli*, neu am blatiad mwy cyfarwydd, does dim i guro'r hen 'spag-bol'.

❋

83 Heol yr Eglwys Newydd
Gabalfa CF14 3JP
029 2061 5222

RESTAURANT MINUET

Nid ar chwarae bach y dyfarnwyd y bwyty bychan hwn yn gaffi a bwyty gorau ond un Cymru yn ddiweddar ar wefan Lonely Planet (yr Orendy yn Aberystwyth ddaeth yn gyntaf) gan fod y guddfan glyd hon wedi bod yn denu'r gwybodusion lleol i fwynhau pryd o basta gorau'r ddinas i sain cerddoriaeth opera ers blynyddoedd maith. Daeth y cogydd Marcello Genesi o Pescera ar arfordir dwyreiniol yr Eidal, i Gaerdydd yn 1970, gan agor y bwyty sy'n adnabyddus i drigolion lleol fel Marcello's yn 1985. Ar ôl bron i chwarter canrif wrth y llyw, pasiodd Marcello yr awenau i ferch a fu'n cydweithio ag ef ers y cychwyn sef Nadine Lodwick a'i gŵr, Daniel. Wrth lwc, wnaeth Marcello ddim ymddeol i unman mwy egsotig na Chyncoed yng ngogledd y ddinas, ac felly bydd yn aml yn galw draw i roi help llaw pan fod angen, gan argymell a bythol boblogaidd 'Pasta James Bowman' sef *penne* a sbigoglys wedi'u coginio mewn saws gwyn cyn ychwanegu haen drwchus o domato, caws Cheddar a pharmesan a'i bobi mewn popty chwilboeth, a enwyd ar ôl yr uwchdenor o Rydychen, a alwodd heibio i flasu'r pryd a dderbyniodd ei enw ef. Yn wir, y mae'r rhan fwyaf o'r prydau wedi'u henwi ar ôl rhai o gyfansoddwyr a chantorion enwocaf y byd opera a chlasurol. Y mae'r Madarch Bizet, wedi'u ffrio mewn *chilli*, yr un mor danllyd â'r cyfansoddwr Ffrengig, tra bod y frechdan Salieri yn un o nifer o ddewisiadau sy'n plesio llysieuwyr llwglyd y ddinas. Y mae'r *pizzas* i gyd yn boblogaidd tu hwnt, ac os oes angen pryd reit sylweddol ar ôl noson go hegar, gaf i'ch cyfeirio chi at y Pizza Brecwast, sy'n cynnwys cig moch, wyau, madarch, pepperoni, caws a thomato. Iechyd Da!

❋

42 Arcêd y Castell
Canol y Ddinas CF10 1BW
029 2034 1794

Lleoedd eraill

LORENZA'S
153–155 Heol y Crwys
Cathays CF24 4NH
029 2023 2261

DEMIRO'S
Cei'r Fôr-forwyn
Bae Caerdydd CF10 5BZ
029 2049 1882

KALLA BELLA
20–26 Stryd Fawr
Llandaf CF5 2DZ
029 2056 0000

MEDITTERANEO
22 Heol Merthyr
Yr Eglwys Newydd CF14 1DH
029 2021 0063

CASA BIANCA
175 Heol y Ddinas
Y Rhath CF24 3JB
029 2049 4779

LA LUPA
155 Heol Ddwyreiniol
y Bont-faen
Treganna CF11 9AH
029 2022 3697

GIOVANNI'S
38 Yr Ais
Canol y Ddinas CF10 1AJ
029 2022 0077

GIO'S
10–11 Lôn y Felin
Canol y Ddinas CF10 1FL
029 2066 5500

Bwytai llysieuol

EMBASSY CAFE

Os gofynnwch chi i rai o weithwyr y Brifysgol am le da i gael cinio, mae'n bur debyg y byddai'r Embassy Cafe ar frig eu rhestr. Heb fod ymhell o Heol Woodfield yng Nghanolfan Gymunedol Cathays, gweinir pob math o ddanteithion, o frecwastau mawr i frechdanau ar fara organig; diodydd poeth gyda llaeth soya, a dewis gwahanol o gawl blasus bob dydd. Yr unig wahaniaeth rhwng hwn a chaffis eraill gwych y dre yw bod bwydlen y llecyn hwn yn llwyr lysieuol, a hefyd yn cynnig dewisiadau diwenith.

36 Teras Cathays
Cathays CF24 4HX
029 2037 3144

THE CANTEEN

Mae'r bwyty bychan a diymhongar hwn ym mhen pellaf Stryd Clifton, ar gornel Lead Sreet a Topaz Street a enwyd ar ôl rhai o'r nwyddau a fewnforiwyd yn wreiddiol i borthladd Caerdydd, lle roedd cartrefi rhai o ddocwyr cynharaf y ddinas. Ceir croeso cynnes a gwasanaeth safonol yn yr ystafell las golau sydd wedi'i dodrefnu'n syml, a'i haddurno ag arddangosfa gyfnewidiol o waith celf artistiaid lleol. Gan mai dim ond teirgwaith yr wythnos y mae hi ar agor, y mae'r Canteen yn gyrchfan boblogaidd tu hwnt i *foodies* y brifddinas, sy'n dymuno bwyta cynnyrch tymhorol gyda'r pwyslais ar y llysieuol, ond sy'n cynnwys un saig gig, a baratowyd yn araf. Y mae'r fwydlen yn newid yn gyson. Ganol gaeaf, mae modd mwynhau pryd tri chwrs sy'n cynnwys *sushi* cartref, cig oen sbeislyd gyda *cous cous* â pherslysiau, a phwdin taffi trwchus â hufen iâ figan-gyfeillgar; tra yn yr haf mae'r fwydlen yn cynnwys twr llysiau rhost a saws hufennog mintys a chnau cashew, *kofta* a salad â *chilli* a phwdin rhiwbob ac ysgawen, y cyfan am £16, sef tri chwrs. Gyda dewis o winoedd Ffrengig, gyda'r mwyafrif ohonynt yn organig, a pholisi dŵr tap yn unig, dyma un o gyrchfannau mwyaf cydwybodol Caerdydd, sydd hefyd yn ail gartref i wybodusion goleuedig yn Adamsdown.

40 Stryd Clifton
Adamsdown CF24 1LR
029 2045 4999

HUNGRY PLANET

Mae'r cwmni cydweithredol hwn ar gornel Gold Street a Stryd Clifton yn Adamsdown yn denu dinasyddion o bell a hynny oherwydd ei silffoedd gorlawn o fwydydd cyflawn ac organig, sy'n addas i figaniaid a llysieuwyr ond sy'n croesawu pawb i fusnesa, i wario ac i brofi bwydlen ffres ac amrywiol bob brecwast ac amser cinio. Ymhlith y pymtheg o gydweithwyr y mae Gareth Blake, sy'n byw dafliad carreg i ffwrdd ar Arthur Street, ac sy'n cynhyrchu cyfres o felysfwydydd siocled o dan yr enw Hipo Hyfryd, gyda'r siocled poeth sinamon a chardamom yn arbennig o boblogaidd gyda chwsmeriaid y caffi. Gweithredir cynllun bocs bwyd i swyddfeydd lleol hefyd, ac mae'r aelodau'n gwerthu eu cynnyrch ym marchnadoedd lleol Glanyrafon a'r Rhath bob penwythnos.

❀

142 Stryd Clifton
Adamsdown CF24 1LY
029 2044 0504

CAFE ATMA

Os ydych am fwydo'r enaid, yna dyma'r caffi i chi, gan mai 'Atma' yw'r Sanskrit am enaid. Wedi'i guddio y tu ôl i safle bws ar ganol Heol y Crwys, mae'n hawdd methu'r bwyty figanaidd cyfoes hwn. Grŵp o Hare Krishnas lleol sydd wrth y llyw, yn gweini prydau fel *samosas*, *daal*, a saladau reis, yn ogystal â detholiad o felysion danteithiol, fel y *para banana* poblogaidd a'r deisen gaws.

❀

40 Heol y Crwys
Cathays CF24 4NN
029 2039 0391

MILGI

I blith atyniadau amryliw-ryngwladol Heol y Plwcca gynt, ddeg llath o Death-Junction, a nesaf i Shisha Lounge a Sushi Bar, sefydlwyd bwyty a bar Milgi, gan ddwy chwaer o Aberaeron. Yn dilyn cyfnod o deithio tramor, roedden nhw am efelychu erw fach o Efrog Newydd, ond wrth agor caffi a chantina ar gyrion y Rhath, fe lwyddwyd nhw i greu pair o greadigrwydd Cymreig, gan gynnig gofod arddangos a man cyfarfod ar gyfer cymeriadau creadigol y ddinas. Dros y blynyddoedd diwethaf, llwyfannwyd dramâu byrion gan y grŵp Dirty Protest yn yr Yurt a Warws y lôn gefn, gwerthwyd crysau trawiadol Cardifferent Clothing, crewyd pypedau allan o hen sanau yn eu nosweithiau gwnïo, a phrofodd y digwyddiad misol Northcote Lane Market yn atyniad angenrheidiol i'r rheiny oedd am fwrw'r Sul mewn steil. Pan ddaeth Cat Gardiner o project/ten yn aelod o'r tîm rheoli yn 2010, tanlinellwyd ymrwymiad y ddwy chwaer i godi proffil celf weledol gyfoes yng Nghaerdydd. Llwyddwyd hefyd i gynnal perthynas gref gyda nifer o DJ's lleol, felly mae'r elfen glywedol hefyd wedi bod yn flaenoriaeth o'r cychwyn cyntaf. Ar ôl derbyn ymateb positif wrth arbrofi gyda bwydlen lysieuol i gyd-fynd ag ymgyrch 'Meat Free Mondays' y teulu McCartney, penderfynwyd hepgor cig yn llwyr, er mwyn cynnig arlwy gwahanol i weddill y ddinas, sydd wedi profi'n esblygiad naturiol i weledigaeth merched Milgi. Y mae bwydlen flasu Milgi yn brofiad ynddo'i hun, yn cynnig chwe chwrs sy'n chwarae â ryseitiau rhyngwladol, o gawl ffa du Ciwba, hyd at dyrrau tuniau tiffin llawn cyrris bricyll a chnau dwyreiniol, gan orffen gyda *brownie* Americanaidd a hufen iâ Maltesers. I goroni'r cyfan, y mae'r bar bywiog yn cynnig rhai o goctels gorau'r brifddinas.

❀

213 Heol y Ddinas
Cathays CF24 3JD
029 2047 3150

MADHAV

Mae Pushpa Gaikwad o Pune ger Mumbai yn gweini bwyd Indiaidd i'r cyhoedd o'i chegin fechan ar gornel Heol Isaf y Gadeirlan a Despenser Street er 1983. Os nad yw ei henw hi'n gyfarwydd, efallai y bydd ei llysenw poblogaidd yn canu cloch, gan mai hi yw 'Mrs Madhav' ac enwyd y bwyty a'r siop gysylltiedig ar ôl duw Hindwaidd a thad-cu ei gŵr. Yno, ceir bwydlen helaeth o fwyd Indiaidd, gan gynnwys byrbrydiau blasus fel *bajhis*, *pakoras* a *samosas*, yn ogystal â chyrris a *daals* mwy sylweddol. Os fedrwch chi gadw cyfrinach, yna mae'n werth gwybod mai dyma un o hoff fwytai George Anand o'r Purple Poppadom a'r Mint and Mustard gynt, ac os yw e'n ffafrio Madhav, gallwch fentro y dylech chi wneud run fath.

❀

59 Heol Isaf y Gadeirlan
Glanyrafon CF11 6LW
029 2037 2947

THE FALAFEL BAR

Ar ganol Heol Woodville, mae'r caffi poblogaidd hwn ag iddi fwydlen syml ond hynod effeithiol. Archebwch eich dewis chi o *falafel* wrth y bar, ac fe gewch chi ei llenwi eich hun gyda'ch dewis chi o saladau a sawsiau. Yn ogystal â'r clasur hwnnw o Libanus, ceir danteithion eraill o'r Dwyrain Canol a'r Môr Canoldir ar ddyddiau amrywiol, fel yr omlet *shakshouka* o Algeria a Tunisia, *sabich* o Israel, neu *fulmedames* o'r Aifft. Mae'r prisiau'n rhad a'r bwyd yn flasus, beth sydd well?

❋

38 Heol Woodville
Cathays CF24 4EB
029 2023 3181

VEGETARIAN FOOD STUDIO

Dafliad carreg o afon Taf yn Grangetown, a deg munud o gerdded o ganol y dre, y mae un o lecynnau llysieuol gorau'r ddinas. Ceir croeso cynnes gan Raj Patel – Jim, i drigolion lleol – sydd â chof eliffantaidd am enwau'r cwsmeriaid sy'n dychwelyd i fwyty ei fab, Neil, a enillodd wobrau niferus ers iddo agor yn 2003, gan gynnwys un yn yr *Observer Food Monthly*. Y mae'r fwydlen faith yn hawdd i'w dilyn, ac yn cynnwys ystod eang o fwyd Indiaidd sy'n addas i lysieuwyr a figaniaid, gan na ddefnyddir wyau, pysgod na chig. Os gewch chi drafferth dewis, y mae'r staff cyfeillgar yn hapus i'ch cynghori, ond gan fod y rhan fwyaf o brydau o dan bumpunt byddai'n talu i fentro ar eich ymweliad â'r lle. Er na weinir alcohol yno, mae croeso ichi brynu gwin neu gwrw o'r siop drws nesa, neu drio'r *lassi* blasus, ac os oes yna le ar ôl yn y bol, mae dewis da o felysion traddodiadol, sy'n addas i bobl â chlefyd y siwgr. Mae hefyd yn werth cofio am ddêl a hanner y tiffin têc-awê, a ddanfonir i'r cartref neu'r neuadd breswyl, ac sy'n cynnwys chwe saig am £3.50.

❋

109 a 115 Heol Penarth
Grangetown CF11 6JT
029 2066 6266

THE PARSNIPSHIP

Un o stondinau poblogaidd Marchnad Ffermwyr y Rhath ar foreau Sadwrn a Glanyrafon ar foreau Sul yw'r cwmni arlwyo cydweithredol hwn, sy'n ymhyfrydu mewn cynnig bwyd llysieuol a figanaidd ar gyfer yr unfed ganrif ar hugain. Mae'r bwyd ar werth yn newid o wythnos i wythnos, i adlewyrchu'r cynnyrch tymhorol sydd ar gael yn lleol, ond mae'r darten Indiaidd ar gael ar hyd y flwyddyn. Ymysg ffefrynnau eraill y mae patê ffacbys puy a madarch *porcini*, a byrgers cnau a saets, a'r 'Beetroot Nut Bomb'.

❋

riversidemarket.org.uk

CRUMBS

Yn 1970 agorodd Judi Ashley y caffi hwn yn arcêd deniadol Morgan, rhwng yr Ais a Heol y Santes Fair. Mae'n dal i ddenu ystod eang o gwsmeriaid, a hynny oherwydd ei dewis gwych o saladau a weinir mewn powlen bren. Mae'r llecyn bychan yn boblogaidd tu hwnt bob amser cinio, felly cyrhaeddwch yn brydlon os nad ydych am gael eich siomi.

❋

33 Arcêd Morgan
Canol y Ddinas CF10 1AF
029 2039 5007

SHERMAN CYMRU

Ers agor ar ddechrau 2011, y mae bwyty Sherman Cymru wedi dod yn atyniad ynddo'i hun, yn bennaf oherwydd prydau syml Tony y chef, a ddaeth o fwyty Castell Tŷ'r Graig yn y Bermo i gynnig bwydlen o brydau ysgafn sy'n pwysleisio bwyd lleol llysieuol, yn ogystal ag ambell bryd â chig. Ceir dewis o ddau gawl yn ddyddiol, a *baguettes* cwbl ffres, ond mae'r fwydlen *tapas* yn werth ei phrofi, yn enwedig y *patatas ali-oli*, a'r *championes ajulo*, sef madarch bychain mewn lemwn, garlleg, a sieri ac olew olewydd. *Muy bien!*

❋

Heol Senghennydd
Cathays CF24 4YE
029 2064 6900

Bwytai rhyngwladol

DAIQUIRI'S

Pe bai chwant bwyd poeth arnoch, does dim llawer o ddewis o ran bwyd o Fecsico yng Nghaerdydd. Dafliad carreg i ffwrdd yn Cathays mae ansawdd bwyd a phrisiau rhesymol Daiquiri'n yn plesio myfyrwyr a thrigolion lleol. Fel bar coctel, mae sawl dewis o'r ddiod oer a roddodd ei henw i'r bwyty ar gael, a'r fersiwn glasurol, sy'n cynnwys rŷm, siwgr a sudd leim, ar gael mewn jwg i gadw partïon mawrion yn hapus. Yn ogystal â ffefrynnau cyfarwydd fel *fajitas*, *burritos* a *quesadillas*, mae dewis o fyrgers blasus a *paella* llysieuol neu gig ymhlith y dewisiadau ar y fwydlen hefyd.

49 Heol Salisbury
Cathays CF24 4AB
029 2034 4807

MADEIRA

Os byddwch am brofi pryd Portiwgeaidd, chewch chi ddim llawer gwell am eich pres na chinio dau gwrs ganol dydd yn Madeira, bwyty sydd nesaf at neuadd drawiadol y Seiri Rhyddion yng Nghilgant Guilford, yng nghanol y dre. Am lai na decpunt cewch ddewis o ddwsin o brydau nodweddiadol, gan gynnwys sbageti a saws tomato cartref, wedi'i ddilyn gan rump steak. Serch ei enw fel 'steak house' o fri, mae pwyslais mawr ar brydau pysgod hefyd. Un o atyniadau mawr y bwyty yw ei allu i ddenu ambell seren amlwg o Bortiwgal i berfformio yno gyda'r hwyr, fel y canwr poblogaidd Emanuel sy'n canu caneuon Pimba bywiog a phoblogaidd. Dewch yno ar eich cythlwng ac yn gwisgo'ch esgidiau dawnsio. Does wybod pwy wnewch chi gwrdd yno!

2 Cilgant Guilford
Canol y Ddinas CF10 2HJ
029 2066 7705

PIPI'S

Beth am ychydig bach o bouzuki gyda'ch bwyd? Ar ôl symud o Heol yr Eglwys i Heol Caroline yn 2011 er mwyn ehangu'r busnes, sefydlodd Spiros Spiteri yr unig fwyty Groegaidd yng nghanol y ddinas, uwchben ei gaffi poblogaidd. Mae'r bwyd o safon eithriadol o uchel, gan fod perthynas dda ganddo gyda'r farchnad ganolog, sy'n golygu bod y seigiau i gyd, o'r caws *feta* ac olewyddion, y *souvlaki* cig moch a'r sardinau a sglods, yn flasus tu hwnt.

31–32 Stryd Caroline
Canol y Ddinas CF10 1FF
029 2132 8148

THE ROCKIN CHAIR CAFE

Yn ogystal â chynnig cerddoriaeth fyw o bob math, a neuadd chwarae pŵl boblogaidd y mae'r Rockin Chair yng Nglanyrafon yn cynnig bwydlen ddifyr am bris rhesymol ag iddi flas o'r Caribî. Gwneir defnydd helaeth o bysgod, gan gynnwys *snapper* wedi'i ffrio, a phryd cenedlaethol ynys Jamaica, *saltfish* ac *ackee* sef penfras hallt gyda ffrwyth a weinir gydag wy wedi sgramblo yn ogystal â ffefrynnau fel cyw iar *jerk*, cyrri gafr neu gig oen, reis a phys a chawl y Caribî, a'r cyfan wedi'u paratoi'n ffres gan Lincoln, 'the fireman from Jamaica'. Ar ei ffurf flaenorol, Rajah's, roedd yn lleoliad chwedlonol yn hanes reggae'r brifddinas, ac mae lle'n dal i fod yn gyrchfan hwyliog i glywed cerddoriaeth ffync a soul, Lladin a jazz. Gellid ychwanegu'r deyrnged anrhydeddus hon, yma mae 'coleslaw gorau Caerdydd'!

✹

62–64 Heol Isaf y Gadeirlan
Glanyrafon CF11 6LT
029 206 44150

CÔTE BRASSERIE

Er mai tai cyrri a *trattorias* Eidalaidd sydd fwyaf poblogaidd ymhlith mynychwyr tai bwyta Caerdydd, mae yna dwf sylweddol wedi bod yn y niferoedd o bistros ag iddynt flas Ffrengig dros y blynyddoedd diwethaf, gyda Côte Brasserie yn enghraifft dda o fwyty sy'n taro deuddeg ar bob ymweliad. Serch ei leoliad canolog ger Plas Roald Dahl, ceir ymdeimlad hamddenol iawn, sy'n awgrymu hafan dros dro o fwrlwm y Bae, oherwydd y *décor* syml sy'n gwneud y gorau o'r golau a'r drychau Art Deco. Y mae'r fwydlen faith, sydd ar gael mewn Cymraeg coeth, yn pwysleisio bwyd *brasserie* syml ac o safon, gan gynnwys cregyn gleision, *rillettes* a stecen funud, a sawl danteithyn sydd o dras Llydewig.

✹

25 Cei'r Fôr-forwyn
Bae Caerdydd CF10 5BZ
029 2045 3780

LA CUINA

Pan oedd hi'n ferch ifanc, arferai Montseratt Prat o Gatalonia baratoi gwleddoedd i ddegau o bobl wrth gynorthwyo'i mam Aurora yng nghegin ffermdy'r teulu ger Montclar de Berguedà. Bellach mae'n byw yng Nghaerdydd er 1999, pan briododd â Chymro, ac yn fam i dri o blant tairieithog. Roedd agor bwyty Catalanaidd yn Nhreganna yn Hydref 2012 mewn gwirionedd yn gam naturiol ymlaen o hynny. Mae La Cuina wedi'i lleoli ar ochr Heol y Bontfaen o Heol y Brenin lle bu bwyty Patagonia am flynyddoedd, gyda bwydlen sy'n pwysleisio'r cynhwysion gorau o Gymru a Chatalonia.

Ymysg y seigiau sydd i'w mwynhau ar un o nosweithiau tapas La Cuina y mae *tortilla*, *sobrassada* a chwningen ar dost. Ond os am bryd bwyd cofiadwy beth am flasu'r caserol cyw iâr Catalanidd a wneir gan ddefnyddio siocled, prŵns a gwin. Yn ogystal â bwyty bychan fyny'r grisiau, mae deli sy'n orlawn o gynnyrch Catalan, o gigach a melysion a'r cyfan wedi'u lapio mewn papur â logo trawiadol yr artist Cymreig cyfoes Clive Hicks-Jenkins, y gwelir ei waith ef ar y wal, yn ogystal â gwaith nifer o artistiaid eraill.

✹

11 Heol y Brenin
Pontcanna CF11 9BZ
029 2019 0265

MEZZA LUNA

Os ydych chi'n chwilio am bryd o fwyd a phrofiad difyr yn y fargen, yna beth am ystyried y bwyty poblogaidd Mezza Luna ar Heol y Ddinas? Mae'r lle'n adnabyddus am ddau beth penodol; dyma unig fwyty'r ddinas i arbenigo mewn bwyd o Foroco a Libanus, a'r unig le i gynnig dawnswraig bola fel adloniant ar nosweithiau Gwener a Sadwrn. Mae'r bwyd yn gyson ragorol, gan amrywio o brydau cyfarwydd fel *hummus* a *babba ganoush*, tatws rhosmari, tagine cig oen, yn ogystal ag enghreifftiau mwy mentrus fel *kibbeh* a *jawanih dajaj*, a'r cyfan oll wedi'u gweini â reis, *cous cous*, neu fara traddodiadol *khobez*, a dewis da o ddiodydd gan gynnwys cwrw blasus o ogledd Affrica. Prun a ydych chi'n galw mewn yn ystod y dydd i fanteisio ar gynnig y cinio am £4.95, neu'n dod mewn criw mawr i rannu'r plateidiau amrywiol poblogaidd, mae'n werth ystyried archebu bwrdd ar y penwythnosau, sydd, am ryw reswm, wastad yn brysur. Tybed pam?

✹

159 Heol y Ddinas
Cathays CF24 3BQ
029 2047 2772

CÔTE BRASSERIE

Cyrri
Caerdydd

PURPLE POPPADOM

Yn wreiddiol o Fort Cochin yn
Kerala, de'r India, daeth Anand
George i Brydain ar ôl hyfforddi
mewn bwytai o safon ym Mumbai,
cyn symud i Gaerdydd i sefydlu
The Mint and Mustard a Chai
Street ar Heol yr Eglwys Newydd.
Yna, ar ôl arbrofi gyda bwyty
pop-up Poppupadom ym Mae
Caerdydd, agorodd The Purple
Poppadom ar Heol y Bont-
faen, sydd wedi plesio trigolion
Treganna yn fawr. Fel y busnesau
eraill, mae'r bwyty poblogaidd
hwn yn cynnig ailddiffiniad o fwyd
Indiaidd, gan gyflwyno bwydlen
sy'n amrywio o'r golwyth cig oen
borg, wedi'i weini a thatws stwnsh
gyda betys a sorbet mintys yn
ogystal â theyrnged hynod flasus
i hen ffefryn fel *tikka masala* cyw
iâr. Y mae'r *creme brûlée* rhosyn
a the gwyrdd yn un o nifer o
bwdinau hyfryd i orffen pryd bwyd
gwahanol iawn sy'n werth ei brofi.
Enillydd Tŷ Cyrri'r Flwyddyn yng
Nghymru 2012.

185a Heol Ddwyreiniol
y Bont-faen
Treganna CF11 9AJ
029 2022 0026

CARDAMOM

Ar gornel brysur ger Parc Fictoria saif tŷ cyrri gorau'r ddinas, yn ôl trigolion Treganna, ta beth. Mae'r cynllun cyfoes, a'r cadeiriau steil Charles Rennie Mackintosh pren golau, yn creu argraff wahanol i'r arfer, ond y bwyd sy'n denu'r sylw, o dan law tîm da o gogyddion a'r defnydd deheuig o gynhwysion ffres. Mae'r bwyty wedi cyrraedd y brig mewn sawl cystadleuaeth ers agor yn 2004, diolch i gyflwyniad seigiau arbennig fel *pomfret biran* (lleden wedi'i ffrio â garlleg, nionod a pherlysiau mewn olew mwstard) a *shorsha raja chingri*, sef corgimychiaid wedi'u coginio mewn dull Bengali, gyda garlleg, sinsir, *chillies* gwyrdd a hadau mwstard, ynghyd â seigiau syml fel reis lemwn a *naans* cartref wedi'u paratoi i berffeithrwydd.

✹

442c Heol Ddwyreiniol
y Bont-faen
Treganna CF5 1JN
029 2023 3506

CHAI STREET

Fel Punitha's Tiffin Corner ar Heol Albany, mae Chai Street yn cynnig profiad newydd; 'bwyd y stryd' o India. Mae'r gerddoriaeth Indiaidd a chwaraeir ar yr uchelseinydd a'r cartwnau trawiadol o sêr Bollywood ar waliau'r bwyty yn helpu i'ch symud dros dro i ddinas bell, tra bod y tameidiau i ginio neu swper yn flasus tu hwnt. Os nad ydych wedi ymweld â Chai Street eto, byddai'n syniad archebu *grand thali*, sy'n cynnwys amrywiaeth o fyrbrydau a *lassi* mango i dorri'r syched cyn dewis un o'r cyris gwych fel prif gwrs. Mae'r saws tamarind cartref, sydd mewn potel ar bob bwrdd, yn well nag unrhyw sos coch, ac yn ychwanegu blas bach ychwanegol i bryd llwyddiannus iawn.

✹

Gweinir bwyd Chai Street
o'r Mint and Mustard yn
134 Heol yr Eglwys Newydd
gyda'r pnawn am y tro.

MOWGLI'S

Dyma un o'r bwytai cyrri hynny sydd wastad yn ennill clod mewn cystadlaethau bwyd fyth ers ei sefydlu yn 2009. Yn 2012, Mowgli's ar ganol Heol y Ddinas ddaeth i'r brig yng nghategori bwyty Indiaidd gorau de Cymru yn y *South Wales Echo*. Cafodd ei enwi ar ôl un o gymeriadau mwyaf hoffus *The Jungle Book*, a gobaith y perchennog Mr Zaman oedd y byddai'r bwyty yn creu'r un argraff ar gwsmeriaid Caerdydd. Diolch i ddwy fwydlen o ddechreufwydydd, gellid dewis rhwng eich ffefryn arferol, neu o blith yr opsiynau *connoisseur*, gan gynnwys ffiledau bach wystrys sbeislyd *anokha tikka*. Mae'r bwyty yn arbenigo mewn sawl maes, ond mae'n werth profi'r saig arbennig *sumander kil khazana*, draenog y môr wedi'i goginio'n araf mewn mwstard, dail cyrri a llaeth cneuen goco a pherlysiau o dde'r India.

✹

151 Heol y Crwys
Cathays CF24 4NH
029 2034 3705

BALTI CUISINE

Mae gan bawb ei hoff dŷ cyrri lleol sydd â phrisiau rhesymol tu hwnt, ac i fyfyrwyr a thrigolion Cathays, mae'r Balti Cuisine ar Heol Woodville yn taro deuddeg bob tro. O gyrsiau cyntaf cyfarwydd fel y *bajhee* nionyn, hyd at seigiau poblogaidd fel *dhansak* gorgimwch neu *balti* cyw iâr sbigoglys, mae yna rywbeth yma i bawb.

✹

103–105 Heol Woodville
Cathays CF24 4DY
029 2022 8863

JUBORAJ

Mae cwmni Juboraj wedi denu trigolion Caerdydd i ddychwelyd i'w ganghennau amrywiol ledled y ddinas dro ar ôl tro. Mae ganddynt leoliad gwahanol i siwtio pob achlysur ledled y ddinas, o'r bwyty moethus yng Nglan-y-llyn gyda *décor* sy'n adleisio palas o gyfnod y Raj, y caffi têc-awê ar Heol y Gogledd ger cyfnewidfa Gabalfa, i'r tŷ Sioraidd smart yn Rhiwbeina, a'r ganolfan boblogaidd ar Lôn y Felin. Ceir bwydlen arbennig i lysieuwyr, ac ymysg ei seigiau mwyaf trawiadol y mae'r saig chwerw-felys *katchuri dhansak*, sef llysiau wedi'u mwydo mewn perlysiau a'u cyflwyno ar y cyd â ffacbys a *fenugreek*. Gwell hepgor eich cinio a'ch brecwast os am daclo'r wledd arbennig i ddau, y Juboraj *deluxe*, a dweud y gwir, bydd yn eich cadw chi fynd am ddyddiau.

✱
10 Lôn y Felin
Canol y Ddinas CF10 1FL
029 2037 7668

✱
11 Heol-y-Deri
Rhiwbeina CF14 6HA
029 2062 8894

✱
Heol Orllewinol Glan-y-llyn
Y Rhath CF23 5PG
029 2045 5123

Lleoedd eraill

MINT AND MUSTARD
134 Heol yr Eglwys Newydd
Y Waun CF14 3LZ
029 2062 0333

THE CINAMON TREE
173 Ffordd y Brenin
Pontcanna CF11 9DE
029 2037 4433

MADHAV
59 Heol Isaf y Gadeirlan
Glanyrafon CF11 6LW
029 2037 2947

VEGETARIAN FOOD STUDIO
109 Ffordd Penarth
Grangetown CF11 6JT
029 2066 6266

THE BAY LEAF
32 Stryd Fawr
Llandaf CF5 2DZ
029 2056 7888

MOKSH
Cilgant Bute
Bae Caerdydd CF10 5AN
029 2049 8120

SPICE QUARTER
Ardal yr Hen Fragdy
Canol y Ddinas CF10 1FG
029 2022 0075

MURCHI
89 Heol y Ddinas
Cathays CF24 3BN
029 2049 2344

PUNITHA'S A
PUNITHA'S TIFFIN CORNER
131 Heol Albany
Y Rhath CF24 3NS
029 2047 3029

HAVELI
157 Heol y Ddinas
Cathays CF24 3BQ
029 2048 2882

BALTI EMPIRE
157–159 Heol Albany
Y Rhath CF24 3NT
029 2048 5959

KAFE LA
65 Heol Merthyr
Yr Eglwys Newydd CF14 1DD
029 2061 1633

Bwytai i deuluoedd

Mae Caerdydd yn ddinas sy'n croesawu teuluoedd ac mae hynny'n cael ei adlewyrchu yn y mannau sydd ar gael i deuluoedd gael bwyta allan a mwynhau.

Mae gan y *pizzeria* Ask gyferbyn â'r Llyfrgell ganolog ar Lôn y Felin atyniad poblogaidd iawn i blant, sef bwrdd mawr pren sy'n gwegian dan bapurach parod i gael eu lliwio a jariau o bensiliau amryliw, i'w harddangos ar y wal bellaf, fel bod plant yn cael dychwelyd eto i edmygu'u gwaith. Nid nepell i ffwrdd y mae TGI Friday's a Ruby Tuesday a bwytai cadwyn eraill yng nghanolfan Dewi Sant 2, sy'n meddu ar feysydd parcio cyfleus a chyfleusterau da i rieni a phlant.

Dros y blynyddoedd diwethaf, clodforwyd sawl cwmni lleol am roi croeso mawr i deuluoedd a phlant, gan gynnwys bwyty Dwyrain Canol dialcohol Lilo Grill ar Heol y Ddinas, lle ceir amrywiaeth dda o gigoedd a llysiau wedi'u rhostio dros siarcol, a dewis difyr o ddiodydd yn cynnwys ysgytlaeth, sudd a smwddis ffres. Ymysg yr atyniadau eraill, cafwyd canmol mawr i fwytai amrywiol iawn: o fwyty Indiaidd Spice Route gyferbyn â Hollywood Bowl yng Nghanolfan Red Dragon y Bae, i groeso cynnes Pizzeria Villagio yr Eglwys Newydd, ac fe greodd plataid plant Caffi'r Castell argraff fawr ar rai teuluoedd.

Eraill gwerth eu hystyried? Mae bwytai Chapter yn Nhreganna a Mad Hatter's yng nghanolfan y Gate yn boblogaidd tu hwnt, yn ogystal mae caffis dymunol rif y gwlith i deuluoedd yn y ddinas a Tea & Cake, Juno Lounge a The Pear Tree, oll ar Heol Wellfield yn eu plith. Am bryd go arbennig, mae bwydlenni plant Oscars ym Mhontcanna a bwyty Grape & Olive Brains ar Heol Wedal rhwng Cathays a'r Waun yn sicr yn werth eu profi gan bob aelod o'ch teulu.

CHAPTER
CROESO WELCOME
THEATRE GALLERY CAFÉ BAR SHOP
ORIEL CAFFI BAR SIOP SINEMA
CINEMA THEATRE GALLERY CAFÉ BAR
Automatic door
Automatic door

CHAPTER

Heb fentro mynd ati i ddiffinio beth yn union yw cawl, a glanio mewn cawlach, digon yw dweud fod gan Gaerdydd sawl bwyty sy'n cynnig ein pryd cenedlaethol ar blât i chi. Mae'r rhan fwyaf yn glynu at gynhwysion craidd o lysiau'r pridd, cig oen a phersli, ond mae'n rhyfeddol sut y gall un pryd go syml gynnig cymaint o fersiynau gwahanol. Dim ond chi all feirniadu a ydynt gystal â chawl Mam neu Mam-gu.

Peidiwch ag anghofio talu gwrogaeth i un o strydoedd canolog y ddinas, sef Heol-y-Cawl wrth gwrs. Fe welwch chi'r arwydd yn glir uwchben siop lyfrau Waterstones. Yn anffodus, nid pryd cenedlaethol Cymru oedd dan sylw pan gafodd yr heol ei henwi ganrifoedd yn ôl, ond un o strydoedd mwyaf drewllyd y dre, diolch i dueddiad ei thrigolion i daflu eu carthion a phob math o bethau ych-a-fi allan ar y stryd. Cawlach go iawn!

Cawl

MADAME FROMAGE
18 Arcêd Heol y Dug
Canol y Ddinas CF10 1BW
029 2064 4888
029 2066 4408

Y GWAELOD INN
Stryd Fawr
Gwaelod-y-Garth CF15 9HH
029 2081 0408

MIMOSA
Cei'r Fôr-forwyn
Bae Caerdydd CF10 5BZ
029 2049 1900

THE SOCIAL
Parc Hotel, Plas y Parc
Canol y Ddinas CF10 3UD
0871 376 9011

DELI A GOGO
3 Heol Penlline
Yr Eglwys Newydd CF14 2AA
029 2061 0956

GARLANDS EATERY
AND COFFEE HOUSE
4 Arcêd Stryd y Dug
Canol y Ddinas CF10 1AZ
029 2066 6914

CAFFI'R CASTELL
Castell Caerdydd
Canol y Ddinas

YSTAFELL DE GWALIA
Sain Ffagan CF5 6XB
029 2057 3500

CAESAR'S ARMS
Heol Caerdydd
Creigiau CF15 9NN
029 2089 0486

FFRESH
Canolfan Mileniwm Cymru
Bute Place
Bae Caerdydd CF10 5AL
029 2063 6465

Cinio cyflym

Oes yna enw gwell ar siop frechdanau na B Getti Junction ger cylchdro Rhydypennau? Bagetty Junction, efallai, sy'n agos at fragdy Brains ar Heol Penarth. Afraid dweud, y mae'r ddwy siop yn cadw trigolion rhwng Glanyrafon a Glan-y-llyn i fynd am y dydd, gyda rhychwant eang o ddewisiadau i lenwi *baguettes*.

Ond os ydych yn digwydd bod yng nghanol y ddinas, ac angen ail-lenwi'r tanc ar fyrder, yna does yna unman mwy poblogaidd na Fresh, siop fechan yn yr Arcêd Frenhinol sy'n denu llinell faith o gwsmeriaid bob amser cinio. Fel strydoedd mawr y maestrefi, mae arcêds Fictoraidd Caerdydd yn orlawn o gaffis bychain sy'n cynnig gwasanaeth cyflym, prisiau rhesymol a bwyd â blas y ddinas arno, a cheir detholiad ohonynt yma.

Os mai paned a brechdan facwn mewn chwinciad sydd ei angen, Hayes Island Snack Bar amdani, ond os oes yna ffasiwn beth â 'brechdan' eiconig i Gaerdydd, yna gwell gwneud eich ffordd i'r Stondin Fara yng nghanol y Farchnad ganolog. Yn ogystal â gwerthu cannoedd o bice ar y maen bob dydd, dim ond un dewis sawrus sydd – rôl ham cartref, a honno'n un dda. Ac os ydych am eistedd i gael profiad sydd dwtsh mwy traddodiadol ond yr un mor gyflym, gwnewch hynny gyda phlataid mawr o sgod a sglods, wedi'i ddilyn gan sleisen fawr o *gateau* mefus i lawr yng nghrombil bwyty Pillars ar Heol y Frenhines, neu, yn The Louis ar Heol Eglwys Fair, caffi sy'n perthyn i'r un teulu.

TRADE STREET CAFE

Un o gyfrinachau gorau'r ddinas yw'r caffi hynod cŵl hwn a leolir ar Trade Street, rhwng afon Taf a'r orsaf drenau ganolog. Mae'r brecwastau'n wych, a'r dewis i ginio hyd yn oed yn well – o *wraps*, neu frechdanau, cawl y dydd, i bastai *steak & ale* a *croque madame*, heb sôn am y teisennau bendigedig. Mae'n werth mynd allan o'ch ffordd i ganfod y perl hwn yng Nglanyrafon, ac mae'n ffefryn gyda'r chwaraewr rygbi Jamie Roberts.

✦
Trade Street
Grangetown CF10 5DQ
029 2022 8666

NOODLE BOX

Un o fwytai mwyaf bywiog y Waun Ddyfal ger cyrion y dre yw'r Noodle Box, cwmni lleol â chysyniad syml mewn awyrgylch finimalistaidd hefyd. Yn sylfaenol, dewiswch eich nwdls o'r fwydlen eang, yna penderfynwch ar y cynnwys i gyd-fynd â nhw. Mae'r dewis yn amrywio o gig eidion tanbaid yr Hot Box, hwyaden felys y Quack Box hyd at ddewis o bum math o Veggie Box, ac i'r plant yn eich plith ceir dau fath o Ninja Box. Yna gwyliwch y cynhwysion ffres yn ffrio mewn *wok*, a chyn pen dim fe fydd bocs llawn bwyd yn barod o'ch blaen a chewch eistedd ar un o'r byrddau gwynion i'w fwynhau, neu cewch fynd ag ef adre gyda chi. Os yw hynny'n swnio braidd gormod fel têc-awê cyffredin, yna rhaid i chi sleifio draw i Salisbury Road i brofi theatr i'r synhwyrau drosoch eich hun – mwynhewch brysurdeb persawrus y gegin agored wrth ffoli ar ffasiynau'r myfyrwyr lleol yr un pryd. Cynigir sawl math gwahanol o reis, salad, a *wraps* cŵl, yn ogystal â sudd a smwddis ffres.

✦
62 Heol Salisbury
Y Rhath CF24 4AD
029 2025 1007

GOLEULONG 2000 LIGHTSHIP

Dafliad carreg o'r Senedd a Phorth y Rhath, y mae caffi'r Goleulong, sydd wedi'i leoli ger Heol yr Harbwr er 1993. Yn ogystal â bod yn ganolfan weddi Gristnogol, ceir caffi poblogaidd gyda gweithwyr y Bae sy'n gwerthu detholiad o baneidiau a brechdanau a blas da. Mae yna groeso i bawb i brofi'r caffi hynod hwn.

✦
Rhodfa'r Harbwr
Parc Britannia
Bae Caerdydd CF10 4PA
029 2048 7609

NEW YORK DELI

Ers agor yn 1990, llwyddodd yr Americanes Harriet Davies i leddfu'r hiraeth am ddinas ei magwraeth, trwy gynnig detholiad difyr o ddanteithion Americanaidd mewn diner hamddenol sy'n atgoffa rhywun o Katz's Deli yn Efrog Newydd. Y mae'r fwydlen faith yn cynnig caniau oer o Dr Pepper a Mountain Dew, melysion Milk Duds ac Oreo's Cookies a barafwydydd byd-enwog fel *hoagies*, *grinders* a *bagels*. Mae'r prisiau'n uwch na rhai caffis cyfagos, ond o dderbyn eich archeb, efallai y byddai'n werth hepgor eich swper gan fod meintiau'r brechdanau yn hael dros ben. Wrth straffaglu i gael hansh trwy'r haenau hael o *pastrami*, mae'n anodd osgoi'r temtasiwn i ddychmygu eich bod yn gymeriad mewn ffilm gan Woody Allen neu albwm gan Tom Waits, ond mae'r lleoliad yn un o arcêds harddaf'r brifddinas yn ddigon i'ch atgoffa o gyfaredd Caerdydd hefyd!

✦
20 Arcêd y Stryd Fawr
Canol y Ddinas CF10 1BB
029 2038 8388

✻ NEW YORK DELI

WAFFLE

Pan afaelodd Victoria Morgan yn awenau caffi Waffle ar Stryd Ethel ger Parc Fictoria yn 2008, yr oedd hi'n meddu ar gyfrinach nad oedd hi am ei datgelu wrth neb. Doedd hi erioed wedi bwyta waffl yn ei byw o'r blaen! O fewn blwyddyn, roedd hi wedi profi pleser y gacen gytew i'r eithaf, ac yn deall yn union pam fod pobl yn heidio i'r caffi i brofi'r amrywiaeth o waffls melys a sawrus, gan gynnwys pupur a feta a'r clasur hufen a surop Americanaidd. O wybod bod nifer yn ystyried y deisen yn bleser achlysurol, mae Waffle hefyd yn cynnig dewis da o frechdanau, a melysion eraill gan gynnwys cacennau cri cartref a theisennau tylwyth teg o flas coffi, taffi, neu lemwn, yn ogystal â diodydd oer a phoeth, fel y frappe poblogaidd, a'r ysgytlaeth o hufen iâ Sidoli. Gan fod y caffi ar agor saith diwrnod yr wythnos, daeth yn amlwg yn fuan fod yna un pryd sydd hyd yn oed yn fwy poblogaidd na'r crempog croeseiriog; a'r brecwast Cymreig yw hwnnw.

✹

63 Heol Clive
Treganna CF5 1HH
029 2034 3087

THÉ POT CAFE

Er gwaetha'r ffaith mai Cathays yw enw'r ardal fel prif breswylfa myfyrwyr y ddinas, mae'n ardal gwerth ei harchwilio am ei hanes difyr, sy'n cynnwys mynwent hynafol, llyfrgell Gothig hardd, ac enwau strydoedd sy'n frith o gysylltiadau Albanaidd teulu Bute. Mae hi hefyd, fel ei chymydog, y Rhath, yn orlawn o gaffis, ac un o drysorau pen uchaf Heol y Crwys – Heol y Plwcca gynt – yw Thé Pot, sy'n hafan ddymunol wedi'i dodrefnu yn null *shabby-chic*, ac sy'n adleisio *bistros* hamddenol Sodermalm yn Stockholm. Ddegawd ar ôl gweithio fel gweinyddes yn fersiwn flaenorol Thé Pot sef Marty's Kitchen a Love Coffi a hefyd wedi treulio cyfnodau'n byw ym Mharis a San Francisco, neidiodd Natalie Eddins o Ddinas Powys at y cyfle i brynu'r lleoliad yn 2008 a sefydlu caffi ei breuddwydion. Un o rinweddau'r caffi yw'r oriau agor estynedig, sy'n caniatáu digwyddiadau hwyr fel gigs bychain gan artistiaid lleol a rhyngwladol, gan gynnwys band ei chariad Haydn Hughes, Land of Bingo. Cynhelir nosweithiau ffilm misol hefyd, ac fel un o leoliadau'r ŵyl gelf flynyddol Made in Roath, mae'n arddangos darnau lleol o gelf a chrefft gan artistiaid lleol. Efallai mai'r prif atyniad ydy'r fwydlen, sy'n cynnwys brecwast Cymreig, smwddi crymbl ffrwythau, a cobbler afal a sinamon. Ceir dewis da o fwydydd sy'n addas i lysieuwyr, figaniaid, a'r rheiny sy'n methu bwyta glwten, ac os nad ydych chi'n gweld rhywbeth penodol ar y fwydlen, mae'r gweinyddesau cyfeillgar yn hapus i baratoi'r hyn sydd at eich dant chi.

✹

138 Heol y Crwys
Cathays CF24 4NR
029 2025 1246

THE COFFEE LOUNGE

Er 2008, mae'r pâr ifanc Johnathan a Dawn Holmes yn teithio o Bontypridd yn ddyddiol i redeg eu caffi cartrefol yng nghanol pentref Llanisien. Ar fore braf, mae modd eistedd tu allan i edmygu eglwys hardd Sant Isien, a enwyd ar ôl un o'r mynaich a sefydlodd y llan yn y flwyddyn 535 OC, ac a ehangwyd ymhellach yn y cyfnod Normanaidd, y bymthegfed ganrif a'r bedwaredd ganrif ar bymtheg. Ond hyd yn oed tu mewn i'r caffi, ar fore oer o aeaf, mae modd gwerthfawrogi golygfeydd hynafol o'r ddinas, gan fod y waliau'n orlawn o baentiadau gan yr artist lleol Paul Anthony O'Donnell, gan gynnwys delwedd drawiadol o Heol Eglwys Fair dan ei sang o ddramiau ar ddechrau'r ugeinfed ganrif. Y mae'r bwyd a geir yn gartrefol iawn, o'r wyau wedi'u sgramblo ar dost i frecwast, i'r brechdanau a'r *paninis* arferol a chawl y dydd, gan gynnwys tomato a basil a thatws melys a *chilli*, ond does dim dianc rhag y ffaith mai'r teisennau sy'n denu cwsmeriaid am yr eilwaith, gyda'r gacen lemwn yn ffefryn mawr gyda'r ffyddloniaid, rhai o gyn-athrawon Ysgol Rhydfelen, Jonathan yn eu plith. Ac os oes angen rheswm arall i'ch perswadio chi i ymweld â Coffee Lounge, yna beth well na phastai gig a tharten gwstard wedi'u paratoi'n arbennig gan ddwy fam Jonathan a Dawn yng ngheginau eu cartrefi yng Nghwm Rhondda, maen nhw'n gwerthu fel slecs felly byddwch brydlon.

✹

38 Heol yr Orsaf
Llanisien CF14 5LT
029 2076 5646

FUSION CAFE BAR

Os am snacyn sydyn yn y ddinas, beth am lechen o dapas Cymreig? Mewn tŷ teras hyfryd ar ganol Heol Siarl a ddodrefnwyd â chyffyrddiadau *vintage-chic*, mae dewis gwych i ginio yn Fusion Cafe Bar. Ynghyd â thatws trwy'u crwyn a *tortilla wraps*, ceir bwydlen arbennig o dameidiau bychain, yn cynnwys cacennau cennin a chaws Cheddar, tatws *chorizo*, sgiwers cig oen, a ffriters cig moch a chocos Penclawdd gyda dip bara lawr. Paratoir y cyfan yn y gegin gan ddefnyddio'r gorau o gynnyrch lleol gan un sy'n gogyddes ddawnus. Mae Tammy Evans, o Landeilo'n wreiddiol, wedi llywio ceginau Juno Lounge a'r Dizzy Llama gynt. Mae cinio Sul ardderchog i'w gael yma hefyd, a weinir rhwng 12–6. Ond os am noson hwyliog, cofiwch fod gan Fusion fwydlen coctels hynod swish. Dyma'r unig le i ddod am Razmopolitan neu Pride Pitcher cyn concro clwb nos hoyw WOW lawr staer.

❋

28 Heol Siarl
Canol y Ddinas CF10 2GF
029 2064 4311

LA CRÊPERIE DE SOPHIE

Pan ddaeth Loïc Moinon o Lydaw i fyw i Lanilltud Fawr roedd yn benderfynol o gyflwyno bwyd ei fro enedigol i brifddinas Cymru. Yn 2012 ar ôl profi llwyddiant wrth werthu ei *crêpes* a *galettes* ym marchnad wythnosol Glanyrafon, agorodd gaffi dymunol yn Arcêd y Stryd Fawr yn deyrnged i'w gariad, Sophie. Ceir dewis helaeth o *crêpes* yma, gan gynnwys y clasur siwgr a lemwn am lai na theirpunt a nifer o *galettes* diwenith hefyd. Un o'r gwerthwyr gorau yw dewis llysieuol 'Sweet Billy' sef *galette* sawrus sy'n cynnwys caws gafr, cnau Ffrengig, siytni nionyn, salad a dresin balsamig, sy'n siwr o'ch llenwi nes amser swper. Ond os am crêpe â blas o gartre Loïc, rhaid archebu'r math Llydewig melys, sy'n cynnwys bananas, bisgedi a hufen Chantilly a joch dda o *caramel Breton. Kalon digor!*

❋

16 Arcêd y Stryd Fawr
Canol y Ddinas CF10 1BB
029 2037 2352

CAFFI CASTAN

Ceir rhai o goed cynhenid hynaf y ddinas ar gaeau Pontcanna, ac yng nghysgod y coed castan hardd ger Heol Pen-Hill yr agorwyd Caffi Castan yn 2012. Y mae'r caffi braf, a fu hanner canrif ynghynt yn drofan bws troli ar ben Heol y Gadeirlan, yn boblogaidd iawn gyda cherddwyr cŵn, loncwyr a theuloedd. Yn aml gwelir ciw mawr yn nadreddu o gwmpas blaen y caban yn eiddgar i fanteisio ar fargen o frecwast cynnar, sef teirpunt am rôl brecwast a phaned i gynhesu'r galon. Yn wir, y mae'r coffi a weinir o safon eithriadol, gan gwmni James' Gourmet Coffee o Rosan ar Wy, sy'n gweddu'n wych â'r tartenni Pecan a Mississipi Mud Pie carte ddiwedd pnawn. Os fyddwch am ginio cyflym, ystyriwch platiad o basta a bara garlleg, mae'r pasta peli cig ymysg y prydau mwyaf poblogaidd, ac yn fargen hefyd.

❋

Heol Pen-hill
Pontcanna CF11 9JJ

NORSK

Mae sawl lleoliad yn y ddinas sy'n talu teyrnged i Roald Dahl, yr awdur plant enwog o Landaf a fagwyd yn Radur. Heb fod ymhell o Roald Dahl Plass yn y Bae, y mae Oriel Dahl yng Nghanolfan Gelfyddydol yr Eglwys Norwyaidd. Yno hefyd y mae caffi cyfoes Norsk ble gallwch fwynhau cinio cyflym y byddai cyndeidiau'r hen Roald yn gyfarwydd iawn ag ef, sef Cinio Pysgotwr Norwyaidd, cynnig Caerdydd ar *smörgåsbord*, sy'n cynnwys pennog melys, *gravadlax* eog wedi'i fygu, caws, picls, salad, a bara graneri. Ond os nad yw cinio Llychlynnaidd yn apelio, beth am y detholiad o gynnyrch Cymreig o safon – o frechdan ham mêl rhost Sir Gâr a chreision Real Welsh neu gawl cig oen Celtic Pride a photel o gwrw Tomos Watkin? Yn sicr, rhaid cyrraedd yn gynnar er mwyn bachu'r sedd orau; soffa ledr goch a darlun mawr o borthladd Bergen yn gefndir, a ffenestr fawr lydan gyda golygfa odidog o Fae Caerdydd â'r cychod yn arnofio'n osgeiddig yno.

❋

Harbour Drive
Bae Caerdydd CF10 4PA
029 2087 7959

BISTRO ONE

Dyw'r caffi hwn heb newid llawer ers iddo agor yn 1970, a diolch byth am hynny. Yn ogystal â chynnig paned o goffi ewynnog a chyrri a tships, ceir hefyd ambell saig Sbaenaidd ar y fwydlen, gan olygu mai un o brydau mwyaf poblogaidd Bistro One yw'r frechdan *tortilla*, sef *baguette* gydag omled datws ynddi. Y mae'r bythod cochion, y lampau Tiffany a'r teils oren eiconig yn dal yno, a bellach mae lluniau chwaethus o eiconau Cymreig ar y wal, felly os am baned a sgram gyda Richard Burton yn eich gwylio, dyma'r unig le i ddod.

5 Stryd y Cei
Canol y Ddinas CF10 1DZ
029 2038 8888

TASTE

Caffi cyfoes sy'n cynnig bwyd cyflym blasus tu hwnt. Dewiswch o gawl y dydd, salad neu frechdan, ac yn ôl y sôn *tuna melt* gore'r ddinas. Ymhlith y ffefrynnau y mae'r 'Cwmbran Banger' a'r 'Ploughman's Cymreig', perffaith gyda *chai latte* sinamon blasus. Os am aros ennyd, bachwch sedd ger y ffenestr fawr sy'n edrych allan ar Heol y Santes Fair, lle gwych am ysbaid, a blas bach o'r ddinas.

15 Stryd Fawr
Canol y Ddinas CF10 1AX
029 2034 1820

Lleoedd eraill

~~~

BWYTY HAYES ISLAND
SNACK BAR
Yr Ais
Canol y Ddinas CF10 1AH
029 2039 4858

FRESH
32 Yr Arcêd Frenhinol
Canol y Ddinas CF10 1AE
029 2022 3158

B GETTI JUNCTION
Ffordd Heathwood
Rhydypennau CF14 4HT
029 2075 5563

BAGUETTY JUNCTION
24 Heol Penarth
Grangetown CF10 5DN
029 2022 0260

THE BREAD STALL
155 Marchnad Caerdydd
Heol Eglwys Fair
Canol y Ddinas CF10 1AU
029 2022 6941

EMBASSY CAFE
36 Teras Cathays
Cathays CF24 4HX
029 2037 3144

SERVINI'S SNACK BAR
6 Arcêd Wyndham
Canol y Ddinas CF10 1FJ
029 2039 4054

GWDIHŴ
6 Cilgant Guildford
Canol y Ddinas CF10 2HJ
029 2039 7933

HUNGRY PLANET
142 Stryd Clifton
Adamsdown CF24 1LY
029 2044 0504

DELI ROUGE
73 Heol Pen-y-wain
Y Rhath CF24 4GG
029 2048 3871

DELI A GOGO
3 Penlline Road
Yr Eglwys Newydd CF14 2AA
029 2061 0956

CLARKS'S PIES
23 Stryd Bromsgrove
Grangetown CF11 7EZ
029 2022 7586

CRUMBS
33 Arcêd Morgan
Canol y Ddinas CF10 1AF
029 2039 5007

INMAS
152 Heol Penarth
Grangetown CF11 6NJ
029 2038 8303

LAKESIDE DELI
26 Clearwater Way
Cyncoed CF23 6DL
029 2076 5419

TUCKER
23 Heol Salisbury
Cathays CF24 4AA
029 2019 8712

SANDWICHED IN THE CITY
Arcêd Dominion
Canol y Ddinas CF10 2AR
029 2066 5309

THE FALAFEL BAR
38 Heol Woodville
Y Rhath CF24 4EB
029 2023 3181

GORGE WITH GEORGE
15 West Bute Street
Bae Caerdydd CF10 5EP
029 2045 6887

Cinio
dydd Sul

Un o atyniadau mwyaf poblogaidd y ddinas yw'r cinio Sul godidog a weinir ym mwyty braf Laguna, yng ngwesty'r Park Plaza ar Heol y Brodyr Llwydion. Y mae safon y bwyd yn eithriadol, diolch i'r defnydd a wneir o gynnyrch Cymreig, gan gynnwys yr eog wedi ei fygu o ddyffryn Gwy, cig eidion Sir Gaerfyrddin a *crème brûlée* nefolaidd – a'r cyfan o gegin yng Nghaerdydd. Mae gan yr ystafell braf olygfa dda dros Boulevard De Nantes tuag at Amgueddfa Genedlaethol Caerdydd a Neuadd y Ddinas, ac oherwydd cwsmeriaeth pum seren y gwesty chwaethus a chanolog hwn, does wybod pwy fydd yn eistedd ar y bwrdd nesaf atoch: Enrique Iglesias, Sebastien Chabal neu Katy Perry. Beryg y byddwch chi'n llawer rhy brysur yn mwynhau'r bwyd i sylwi.

Gwesty'r Park Plaza
Heol y Brodyr Llwydion
Canol y Ddinas CF10 3AL
029 2011 1103

VICTORIA PARK HOTEL

Daeth y dafarn hon i'r brig yn nyfarniad beirniad gwobrau bwyd a diod y *South Wales Echo* yn 2012, ac fe ganmolwyd y cinio Sul i'r entrychion, felly ewch amdani i brofi drosoch eich hun.

✻

422 Heol Ddwyreiniol
y Bont-faen
Treganna CF5 1JL
029 2037 4212

THE WHITE HOUSE

Un o brif fanteision y gwesty dymunol hwn yw ei hygyrchedd i Amgueddfa Werin Cymru, Sain Ffagan, a moch ei fferm. Anghofiwch eich *food miles* yma, mae'n rhaid mai dyma un o'r ychydig dai bwyta yng Nghaerdydd sy'n medru mesur eu hagwedd at fwyd lleol mewn metrau, ac yn wir mae'r porc a weinir bob dydd Sul yn ardderchog.

✻

Heol Crofft-y-Genau
Sain Ffagan CF5 6EL
029 2056 5400

BURGES RESTAURANT

Os am ginio Sul arbennig iawn, yna bwyty Burges y Park House yw'r lle, yn yr ystafell neo-Gothig hardd a gynlluniwyd gan hoff gynllunydd Trydydd Ardalydd Bute, William Burges. Mae'r cinio yn anfarwol, gyda dewis o gig eidion Celtic Pride, pysgodyn y dydd, neu ddetholiad o brydau llysieuol, ac mae'r pwdinau'n fendigedig. Pa un yw hi i fod? Y pwdin reis, browni siocled Valrhona, neu gawsiau Ffrengig a Chymreig? O'r fath ddewis!

✻

Park House
20 Plas y Parc
Canol y Ddinas CF10 3DQ
029 2022 4343

THE CROFTS

'Where's Cyfarthfa Street?' yw un o linellau anthem Mim Twm Llai, 'Sunshine Dan'. Yr ateb? Jyst rownd y gornel i dafarn The Crofts yn ardal Plasnewydd o'r Rhath, lle mae cinio Sul gwych yn aros amdanoch. Cafodd yr adeilad brics coch ei adeiladu yn 1957, ar ôl i'r dafarn wreiddiol, a sefydlwyd yn 1867 gael ei bomio yn ystod y Blitz ar Gaerdydd ar ddechrau Ionawr 1941, ddim yn hir ar ôl i Winston Churchill alw heibio. Gellir dewis rhwng sawl cig ar y Sul; cig eidion, porc, gamon, cyw iâr, ac yn achlysurol, cig oen, a llwyth o lysiau lleol yn ogystal â dewis llysieuol. Mae yna wastad gacen siocled ar y fwydlen llawn pwdinau cartref, ac os nad oes teisen gaws ar gael i'r cwsmeriaid cyson, mae yna le! Y ffefryn, o bell ffordd, yw'r deisen rhiwbob a chwstard, a hynny oherwydd cyfraniadau o randiroedd cymdogion The Crofts.

✻

Croft Street
Y Rhâth CF24 3DZ
029 2048 6467

Lleoedd eraill

~~~~~

TŶ MAWR
Heol y Graig
Llys-faen CF14 0UF
029 2075 4456

TRAHERNE ARMS
The Tumble
Croes Cwrlwys CF5 6SA
029 2059 7707

THE NEW CONWAY
58 Heol Conway
Pontcanna CF11 9NW
029 2022 4373

NORTH STAR
131 Heol y Gogledd, Maendy
Cathays CF14 3AE
029 2062 1736

WOODS BAR & BRASSERIE
The Pilotage Building
Stryd Stuart
Bae Caerdydd CF10 5BW
029 2049 2400

TŶ MAWR

Cinio hamddenol

BROWN'S

Mae'r 'Friary' wedi profi sawl trawsnewidiad dros y blynyddoedd, ers ei ddyddiau fel Tŷ'r Brodyr Llwydion ar ochr ddwyreiniol y Castell. Yn dilyn diddymiad y mynachlogydd yn y 1530au, daeth yn gartref teulu dylanwadol yr Herbertiaid am ddwy ganrif, fe'i trosglwyddwyd i feddiant teulu dylanwadol arall ar achlysur priodas Charlotte Herbert a John Stuart, Ardalydd Cyntaf Bute. Gadawyd i dŷ'r brodyr fynd yn adfail, hyd nes codwyd nengrafwr cyntaf y ddinas yn 1967 sef Adeilad Pearl Assurance gynt, ac Yswiriant Admiral bellach. Ar y llawr gwaelod yn yr 80au, yma roedd siop lyfrau Oriel, yna yn 1999 bar bywiog HaHa's, ac mae bellach yn fistro poblogaidd gyda phobl fusnes yr ardal, sef Brown's. Os am ginio ysgafn o selsig a stwnsh neu salad Caesar, neu swper mwy sylweddol o goes hwyaden neu stecen *rib-eye*, yna dewch draw i brofi Tŷ'r Brodyr ar ei newydd wedd. Er gawethaf presenoldeb 'cathod tewion' y ddinas, cofiwch mai yn seiliau'r adeilad y mae bedd un o'r chwyldroadwyr mwyaf yn hanes y ddinas, y rebel Llywelyn Bren.

Stryd y Brodyr Llwydion
Canol y Ddinas CF10 3FA
029 2066 7096

OSCARS

Yn 2011 agorwyd cangen o fwyty hynod boblogaidd Oscars o'r Bont-faen lle bu Le Gallois gynt ar gyrion Pontcanna. Yn ogystal â chynnig bwydlen arbennig i blant o dan ddeg oed, un o atyniadau gorau Oscars yw'r rhestr o brydau am saith bunt cyn saith yr hwyr. Ymysg y dewisiadau mwyaf poblogaidd y mae selsig y coed a thatws stwnsh menynog gyda grefi ffenel a nionyn, ham, wy a sglods, a'r 'Classic Oscars Burger'. Cinio hamddenol a glasaid o win am ychydig dros ddecpunt? Archebwch fwrdd ar unwaith!

❀

6–10 Cilgant Romilly
Pontcanna CF11 9NR
029 2034 1264

LAGUNA BAR

Os am ddewis gwych o saladau mewn lleoliad reit smart, yna i Laguna Bar y Park Plaza amdani. Beth am salad Dwyreiniol a blas o Siapan, gyda *wasabi* a thiwna wedi'i serio'n sydyn? Neu os ydych am rywbeth mwy sylweddol, yna mae'r salad macrell, shibwns, tatws newydd a brocoli piws yn bownd o lenwi twll tan eich swper. Os nad yw cig yn apelio atoch yna mae'r dewis llysieuol wir yn tynnu dŵr i'r dannedd, ac os nad yw'r *cous cous*, *halloumi* a llysiau rhost ddim yn cydio, beth am gaws Roquefort, gellyg, cnau Ffrengig a sicori?

❀

Gwesty Park Plaza
Heol y Brodyr Llwydion
Canol y Ddinas CF10 3AL
029 2011 1103

YR HEN FWTHYN

Y tro nesa y byddwch chi'n edmygu *azaleas* a *primulas* hyfryd Parc Cefn Onn yng ngogledd y ddinas ac awydd tamed bach o ginio, beth am ystyried archebu bwrdd yn Yr Hen Fwthyn gerllaw? Yn 2011 cafodd y dafarn hynafol hon ei hadfer gan ychwanegu bwyty cyfoes ag iddi gegin agored y tu cefn i'r bar. Mae'r pwyslais ar gynnig bwyd blasus, p'run ai'n frechdan eog wedi'i fygu â *horseradish* neu gawl y dydd gyda'ch peint wrth y tân, neu'n Camembert wedi'i bobi i'w rannu wedi'i ddilyn gan *rib-eye* perffaith a glasiaid o win yn y bwyty braf.

❀

Cherry Orchard Road
Llys-faen CF14 0UE
029 2076 5961

ALIUS MODI

Os am ddihangfa dros dro i Madison Avenue neu Rue St Honoré, rhowch y cerdyn Avios yna lawr, a gwnewch eich ffordd draw i Barney's a Collette Caerdydd, sef siop Flannels ar Heol Churchill. Unwaith i chi gyrraedd yno, ewch heibio salon drin gwallt Tino Constantinou gan esgyn y grisiau ar unwaith. Yno, yn aros amdanoch, y mae mab Tino, Angelo, yn gapten ar un o gyfrinachau gorau'r ddinas – cafe bar chwaethus sy'n cynnig y Chicken Caesar Salad gorau i chi gael yn eich byw a fflan ffrwythau berffaith i bwdin. Ers iddo agor ar droad 2012, mae'r rheiny sy'n gwybod eu pethau wedi heidio yno i gael brecwastau hwyr bob penwythnos, ac mae bwydlen faith ag iddi flas y Môr Canoldir, a phnawniau Sul Mezze poblogaidd hefyd. Y peth gorau am y bwyd, a alwyd yn 'truly delicious' gan neb llai na Marco Pierre White, yw'r prisiau rhesymol, felly bachwch sedd ger y ffenest, ac ewch amdani, caiff bywyd go iawn aros am ychydig.

❀

Heol Churchill
Canol y Ddinas CF10 2HU
029 2039 7079

'Sgod
a sglods

THE CODFATHER
A fu enw gwell ar fwyty sgod a
sglods yn y bydysawd erioed?
Profodd y gangen gyntaf ar Heol
Ddwyreiniol y Bont-faen mor
boblogaidd nes y bu'n rhaid agor
un arall yn yr Eglwys Newydd.

92 Heol Ddwyreiniol
y Bont-faen
Treganna CF11 9DX
07828 326 239

80 Heol Merthyr
Yr Eglwys Newydd CF14 1DJ

TOP GUN
Dyma'r ail sglodfan ar y rhestr yn
yr Eglwys Newydd sy'n dwyn teitl
sinematig, ond fel clasur Ridley
Scott gynt, mae safon syfrdanol y
chippy hwn ar yn ddigon i gipio'ch
anadl! Mae Spiro a Naomi
Gropetis yn rhedeg y lle er 1988,
a chyda manylion chwaethus sy'n
adleisio bwyty *chic* ym Martha's
Vineyard, bwydlen bwrdd du a
dewis amgenach o ddanteithion
fel *fishcakes* ffres a *kebab* pysgod –
does dim rhyfedd y caiff y sglodfan
hon, sydd â chryn dipyn o steil
iddi, ei gwobrwyo'n gyson am
gynnal y fath safon.

33 Heol Merthyr
Yr Eglwys Newydd CF14 1DB
029 2061 8693
029 2061 1660

YOUNGERS

Ar ôl profi pysgodyn blasus tu hwnt yn Caesar's Arms, Creigiau, penderfynodd Paul Clough arbrofi gyda'i fwydlen arferol, a chynnig draenog y môr a sglodion ar fwydlen ei sglodfan ef ar Heol Caerffili. Yn wir, Youngers yw'r unig *chippy* yng Nghaerdydd i gynnig y sgodyn blasus hwn, sy'n llai darniog na phenfras neu bysgodyn gwyn, ac yn ddewis gwell o ystyried y gorbysgota dirfawr sy'n digwydd ar y moroedd.

Ydy, mae wythbunt yn dipyn i'w dalu am bryd bwyd mewn papur newydd, ond o gofio bod y lle hefyd yn cynnig noson ddiwenith ac wedi ennill gwobrau lu dros y blynyddoedd, mae'n werth ymweld â Youngers, yn Brichgrove neu'r Gellifedw yn Gymraeg, os hoffech drio têc-awê traddodiadol hefyd.

✦
73 Heol Caerffili
Y Gellifedw CF14 4AE
029 2062 0678

THE PEN AND WIG

Iawn, nid *chippy* ond tafarn yw hon, a doedd dim modd gadael y rhestr heb ddatgelu un o fargeinion gorau'r ddinas sef platiaid blasus o sglods a sgodyn mewn cytew cwrw cartref, a pheint am ychydig dros bumpunt. Do, fe ddarllenoch chi hynny'n gywir. Mae'r lle'n orlawn bob amser cinio, ond yn enwedig ar ddydd Gwener, felly cofiwch ddod cyn un y pnawn neu bydd y cyfreithwyr a'r academyddion lleol wedi sglaffio'r cyfan.

✦
1 Park Grove
Cathays CF10 3BJ
029 2037 1217

ALBANY FISH BAR

Rydych chi'n gwybod fod rhywle'n lle rhagorol pan fyddwch yn pasio bob amser te ac yn gorfod croesi'r ffordd i osgoi cynffon o gwsmeriaid yn llyfu eu gweflau wrth aros i adrodd eu harcheb arferol. Dyna'n sicr fydd profiad trigolion y Rhath wrth geisio pasio un o sglodfannau mwyaf poblogaidd y ddinas, yr Albany Fish Bar. Mae'n wir nad yw'r criw gweithgar yn gwyro'n rhy bell oddi ar y fwydlen draddodiadol, ond gydag awyrgylch arbennig y teils amryliw a'r erthygl eiconig gan Terry Durack o'r Independent yn dyfarnu'r Albany Fish Bars yn un o ddeg chippy gorau Prydain, sy'n dal i hongian y tu ôl i'r cownter, chwe blynedd yn ddiweddarach, does dim dwywaith amdani; mae'r AFB yn FAB.

✦
18 Heol Albany
Y Rhath CF24 3RQ
029 2048 2022

Lleoedd eraill

PETE'S PLAICE
89–89a Cilgant Wyndham
Treganna CF11 9EG
029 2065 4165

XL FISH BAR
74 Heol y Crwys
Cathays CF24 4NP
029 2022 6545

DEVONIA
179 Heol yr Eglwys Newydd
Gabalfa CF14 3JR
029 2061 9478

PENYLAN FISH BAR
Rhodfa Colchester
Pen-y-lan CF23 9AW
029 2048 8236

ELY FISH BAR
121 Ffordd Bishopston
Trelái CF5 5DX
029 2055 1747

THE
CODFATHER

THE CODFATHER
PETE'S PLAICE

Peint a phryd bwyd

~~~~~~

THE GWAELOD INN

Enillydd Gwobr CAMRA am dafarn orau Caerdydd yn 2011 oedd y Gwaelod-y-garth Inn neu'r Gwaelod Inn fel y'i gelwid gan y bobl leol. Yn ogystal â chynnig pum cwrw casgen yn ddyddiol, cadeiriau cefn ffyn ger y tân, a llun eiconig o'r 'Pontypool Front Row' ger y bwrdd snwcer, y mae'r dafarn gysurus hon ar waelodion Mynydd y Garth yn cynnig bwyty poblogaidd, ag iddi olygfa wych dros Ffynnon Taf a thu hwnt. Yn ogystal â denu trigolion lleol, mae hi'n lloches i gerddwyr ar eu ffordd i fyny ac i lawr y Garth ac olion o gynfod Oes Efydd a golygfeydd godidog dros y ddinas. Dyma gornel bychan o'r byd a anfarwolwyd am byth gan y ffilm *The Englishman Who Went Up a Hill But Came Down a Mountain.* Y mae'r bws rhif 26b yn galw'n lleol bob awr gyda'r dydd, ond os am wledd o fedd gyda'r hwyr, gwell ystyried tacsi, neu drên adre o orsaf Ffynnon Taf, 25 munud i ffwrdd ar droed.

Stryd Fawr
Gwaelod-y-garth CF15 9HH
029 2081 0408

THE COACH HOUSE

Adeiladwyd y dafarn gysurus hon yn ystod y ddeunawfed ganrif, heb fod ymhell o dafarndai hŷn The Fox and Hounds a The Blue Bell, a sefydlwyd ganrif ynghynt. Ceir soffa glyd ger tanllwyth o dân agored, a phosteri jazz amrywiol ar y muriau gwyn. Mae'r fwydlen yn cynnwys hen ffefrynnau fel sgod a sglods neu selsig a thatws stwnsh, ond mae'r darten cig hela yn un arbennig gyda chig cwningen, cig carw a ffesant, grefi sawrus a chrwst blasus. Dafliad carreg i ffwrdd saif un o'r ychydig eglwysi canoloesol sy'n dal i sefyll yn ninas Caerdydd; Eglwys Llaneirwg, sy'n dyddio o'r drydedd ganrif ar ddeg. Fe'i henwyd gan y Normaniaid ar ôl eu nawddsant Mellon, esgob o Rennes, a'i sefydlu ar olion llan Eurwg, brenin Celtaidd yng Ngwent.

✹

Heol Tŷ'r Winch
Llaneirwg CF3 5UW
029 2077 7400

PLYMOUTH ARMS

Y tro nesa y byddwch chi'n ysu am ddihangfa dros dro o'r ddinas, ac yn ffansi peint neu bryd bwyd blasus mewn tafarn wledig, ystyriwch ymweliad â'r Plymouth Arms, sydd wedi'i lleoli gamau'n unig o Amgueddfa Werin Cymru, Sain Ffagan. Cafodd y dafarn ei henwi ar ôl y trydydd Iarll Plymouth a briododd â merch leol, Elizabeth Lewis, yn 1730. Fe'i datblygwyd ymhellach ganol y bedwaredd ganrif ar bymtheg, i efelychu tafarn bentref ddelfrydol, gan barchu rheolau'r mudiad dirwestol. Y mae hi bellach yn rhan o gadwyn genedlaethol y Vintage Inn, ac fel y Captain's Wife yng Nghroes-faen a'r Traveller's Rest ar gyrion Caerffili, mae'n dafarn gysurus braf, sy'n cynnig bwydlen helaeth a chwrw da.

✹

Heol Crofft-y-Genau
Sain Ffagan CF5 6DU
029 2056 9173

TŶ MAWR

Tra bu Tŷ Mawr yn eiddo ystad teulu'r Lewisiaid ar droad yr ugeinfed ganrif bu'n glwb golff ac yn gartref i gŵn hela helfa Llanisien a Llys-faen, ond er 1960 mae'r hen ffermdy yn dafarn wledig ac yn atyniad poblogaidd i deuluoedd lleol, gyda gardd flaen anferthol a phanorama perffaith o'r ddinas o'i safle braf ar lethrau'r Graig. Yn dilyn adnewyddiad diweddar gan fragdy Brains, mae'r Tŷ Mawr bellach ymhlith un o dafarndai mwyaf chwaethus y brifddinas, ac yn cynnig bwydlen safonol a chinio Sul blasus i gyd-fynd â'r dewis da o gwrw, gwinoedd a diodydd ysgafn, gan gynnwys cwrw sinsir hynod flasus. Dyw rownd ddim yn rhad yma, ond ar bnawn braf o haf does yna unman gwell i fwynhau golygfa ddihafal o Fôr Hafren islaw a Gwlad yr Haf y tu hwnt iddo.

✹

Heol y Graig
Llys-faen CF14 0UF
029 2075 4456

ZERO DEGREES

Os mai tafarn wledig yw eich diffiniad chi o 'gastro pub' yna byddai'n werth ichi drefnu ymweliad â Zero Degrees, bar dinesig a sefydlwyd i gynnig cwrw brag a *pizza* ffres o'r popty, a hynny mewn hen garej Art Deco ar Stryd Westgate, lle llifodd afon Taf yn agored ganrifoedd yn ôl. Nid cwrw na *pizza* cyffredin gaiff eu gweini yma chwaith. Ar eich ymweliad cyntaf, beth am archebu peint o gwrw mango ysgafn, a phlataid o *pizza* hwyaden *hoi sin*, neu gyrri gwyrdd o Wlad Thai? Croesewir plant a theuluoedd, ond mae'n werth ystyried cyrraedd yn gynnar ar ddiwrnod gêm rygbi ryngwladol, gan fod ei leoliad, gyferbyn â Stadiwm y Mileniwm, yn gwneud y lle'n atyniad i bawb.

✹

27 Stryd Westgate
Canol y Ddinas CF10 1DD
029 2022 9494

LLANRUMNEY HALL

Pe baech am gael dadl hanesyddol dros eich bwrdd bwyd, rhowch dro am dafarn Llanrumney Hall ar gae mawr Llanrhymni, gan fod iddi gysylltiadau hynod â dau eicon Cymreig. Er mai yn Abaty Cwm-hir ym Maesyfed y mae bedd Llywelyn ein Llyw Olaf, ceir sôn mai yma, i Neuadd Llanrhymni, y daeth y mynachod â'i gorff, ac i'w arch gael ei ganfod bron i saith can mlynedd yn ddiweddarach ym muriau'r adeilad. Ceir sôn hefyd mai yno mae ei ysbryd dibenglog o hyd. Os yw hynny fymryn yn anghredadwy, yna un peth sy'n sicr, dyma oedd y fan lle ganed y môr-leidr byd-enwog Capten Harri Morgan, a wnaeth ei ffortiwn yn y Caribî. Gadawodd gartref y teulu yn Jamaica i'w wraig yn ei ewyllys ac roedd enw'r tŷ yn atgof o filltir sgwâr ei lencyndod – Llanrhymni.

✻

Ball Road
Llamrhymni CF3 4JJ
029 2036 3944

THE PEAR TREE

Am ran go sylweddol o'r ugeinfed ganrif, safodd sinema'r Globe ar gornel Heol Albany a Heol Wellfield yn y Rhath gan ysbrydoli breuddwydion Hollywoodaidd di-ri mewn sawl enaid hiraethus. Ond tua diwedd yr 80au, ar ôl cyfnod go hesb, adnewyddwyd y safle i gynnwys *mall* siopa, bar gwin a sinema fechan y Monroe, a drôdd yn ei thro yn dafarn chwaraeon y Billabong, gan adlewyrchu chwaeth y cyfnod. Ers i gwmni Brains ei adnewyddu'n far a chegin gymunedol, mae'n denu teuluoedd a chyplau lleol i ymlacio ar eu soffas lledr, i fwyta plataid o antipasti neu fyrgyr Cymreig dros Bloody Mary neu beint o SA Gold. Daw nifer ar eu beiciau ac eraill ar droed, i fanteisio ar bapur newydd yn rhad ac am ddim, neu baned a chacen ganol pnawn. Ceir bwydlen go debyg yn The Maltsters Arms yn Llandaf – tafarn hynafol sy'n dyddio nôl i 1310 ac a brofodd adnewyddiad llwyddiannus yn ddiweddar.

✻

Heol Wellfield
Y Rhath CF24 3PE
029 2025 2042

Lleoedd eraill

YR HEN FWTHYN
Cherry Orchard Road
Llys-faen CF14 0UE
029 2076 5961

MALTSTERS ARMS
42 Heol Caerdydd
Llandaf CF5 2DS
029 2033 3097

TŶ MAWR

Pryd bwyd arbennig

THE SOCIAL

Ers ei apwyntiad yn chef gwesty
The Social yn haf 2011, y mae
Iain Inman wedi llwyddo i gynnal
y safon uchel a sefydlwyd gynt gan
Martin Blunos, diolch i'w bwyslais
ar gyflwyno cynnyrch Cymreig o'r
radd flaenaf mewn dull clyfar a
chyfoes. Cymerwch y cawl fel un
enghraifft – ceir yr un cynhwysion
craidd ag arfer: llysiau'r pridd
a phersli a chig oen, ond mae'r
oen wedi'i fygu a'r llysiau wedi'u
torri'n fan mewn hylif cyfoethog.
Mae'r canlyniad yn ddiweddariad
amheuthun o'r clasur gwerinol
hwn. Os am bysgodyn, yna mae
ffiled o ddraenog y môr o Sir Fôn a
gyflwynir gyda chennin brwysiedig
a *brandande* penfras yn flasus tu
hwnt, neu mae'r selsig Morgannwg
gyda salsa ffacbys sbeislyd a
chreision llysiau yn siŵr o blesio
os nad oes arnoch chwant bwyta
cig. Caiff y fwydlen ei diweddaru'n
nosweithiol i gynnwys cyfuniadau
newydd a chyffrous, ond mae hen
ffefrynnau'r un mor flasus, fel yn
achos y crymbl afal a datys gyda
chwstard cartref – bron cystal ag
un Mam ddywedwn i.

Gwesty'r Parc
Parc y Plas
Canol y Ddinas CF10 3UD
029 2078 5593

THE POTTED PIG

Islaw *pizzerias* poblogaidd y Stryd
Fawr ar begwn gogleddol Heol
y Santes Fair, y mae un o fwytai
gorau'r ddinas, The Potted Pig.
Ers agor yn Haf 2011, y mae'r
atyniad tanddaearol hwn yn
seler yr hen fanc Lloyds wedi
datblygu'n gyrchfan cyson i'r
rheiny sydd â ddiddordeb mewn
gastronomeg 'trwyn-i'r-cynffon',
gan ddefnyddio toriadau gwahanol
o gig, o'r galon i'r ymysgaroedd,
yn ogystal â phwysleisio cynnyrch
o Gymru, fel cig eidion o'r Fenni,
a draenog y môr o Fae Ceredigion.
Y mae'r dewis ar y fwydlen yn
helaeth ac yn newid yn gyson i
adlewyrchu cynnyrch y tymor,
a'r prisiau'n rhesymol tu hwnt
am le ag iddo weledigaeth mor
uchelgeisiol, gydag ymweliad
yn addo profiadau newydd sy'n
dwyn hen ffefrynnau i gof, o'r
linguine cocos syml ond sawrus, i
grensian cranc ffres o Sir Benfro
wedi'i weini â sglodion swmpus a
mayonnaise, hyd at blataid perffaith
o *tarte tatin* rhiwbob a *crème fraiche*.
Nac anghofier y dewis diddorol
o ddiodydd sy'n cynnwys rhestr
o ugain math gwahanol o *gin*, a
bwydydd llysieuol, gan gynnwys
'aubergine scotch egg' gyda siytni
gellyg, *risotto* barlys, caws gafr a
courgette, a tharten ysgafn o foron
a phannas.

27 Stryd Fawr
Canol y Ddinas CF10 1PU
029 2022 4817

MINT AND MUSTARD

Un o'r ychydig leoliadau yng Nghymru i ennill 'Bib Gourmand' yng nghanllaw Michelin 2012, am gynnig bwyd o safon eithriadol a hynny am bris rhesymol, yw'r bwyty Indiaidd Mint and Mustard a'r bwyty sy'n rhan o deulu Chai Street hefyd. Yn dilyn arweiniad y chef Pramod Nair – sy'n adnabyddus fel awdur llyfrau ar fwyd a chef ar deledu yn yr India, enillodd y bwyty hefyd glod beirniaid gwobrau'r *Observer Food Monthly* yn 2011. Yn syml, mae'r Mint and Mustard yn fwyty soffistigedig sy'n cynnig rhywbeth gwahanol i'r arfer, gan ymgorffori arddulliau o India a Sri Lanka yn ei brydau beiddgar a blasus. Un o'r prydau sy'n serennu yw'r draenog môr *polichanu* a goginir yn null Kerala, gyda garlleg, sialóts a dail cyrri, ac sy'n cyrraedd y bwrdd yn debyg i anrheg pen-blwydd, wedi'i lapio mewn dail banana. Bendigedig!

134 Heol yr Eglwys Newydd
Y Waun CF14 3LZ
029 2062 0333

BILL'S

Nol ar droad y mileniwm agorodd Bill Collinson gaffi, bwyty a *delicatessen* yn cynnig bwyd tymhorol yn Lewes yn nwyrain Sussex. Ddegawd yn ddiweddarach, gyda chefnogaeth ariannol gan berchnogion The Ivy yn Llundain, mae'r weledigaeth wreiddiol honno wedi lledu dros Brydain, ar ffurf bwytai cadwyn hynod hamddenol Bill's. Ers mis Hydref 2012 lleolwyd cangen Caerdydd yn yr Arcêd Wyndham hynafol, ar gyrion yr Ais. Ceir bwydlen faith o seigiau cyfarwydd fel stecen a byrgyrs, yn ogystal â ffefrynau oesol fel caws macaroni a *moules-frites*. Gwneir pob ymdrech i weini cynnyrch sy'n gynhenid i Brydain. Ac os am gychwyn prynhawn perffaith, rhaid dechrau'r wledd â gwydryn o Hedgerow Fizz.

27–39 Arcêd Wyndham
Canol y Ddinas CF10 1FH
029 20 231524

BULLY'S

Ers i Le Gallois gau yn 2011, mae bistro Bully's wedi llenwi'r bwlch yn llwyddiannus iawn, a hynny dan arweiniad cadarn Russell Bullimore. Ar ôl cyfnod o hyfforddi fel chef, a chynorthwyo'i dad yn y Bully's gwreiddiol tu ôl i dafarn y Maltsters yn Llandaf, cododd y cyfle iddo osod ei farc ei hun, gan newid y fwydlen a symud i leoliad newydd ar y ffin rhwng Treganna a Phontcanna. Y mae popeth am y bwyty cartrefol ar groesffordd Cilgant Romilly yn creu argraff dda, o'r manylion lleiaf hyd y pethau mawr – yr addurniadau wal *shabby chic*, y matiau bwrdd a dyluniadau arnynt a'r gerddoriaeth ymlaciol, Amelie-aidd. Mae'r rhestr win rhagorol, a'r fwydlen safonol, sy'n cyfuno cynhwysion Cymreig a choginio yn null y Ffrancwyr, yn ychwanegu at y pleser. Mae gwybodaeth a diddordeb Russell ei hun mewn bwyd yn heintus, ac mae ei natur hawddgar a hamddenol yn eich atgoffa nad oes angen ffurfioldeb ffroenuchel ar fwyty da.

5 Cilgant Romilly
Pontcanna CF11 9NP
029 2022 1905

GREENWOOD & BROWN

Pan gaewyd tafarn y Model Inn ar Stryd y Cei yn 2010, bu sawl un yn galaru am ei charpedi gludiog a'i nosweithiau *karaoke*. Mae ei thrawsnewidiad i fod yn fwyty stêc o safon Efrog Newydd, fodd bynnag, wedi profi'n llwyddiant mawr i Brains a safle i Brains yn 1956, a'r pwyslais ar gynnig stecen safonol yn adfer enw da'r dafarn fel steakhouse poblogaidd rhwng y 1950au a'r 1970au. Mae'r fwydlen yn un helaeth, gyda phwyslais arbennig ar gig lleol o Gymru, ond ceir hefyd ddewis da o bysgod ffres o Abertawe, gyda'r fwydlen yn newid yn ddyddiol. Mae safon y cig, o'r *rump* i'r *rib-eye* hyd at y Chateaubriand, yn rhagorol ac yn debygol o arwain at blât gwag. Felly gwell penderfynu prun ai'r pwdin neu'r cwrs cyntaf fydd yn rhaid ei aberthu, cyn eistedd i lawr.

Stryd y Cei
Canol y Ddinas CF10 1EA
029 2022 7972

FFRESH

Y tro nesaf y byddwch chi'n mynychu Canolfan y Mileniwm ar gyfer perfformiad yn neuadd Donald Gordon, gwnewch noson ohoni gan ddechrau gyda swper syfrdanol o dda. Mae bwyty Ffresh yn cynnig bwydlen gyfoes gan yr ymgynghorydd Shaun Hill. Fe yw'r dyn ddaeth â Llwydlo i sylw'r byd gastronomaidd, a'r un a ddaeth â'r Walnut Tree ger Y Fenni yn ôl o farw'n fyw, drwy roi pwyslais ar gynnyrch Cymreig o safon wedi'i gyflwyno mewn arddull gyfoes a ffres. Mae'r ffigys a chaws Perl Las wedi'u hanwesu mewn ham Sir Gâr yn hyfryd i ddechrau, tra bod y bol mochyn, stwnsh mwstard a chabej coch yn flasus tu hwnt. Os ydych am bryd llysieuol, yna mae'n anodd rhagori ar y *strudel* cennin, caws Hafod a phupur coch, ond gwnewch eich gorau i gadw lle ar gyfer rhywbeth bach melys i orffen – y mae'r pwdin bara menyn gyda marmalêd lemwn a gin Baravelli Trefynwy yn wych.

Canolfan Mileniwm Cymru
Bae Caerdydd CF10 5AL
029 2063 6465

MIMOSA KITCHEN AND BAR

Ers iddynt agor yng Nghei'r Fôr-forwyn yn 2004, y mae'r brawd a chwaer o Lanedern, Andrew a Kelly Hepworth, wedi profi y gall cwmni Cymreig gystadlu â bistros Barca a Berlin am brofiad cyfoes a chosmopolitan. Yn rhannol oherwydd cefnogaeth gan gyn-gyfaill o Ysgol Glantaf, eu partner pell Ioan Gruffudd, creodd Mimosa gynnwrf o'r cychwyn cyntaf, a chodwyd ei broffil ymhellach gyda safon y fwydlen ddwyieithog, awyrgylch hamddenol, y bar bywiog a'r croeso cynnes. Y mae'r bwyd ei hun yn flasus iawn, gyda phwyslais arbennig ar fwydydd lleol gan gynnwys ffagots, cocos a bara lawr, cig oen, draenog y môr, selsig Morgannwg a chregyn gleision; oll wedi'u cyflwyno'n safonol tu hwnt. Os am bicio i'r Bae ar ddechrau'r dydd, ystyriwch y fwydlen frecwast, y mae'r *Welsh rarebit* madarch a *pancetta*'n siŵr o blesio os fyddwch am saig ysgafnach na'r brecwast Cymreig. Neu os am brofi cinio Sul cystadleuol ei bris, yna bwcio bwrdd o flaen llaw fyddai gallaf, gan fod prynhawniau'r penwythnos yn boblogaidd tu hwnt yn y Mimosa.

Cei'r Fôr-forwyn
Bae Caerdydd CF10 5BZ
029 2049 1900

WOODS BRASSERIE

Lleolir bwyty cyfoes Woods Brasserie yn hen adeilad peilotiaid y Dociau; hwn oedd safle'r cychod a lywiau'r llongau yn ddiogel trwy gulforoedd y Bae. Ceir amrywiaeth eang o sbrydau, gan gynnwys dewis da o bysgod a bwyd y môr. Y mae draenog môr yn glasur ganddynt, a'r *chowder* saffrwm a chregyn gleision o Benrhyn Gŵyr hefyd.

Stryd Stuart
Bae Caerdydd CF10 5BW
029 2049 2400

FISH AT 85

Pengernyn, penhaearn a phenfras. Na, nid mathau newydd o wisgi Cymreig, ond tri o blith nifer o bysgod ffres sy'n eich gwylio o gownter trawiadol Fish at 85 wrth fwynhau pryd rhagorol yn un o fwytai mwyaf newydd Pontcanna. Yn ogystal â'i henw da fel siop bysgod, a chyfanwerthwr i nifer o fwytai a gwestai eraill y ddinas, y mae cyn-reolwr stondin bysgod Harrods, John Lester, wedi sefydlu bwyty gwahanol i'r arfer, yn null rhai o fwytai mwyaf poblogaidd Copenhagen a Stockholm. Bwyty bychan iawn sydd yma, ond mae'n werth ei brofi. Mae'r wyau Benedict yn boblogaidd ben bore, tra bod peint o gorgimychiaid a salad yn ginio gwahanol, ond blasus. Gyda'r hwyr, beth am blataid o wystrys Dyfnaint, neu gimwch Ynys Bŷr gyda gwydryn o Sancerre? Gyda'r pwyslais ar gynnig cynnyrch sydd mor lleol â phosib, rydych chi'n sicr o brofi pryd o bysgod fydd wrth eich bodd.

85 Stryd Pontcanna
Pontcanna CF11 9HS
029 2002 0212

BURGES RESTAURANT

Pe bai chi wir am gael profiad hudolus yn un o fwytai gorau'r ddinas, ystyriwch swper go sbesial ym mwyty Burges, Park House. Nid yn unig y cewch chi fwynhau gwledd sylweddol o fwydlen a ddewiswyd gan y chef ymgynghorol Roger Jones, a enillodd sawl seren Michelin ym mwyty The Harrow at Little Bedwyn, ond yn ystod rhai o'u nosweithiau misol poblogaidd ceir cerddoriaeth jazz wych yn gefnlen i'r bwyd. Feddylioch chi erioed y byddai *parfait* afu cyw iâr a bara brith yn gweddu'n wych i'w gilydd? Dyna un dechreufwyd poblogaidd sydd rhaid ei brofi cyn sylweddoli pa mor berffaith yw'r cyfuniad. Y mae'r hwyaden Creedy o Ddyfnaint, a'r *risotto* pwmpen a marchysgall yr un mor flasus fel prif gyrsiau. Os am flas o'r pwdinau, wna i ddim sbwylio'r syrpreis. Rhaid i chi archebu bwrdd ar unwaith. Ac os hoffech ychwanegu bach o hwyl dinesig i'r ŵyl, gan fanteisio ar arbenigedd y cymysgydd Christos Kyriakidis, cofiwch am noson Coctels a Charolau'r bwyty a gynhelir yng nghwmni artistiaid lleol fel grŵp dwyieithog Opera C'est Bon, a hynny bob Nadolig.

❀

Park House
20 Plas y Parc
Canol y Ddinas CF10 3DQ
029 2022 4343

GWLEDDOEDD CYMREIG CASTELL CAERDYDD

Dyma i chi bryd bwyd arbennig a hanesyddol ei naws a hynny i'w gael yng nghanol y ddinas. Beth am brofi'r hyn sy'n boblogaidd iawn â'r twristiaid, sef gwledd Gymreig yng Nghastell Caerdydd yn ogystal â noson o hwyl ac adloniant? Cynhelir y nosweithiau difyr hyn yn yr Is-Grofft ysblennydd sy'n dyddio o'r bymthegfed ganrif. Am £38 cynigir gwledd bedwar cwrs yn cynnwys y gorau o fwyd Cymreig. Yn dilyn croeso cynnes a glasiaid o fedd i'ch cynhesu, gweinir plataid o selsig Morgannwg; yna'n dilyn powlennaid o gawl cennin a thatws gyda bara lawr, cewch ddewis rhwng hanner cyw iâr rost gyda gwreiddlysiau rhost a saws cyrens coch, neu fasged toes *filo* o wreiddlysiau rhost a *concasse* tomato. I orffen, *mousse* siocled tywyll â thro Cymreig yn y cwt â blas o'r gwirod Merlin. Bydd y wledd yn parhau'n dilyn y bwyd, wrth i gantorion lleol gynnig arlwy sy'n amrywio o hwiangerddi o Gymru i *showtunes* Shirley Bassey!

Stryd y Castell
Canol y Ddinas CF10 3RB
029 2087 8100

ENTRECÔTE CAFÉ DE PARIS

Os ydych am greu argraff gwirioneddol arbennig ar deulu, bartner busnes neu ddêt cyntaf, ystyriwch un o fwytai newydd Ceir'r Fôr-forwyn, sef Entrecôte Café De Paris. Fel yr awgryma'r enw, seigiau ag iddynt flas Ffrengig sy'n llenwi bwydlen y bwyty chwaethus hwn, sy'n rhan o'r un ymerodraeth â Bellini's a Signor Valentino gerllaw. Ond ceir dewis amgenach yma na dim ond stêc cofiwch. Os am ddechrau'r pryd bwyd gyda phlatiad o *escargot* neu gafiâr am dros ganpunt, dyma'r unig le yn y ddinas lle cewch wneud hynny. Ond am bris cryn dipyn llai brawychus, archebwch bowlen o gawl spigoglys ansbaradigaethus i'w ddilyn gan blatiad o *coq au vin*. I bwdin, beth am *crème brûlée* cneuen goco neu *tart tatin* tymhorol â hufen iâ llaeth enwyn a sheri PX? Bydd rhaid brwydro'r reddf i fod yn folgi barus a gobeithio y cewch flasu llwyaid o blât pawb.

❀

Ceir For-forwyn
Bae Caerdydd CF10 5BZ
029 2049 0990

TEMPUS AT TIDES

Un o leoliadau mwyaf dymunol y ddinas am ginio neu swper arbennig yw bwyty Tempus at Tides yng Ngwesty Dewi Sant. Byddai'n syniad cyrraedd yn gynnar i gael manteisio ar *aperitif* yn y bar braf cyn mentro at y bwrdd gyda golygfa heb ei hail dros y Bae, sydd llawn mor drawiadol gyda'r dydd ag ydyw fin nos. Ceir pwyslais mawr ar gynnyrch lleol o'r safon orau. Cymerwch yr hoc ham gan gyfanwerthwyr Welsh Bros gyda terrine pwdin du a *piccalilli* i ddechrau, wedi'i ddilyn gan ffiled gwrachen ddu (*sea bream*) ar wely o ffa *cassoulet* a selsig *merguez*, neu fel dewis llysieuol, *risotto squash*, caws gafr ac ysbigoglys gyda salad *pecorino*. Os byddwch am bwdin ar ôl hynny, rhoddir triniaeth gyfoes i sawl hen ffefryn.

❀

Stryd Havannah
Bae Caerdydd CF10 5SD
029 2045 4045

WOODS BRASSERIE

THE POTTED PIG

Coffi da

THE CAFFEINE KID

Er 2005, mae'r Caffeine Kid, neu Will Corby o Lanisien i'w rieni, yn cynnig coffi gorau'r ddinas o'i stondin ym Marchnad Glanyrafon. Er iddo raddio mewn peirianneg fecanyddol, datblygodd ddiddordeb ym maes coffi ar ôl profi *espresso* perffaith gyda llaeth melys mewn ffair fasnach, ac o'r funud honno roedd o'n gaeth i'r syniad o greu coffi gorau'r ddinas ym marn llawer. Astudiodd yn Ysgol Goffi Llundain, gan arbenigo mewn creu celf *latte*, ac mae ei greadigaethau dinesig gan ddefnyddio ffa o El Salvador a Venezuela, ymysg gwledydd eraill, yn wirioneddol ardderchog. Yn wir, denodd ei ddoniau fel *barista* sylw cwmni canfod coffi, gan lanio swydd yn heliwr ffa rhyngwladol yn Llundain. Serch hynny, mae e'n dychwelyd bob penwythnos i'w stondin bach ger afon Taf, ac yn cynnal gweithdai achlysurol yn Waterloo Gardens Teahouse. Felly da chi, mynnwch brofi ei arbenigedd drosoch chi eich hunain.

Marchnad Glanyrafon
Arglawdd Fitzhamon
Glanyrafon CF11 6AN
Suliau 10:00–14:00

WALLY'S KAFFEEHAUS

Yn 2011 gwireddwyd breuddwyd fawr Steven Salamon pan agorwyd caffi yn efelychu traddodiad tai caffe Fiena uwchben deli eiconig Wally's yn yr Arcêd Frenhinol. Ar yr olwg gyntaf, efallai nad yw'r un moethusrwydd hynafol a geir ym mhrifddinas Awstria yn perthyn i'r *kaffee haus* cyfoes a chyfeillgar hwn, ond unwaith yr agorwch chi'r fwydlen cewch fodd i fyw, a dewis na welwch chi yn yr un caffi arall yng Nghaerdydd. Mae'r amrywiaeth yn ymestyn o frechdanau agored godidog ar fara rhyg neu surdoes, i ddanteithion hyfryd fel *strudel* afal a *sachertorte*, yn ogystal â mathau o goffi cynhenid, gan gynnwys *melange* (*espresso* dwbl a llaeth poeth ewynnog) ac *einspanner* (*espresso* dwbl gyda hufen trwchus). Yn ddi-os, mae yna rywbeth yn y Kaffeehaus at ddant pawb.

38–46 Yr Arcêd Frenhinol
Canol y Ddinas CF10 1AE
029 2022 9265

ARABIAN DELIGHT

Y tro nesa'r ewch chi i Theatr y Sherman, a bod angen sioc i'r system arnoch chi cyn gweld sioe, ystyriwch goffi Twrcaidd Arabian Delight. Gorau oll os bydd gennych amser i oedi a phrofi swper bach sydyn hefyd, gan fod y llecyn lliw melyn trawiadol hwn yn cynnig danteithion di-ri. Un o gwsmeriaid ffyddlonaf y bwyty bychan yw perchennog y Falafel Cafe cyfagos ar Heol Woodville, a'r rheswm am hynny yw bod Ahmed Mossa o Balesteina'n paratoi *falafel* gwych! Y mae'r pwyslais ar fwydydd a blas y Dwyrain Canol, fel tarten teim *manakeesh za'ater* a thwmplen hufen a chnau *qatayef*, ond peidiwch â synnu os clywch chi Ahmed a'i bartner Wissnam yn taflu ambell air Cymraeg atoch chi. Gadawodd cyn-gynghorydd Glanyrafon, Gwenllian Lansdown-Davies, argraff ddofn ar y ddau!

47 Heol Salisbury
Cathays CF24 4AB
029 20 376131

TEN MARYPORT

Tro nesa y byddwch chi'n edmygu planhigion a physgod aur tŷ gwydr Parc y Rhath ac awydd rhywbeth cynhesach na hufen iâ, byddai'n werth ystyried ymweliad â Ten Maryport ar Heol Maryport gerllaw. Mae'r fenter hon yn ganlyniad i freuddwyd y berchnoges Kate Macintyre, o Wolverhampton yn wreiddiol, a fopiodd yn lân ar weledigaeth Tŷ Te Gerddi Waterloo, a phenderfynu agor caffi cyffelyb yn nes at y Parc. Y mae'r fwydlen yn orlawn o ddanteithion difyr, gan gynnwys brechdan 'Posh Fish Fingers', ham Sir Benfro, a *Welsh rarebit* gyda siytni cartref o Gasnewydd, gan ddefnyddio bara o bopty yn Nhredelerch. Mae yna gryn bwyslais hefyd ar gynnig teisennau o safon, a hynny drwy gyfraniadau cyson gan gogyddesau o ardal y Waun. Rheswm arall i ymweld? Coffi rhagorol, a chroeso cynnes i fanteisio ar y Di-Wi, sy'n rhad ac am ddim.

10 Heol Maryport
Y Rhath CF23 5JX
029 2075 7048

THE PLAN

Os byddwch yn ddigon ffodus i alw mewn i The Plan pan fydd Trevor Hyam wrth y llyw, disgwyliwch gampwaith o gwpaned coffi. Y mae'r gweinydd o Gaerdydd yn un o *baristas* gorau Prydain ac yn bencampwr ar gelfyddyd tywallt *latte* neu 'free-pour latte-art'. Yn ogystal ag edrych yn rhagorol, y mae'r coffi masnach deg o'r safon uchaf, gyda'r dewis yn amrywio'n ddyddiol o Frasil, Sumatra a Chosta Rica, heb sôn am ddetholiad da o de a diodydd ysgafn. Ynghyd â bwydlen lawn cydol y dydd, mae'r brecwastau yma'n hynod boblogaidd, gyda'r ffrwythau tymhorol, iogwrt Groegaidd, mêl a chnau almon yn cyrraedd y bwrdd fel tŵr *sundae* godidog. Pa well ffordd i dechrau'ch diwrnod?

28–29 Arcêd Morgan
Canol y Ddinas CF10 1AF
029 2039 8764

COFFEE BARKER

Yn Rhagfyr 2009, agorodd siop ddillad dynion Barkers estyniad cyffrous ar ffurf caffi cartrefol yn Arcêd y Castell. Apwyntiwyd hen ben i arwain y fenter, sef Morgan White o'r Barri, sydd wedi rhedeg digon o gadwyni lleol i ddeall beth fyddai anghenion caffi annibynnol, safonol. Mae wedi profi'n boblogaidd iawn gyda chymysgedd ddifyr o gwsmeriaid lleol, gan gynnwys academyddion, siopwyr a chymeriadau creadigol, gan gynnwys staff swyddfa gyfagos National Theatre Wales. Mae Barker's Cafe yn cynnig amrywiaeth dda o ddiodydd poeth, a chynnyrch Cymreig, gan gynnwys teisennau bendigedig Clam's o ochrau'r Fenni, a'r deisen siocled a mafon yn creu argraff arbennig. Ac mae'r seddi lledr cyffordus yn ticio pob bocs ar ôl diwrnod prysur.

1–5 Arcêd y Castell
Canol y Ddinas CF10 1BW
029 2037 1491

COFFEE A GOGO

Os yw'ch diwrnod yn cychwyn heb baned na brecwast yn eich bol a bod gennych gyfarfod yng nghanol y dre, ga i argymell rhywle perffaith cyn i chi orfod wynebu'r gwaith? Mae Coffee a gogo yn gangen o'r un cwmni â Deli a gogo yr Eglwys Newydd a The Promised Land gerllaw, ac wedi'i lleoli dafliad carreg o Erddi'r Orsedd ar Blas San Andreas, ac yn agor ar doriad gwawr. Yno, o hanner awr wedi saith y bore cewch goffi o safon mewn cwpanau tec-awê. Beth am *espresso* bach sydyn i glirio gwe pry cop y meddwl, neu *macchiato* neu *flat white*? Ceir dewis da o fwydydd brecwast, fel blychau uwd a Dorset Cereals sy'n barod i'w bwyta. Ac wedi brys y bore mae myfyrwyr a gweithwyr swyddfeydd lleol yn heidio yno am reswm da; mae'r frechdan gig eidion hallt ar fara rhyg a hadau carwe yn hynod, hynod flasus – dewch i'w phrofi drostoch chi eich hun.

8 Plas San Andreas
Canol y Ddinas CF10 3BE
029 2023 2723

PIPI'S

Nôl yn 1950, cyn sefydlu ei hun yn seren ryngwladol, roedd Shirley Bassey yn fam sengl yn byw yn y Sblot, ac yn gweithio fel gweinyddes yng nghaffi Groegaidd Olympia ar Stryd Frederick, oddi ar Stryd y Frenhines. Bymtheng mlynedd yn ddiweddarach, symudodd Spiro Spiteri o Ynys Creta i Gaerdydd yn dwy ar bymtheg oed, ac yn 2007, dafliad carreg o'r bwyty gwreiddiol hwnnw sefydlodd Spiro a'i fab, Steve, y caffi a'r *patisserie* canolog, a symudodd yn ddiweddar i Stryd Caroline. Mae'r caffi ei hun yn cynnig un o baneidiau coffi gorau canol y ddinas a chymysgedd gyfrinachol ond lleol, sy'n rhagori ar y caffeine cyffredin a geir yn y caffis cadwyn cyfagos. Ceir arddangosfa ddyddiol o deisennau bendigedig, o greadigaethau hufennog amryliw a gedwir yn oergell y ffenest i ffefrynnau *retro* fel *baklava*, *rum baba*, *mille-feuille* a *tiramisu* ger y cownter, a'r cyfan yn cael eu mewnforio'n rheolaidd o Wlad Groeg. Yn ogystal, ceir dewis helaeth o basteiod, a silff orlawn o gynhyrchion Groegaidd, i gystadlu â deli Wally's gerllaw. Cofiwch hefyd am fwyty nos Pipi's fyny'r grisiau, sy'n gweini plataid o sardins gorau'r ddinas!

30–32 Stryd Caroline
Canol y Ddinas CF10 1FF
029 2132 8148

COCORICO PATISSERIE

Ar ymweliad ysgol â becws ei bentref, rhoddodd bachgen bach o Suze La Rousse yn Nyffryn y Rhône ei fryd ar fynd yn *pastry-chef* ryw ddydd. Chwarter canrif yn ddiweddarach, gwireddodd Laurian Veaudour ei freuddwyd oes pan agorodd Cocorico Patisserie yn ardal y Waun Ddyfal. Dros ddegawd ar ôl cyrraedd Caerdydd, a threulio cyfnodau mewn ceginau ledled de ddwyrain Cymru oedd yn cynnwys y Bunch of Grapes ym Mhontypridd, gastro-pub yn y Bontnewydd, Sir Fynwy, a bwytai Bully's a Milgi yn y brifddinas, y mae'r Ffrancwr balch wrth ei fodd yn cael dilyn ei fympwyon yma yn 'Sunny Cardiff'. Yn ogystal â phobi sawl torth wahanol yn ddyddiol, y mae Cocorico'n denu dinasyddion o bell i ddewis rhwng hyd at bedwar ar ddeg o ddanteithion melys, a baratoir yn ffres bob bore. Efallai mai'r deisen fwyaf poblogaidd yw'r *tarte chiboust*, teisen nefolaidd ei blas sy'n groes rhwng sbwng mafon a *crème brûlée*. Yn ogystal â melysion, gweinir ffefrynnau sawrus fel y *croque monsieur*, a llenwadau gwahanol i'r baguettes a'r *croissants* traddodiadol, gan gynnwys caws gafr, olewyddion a marmalêd nionyn cartre, neu'r corgimychiaid, sinsir a *mayonnaise wasabi*.

Ar ben hyn oll, cynigir paned berffaith o goffi, a beth bynnag wnewch chi, peidiwch anghofio holi am y gwasanaeth arlwyo, er mwyn cael clywed am y deisen ben-blwydd orau erioed, sy'n cynnwys cacen cardomom ag ynddi hufen orennau lliw gwaed, wedi'i gorchuddio'n llwyr mewn siocled gwyn a *mousse* te gwyrdd! Dyw Laurent ddim ar frys i ehangu'r fusnes, ond mae'n benderfynol o aros yng Nghaerdydd, gan werthfawrogi'r cyfle i ganolbwyntio'n llwyr ar gynnig gwasanaeth arbennigol yn ninas ei freuddwydion.

55 Heol yr Eglwys Newydd
Gabalfa CF14 3JP
029 2132 8177

COFFEE #1

Er bod Caerdydd wedi croesawu cadwyni coffi Americanaidd i'w strydoedd, mae yma sawl cwmni annibynnol o safon hefyd, ac ymhlith y gorau y mae'r cwmni cynhenid hwn. Mae'r enw'n gwbl addas, gan i'r cwmni ddod i'r brig mewn sawl cystadleuaeth genedlaethol, a dim rhyfedd. Ym mhob un cangen ceir papurau newydd dyddiol am ddim, dewis da o frechdanau, *paninis* ffres ac amrywiaeth o felysion gan gynnwys *tarte au citron* a sgonsen hufennog sy'n ddigon mawr i alw 'chi' arni. Gellir gorweddian ar y soffas lledr drwy'r prynhawn os dymunwch, dim ond ichi ddatrys y benbleth ganlynol – ai coffi 'Dyn Sinsir', ynteu flas mintys 'Ar ôl Chwech' fyddwch chi'n ei gael?

9 Wood Street
Canol y Ddinas CF10 1EN
029 2023 2802

140 Heol y Frenhines
Canol y Ddinas CF10 2GP
029 2037 1172

85 Heol Albany
Y Rhath CF24 3LP
029 2048 5656

43 Heol Wellfield
Y Rhath CF24 3PA
029 2045 5763

211–217 Heol y Gadeirlan
Pontcanna CF11 9PP
029 2022 4654

22 Heol Merthyr
Yr Eglwys Newydd CF14 1DH
029 2061 8269

Wrth gyflwyno'i arwres yn ei nofel Monica, rhannodd Saunders Lewis un o ddiddordebau'r ferch o Gaerdydd gyda'i ddarllenwyr, 'Pan oedd ganddi bres poced, pleser cyntaf Monica oedd mynd i dŷ bwyta. Yno yn yr haf gofynnai am hufen rhewi. Prydiau eraill ceisiai de Rwsia mewn gwydr gyda phlât o deisenni Ffrengig, bisgedi siocled a macarŵn.'

Ffawd digon trist a ddedfrydwyd i'r ferch ddinesig a oedd yn gymysg oll i gyd, ond fel Ms Maciwan gynt, mae yna nifer fawr o gyfleoedd i ddinasyddion eistedd yn 'hir a gwynfydus' yn profi danteithion o'r fath mewn tai te ledled y ddinas. Er cof amdani mynnwch fwrdd i chi'ch hun, neu i griw ohonoch, yn unrhyw un o'r hafanau canlynol...

Te pnawn

METROPOLE LOUNGE
'There are few hours in life more agreeable han the hour dedicated to the ceremony known as afternoon tea', a byddai'n anodd iawn dadlau â'r dyfyniad hwn gan Henry James ar dudalen gyntaf bwydlen te pnawn lolfa Metropole Gwesty'r Hilton, ac yn fwy amhosib fyth unwaith i chi benderfynu pa de Twinings fyddai'n cyd-fynd â'r wledd o'ch blaen. Y mae'r Te Rhosyn, sy'n cynnwys brechdanau maint eich bys, *pastries* perffaith a *champagne* pinc Piper Heisdeck yn boblogaidd iawn gyda phartïon ieir a chawodydd babanod, ond os am ginio hwyr go genedlaetholgar, ewch am y Te Cymreig, sy'n cynnwys pice ar y maen, bara brith a theisen haen a hufen Merlyn. Bendigedig!

Gwesty'r Hilton
Ffordd y Brenin
Canol y Ddinas CF10 3HH
029 2064 6300

YSTAFELLOEDD TE PETTIGREW

Ym mis Mawrth 2012, gwireddodd David Le Masurier, cyn-reolwr gwerthiant Gwesty'r Angel, ei freuddwyd o agor tŷ te Fictoraidd dros y ffordd ym Mhorthdy Gorllewinol Parc Bute. Dilynwch wal yr anifeiliaid i mewn trwy'r porth ac fe welwch chi ganlyniad misoedd o waith adfer gan y gymdeithas Fictoraidd, a ailosododd deils hardd Tŷ'r Brodyr Duon, a safodd yng Nghae Cooper yn ystod yr Oesoedd Canol, ar lawr yr ystafell de. Fel rhan o'r seremoni o weini'r te mewn llestri vintage, ceir detholiad o deisennau poblogaidd – gan gynnwys sbwng Fictoria, teisen diferion lemwn, coffi a chanu Ffrengig ynghyd â bara brith – yn ogystal â dewis amheuthun o de. Os am lynu wrth draddodiad yna beth am debotaid o'r Iarll Llwyd, neu beth am drio blas gwahanol Angel Peach? Ceir hefyd ofod arddangos celf fyny grisiau, felly cofiwch alw heibio cyn edmygu blodau hyfryd gerddi Stuttgart neu ddala'r bws dŵr i'r Bae o'r arhosfa gerllaw.

✽

Porthdy'r Gorllewin
Parc Bute, Stryd y Castell
Canol y Ddinas CF10 1BJ
029 2023 5486

MARKS AND SPENCERS

Ffansïo panorama o bobl i fynd gyda'ch paned? Os ydych chi'n siopa ar ochr ddwyreiniol canol y ddinas, oes yna unman gwell i gael ysbaid a chyfle i wylio'r byd yn mynd heibio nag yma, yn adeilad gwydr trawiadol Marks a Sparks uwchlaw heidiau Heol y Frenhines neu Heol Crockerton fel yr adnabuwyd hi tan Jiwbilî'r Frenhines Fictoria yn 1887.

✽

72 Heol y Frenhines
Canol y Ddinas CF10 2XG
029 2037 8211

TŶ TE WATERLOO GARDENS

Heb fod ymhell o un o eglwysi hynaf y brifddinas, St Margaret, ger Nant Lleucu, y mae'r llecyn dymunol hwn yn llechu yn un o guddfannau tawela'r Rhath, gan gynnig seibiant synhwyrus i'r sychedig. Yn fuan iawn ar ôl i'r siop gigydd leol gau, holodd y fferyllydd o'r Waun Ddyfal, Kazim Ali a'i wraig Aisha, ynglŷn â'r posibilrwydd o brynu'r safle, i'w drawsnewid yn dŷ te cyfoes er mwyn cynnig rhywbeth gwahanol i gorlannau coffi Heol Wellfield gerllaw. Lai na blwyddyn yn ddiweddarach, a diolch i gyngor dylunio gan y cwmni lleol Momentum, rhannodd Kaz ac Aisha eu gweledigaeth â phanedwyr Pen-y-lan a thu hwnt, ac ennill clod a bri, yn eironig ddigon, wrth gipio'r teitl Siop Goffi Orau Prydain yn 2009. Yn ogystal â chwpaned gofiadwy o goffi, a rhestr faith o de organig yn cynnwys te gwyrdd, te gwyn, *chai latte* a chyfuniad cartref amheuthun o English Breakfast ac Assam; cynigir detholiad o gacennau go wahanol i'r arfer, sy'n cael eu coginio ym mhoptai cwsmeriaid lleol. Ymhlith y rhain y mae'r teisennau *chilli* a siocled, *courgette* a leim, ac oren a pistachio, gyda'r olaf yn gweddu'n berffaith â thebotaid o Earl Grey. Mae yma groeso cynnes i rieni a phlant, i lansiadau llyfrau a chyfarfodydd cymdeithasol, gydag arddangosfeydd cyson o waith celf o Gymru a thu hwnt yn asio'n wych â lloriau pren, waliau gwyrdd golau, seddi lledr a llestri lliwgar yr ystafell heddychlon hon. Mynnwch sedd ger y ffenest yn yr hydref i wylio dail Gerddi'r Felin yn troi eu lliw.

5 Gerddi Waterloo
Pen-y-lan CF23 5AA
029 2045 6073

CIOSG Y TŶ HAF

Mae 'biwt' o baned a chacen i'w cael yn y Tŷ Haf, ger Pont y Mileniwm a Gerddi Stüttgart bendigedig Parc Bute. Safodd tŷ te gwreiddiol a gynlluniwyd gan William Burges, nid nepell i ffwrdd tan y 1970au; fe'i hail godwyd yn Sain Ffagan yn 1988. Er mawr fwynhad i bawb agorwyd y ciosg newydd hwn yn 2011. Ymysg y teisennau mwyaf poblogaidd sydd ar werth y mae'r gacen goffi a chnau Ffrengig a sbwng Fictoria. Does ryfedd fod y caffi dymunol hwn yn denu nifer fawr i fwynhau ysbaid yn llygad yr haul, neu gysgod dan ymbarél, o gofio bod dros 9,000 o gerddwyr yn croesi Pont y Mileniwm gerllaw yn flynyddol. Cadwch lygad hefyd am wasanaeth symudol caffi'r Tŷ Haf, sef cerbyd bychan y Piaggio sy'n rhedeg drwy egni o baneli haul, sy'n cynnig lluniaeth amrywiol ar grwydr o amgylch Parc Bute.

✽

Parc Bute
Canol y Ddinas CF11 9SW

TEA & CAKE

Un lle sydd wastad yn orlawn o blant a bygis yw'r caffi poblogaidd hwn, sy'n gyfuniad o gaffi, siop losin, a rhoddion difyr. Yn dilyn estyniad diweddar, y mae'r ystafell gefn bellach yn ofod amryliw, diddos wedi'i dodrefnu gyda meinciau pinc a phapur wal Salvador Dali, a dyma ble y gall rhywun fwynhau paned o de neu goffi masnach deg mewn cwpan a soser borslen, a phendroni dros ddewis helaeth o gacennau cartref. Ar ôl mwynhau'r awyrgylch liwgar yn y caffi, mae'n anodd iawn anwybyddu'r dewis o gardiau, sy'n amrywio o'r direidus i'r dymunol, a rhoddion fel llestri *retro* hyfryd Pink Budgie, a chynnyrch Rob Ryan a Roger De La Borde.
✳
36 Heol Wellfield
Y Rhath CF24 3PB
029 2021 8815

JASPER'S TEA ROOMS

Os am de parti ar bnawn Sul, byddai tŷ te Jaspers ym mhentref hynafol Llandaf yn lle da i fynd iddo. Cafodd y caffi dymunol hwn ei henwi ar ôl Siaspar Tudur a ddaeth yn Arglwydd ar Gaerdydd yn 1486 oherwydd ei deyrngarwch i'w nai, Harri Tudur, a oedd yn bennaf gyfrifol am ariannu clochdy'r Eglwys Gadeiriol dafliad carreg i ffwrdd. Babs Mackie o Dreganna sydd wrth y llyw er 2009, a hi sy'n gyfrifol am gadw trefn ar y fwydlen ddyddiol o ddanteithion blasus, sydd ar gynnig o wyth y bore tan chwech y pnawn yn ystod yr wythnos a deg tan bump ar ddydd Sul. Does dim byd ar y fwydlen – yn cynnwys brechdanau, teisennau a chawl y dydd – sy'n ddrutach na chwe phunt, a cheir dewis diddiwedd o stafelloedd bychain a theras gefn gudd a addaswyd o fythynnod gwreiddiol i fwynhau *latte* neu baned hyfryd allan o debot go iawn.
✳
6 Stryd Fawr
Llandaf CF5 2DZ
029 2056 6602

EMMA JANE'S CUPCAKE KITCHEN

Ar ôl blynyddoedd yn gweithio fel nyrs yn Ysbyty'r Waun, penderfynodd Emma Jane o Gyncoed agor caffi a fyddai'n gwireddu breuddwyd oes ac yn cynnig paned a chacennau cwpan yn syth o'r nefoedd. Dysgodd goginio dan arweiniad ei Modryb Pat, a phan agorodd ei chaffi, roedd ei modryb wrth ei bodd. Mae'r caffi dymunol hwn yn cynnig cacennau cwpan ffres o'r popty, gan gynnwys Peanut Butter & Choc Chip, Cherry Bakewell, Lemwn neu Peppermint.
✳
146 Heol y Crwys
Cathays CF24 4NR
07515 369 443

Lleoedd eraill

~~~

WALLY'S KAFFEEHAUS
38–46 Yr Arcêd Brenhinol
Canol y Ddinas CF10 1AE
029 2022 9265

PIPI'S
31–32 Stryd Caroline
Canol y Ddinas CF10 1FF
029 2132 8148

THE PLAN
28–29 Arcêd Morgan
Canol y Ddinas CF10 1AF
029 2039 8764

COCORICO PATISSERIE
55 Heol yr Eglwys Newydd
Gabalfa CF14 3JP
029 2132 8177

CAFE BRAVA
71 Stryd Pontcanna
Pontcanna CF11 9HS
029 2037 1929

A SHOT IN THE DARK
12–14 Heol y Ddinas
Cathays CF24 3DL
029 2047 2300

GWESTY A SBA DEWI SANT
Stryd Havannah
Bae Caerdydd CF10 5SD
029 2045 4045

PARK PLAZA
Heol y Brodyr Llwydion
Canol y Ddinas CF10 3AL
029 2011 1111

WAFFLE
63 Heol Clive
Treganna CF5 1HH
029 2034 3087

YSTAFELLOEDD
TE PETTIGREW

Paned deg... y nos?

Os oes gan Gaerdydd wendid, yna ei hagwedd anaeddfed at alcohol yw hwnnw, sy'n golygu mai prin iawn yw'r mannau y cewch chi fwynhau diwylliant caffi yn hwyr y nos. Yn wir, mae ymateb rhai rheolwyr i archeb am baned ar ôl deg yr hwyr yn ddiarhebol o annifyr, a does dim byd gwaeth na theimlo'n euog am ofyn i weinydd droi'r peiriant coffi 'nôl ymlaen am un baned olaf, dim ond i dderbyn cwpanaid o slwtsh dyfrllyd.

Mae'n wir nad yw'r hinsawdd yn hwyluso pethe, ond os yw ysmygwyr y ddinas yn medru cynnal diwylliant awyr agored o flaen tafarndai'r ddinas, siawns y gall diwylliant *decaf* ddatblygu ar hyd yr un palmentydd?

A bod yn deg, mae'r cyngor wedi ceisio hyrwyddo ethos Ewropeaidd wrth addurno'r Cafe Quarter ar hyd Lôn y Felin â goleuadau hudolus, a chau Heol y Santes Fair i drafnidiaeth yn y gobaith o annog tai bwyta i ledaenu byrddau a chadeiriau y tu fas.

Ac mae'r newyddion fod bragdy Brains wedi prynu ymerodraeth leol Coffee #1 a enillodd wobrau ledled Prydain am gynnig paned o goffi anghyffredin o dda yn golygu y bydd coffi o'r safon orau, o'r diwedd, i'w gynnig mewn tafarndai ledled y ddinas yn y dyfodol agos, a hynny tan *stop tap*.

Amser a ddengys a gaiff hyn unrhyw effaith ar agwedd yr yfwyr sydd ar noson allan, ond yn y cyfamser, mae'n braf gallu dweud bod sawl man yn fwy na hapus i ddarparu paned safonol i *caffeine-junkies* y brifddinas...

A SHOT IN THE DARK
12–14 Heol y Ddinas
Cathays CF24 3DL
029 2047 2300

MILGI
213 Heol y Ddinas
Cathays CF24 3JD
029 2047 3150

CAMEO CLUB
3 Stryd Pontcanna
Pontcanna CF11.9HQ
029 2022 0466

JUNO LOUNGE
14 Heol Wellfield
Pen-y-lan CF24 3PB
029 2019 8990

CWTCH MAWR
Jolyons at No 10
Heol y Gadeirlan
Pontcanna CF11 9LJ
029 2009 1900

THE PEAR TREE
Heol Wellfield
Pen-y-lan CF24 3PE
029 2025 2042

LAGUNA BAR & KITCHEN
Gwesty Park Plaza
Heol y Brodyr Llwydion
Canol y Ddinas CF10 3AL
029 2011 1103

STEAM BAR
Gwesty'r Hilton
Ffordd y Brenin
Canol y Ddinas CF10 3HH
029 2064 6300

BACCHUS BAR & LOUNGE
29 Plas y Parc
Cathays CF10 3BA
029 2041 2190

VILLAGE KITCHEN & BAR
25 Heol Merthyr
Yr Eglwys Newydd CF14 1DA
029 2062 4000

ONE
Canolfan y Mileniwm
Bae Caerdydd CF10 5AL
029 2047 0254

BAR CWTCH
GWESTY JOLYON'S
Bae Caerdydd CF10 5AN
0844 683 6986

FINO LOUNGE
49 Heol Merthyr
Yr Eglwys Newydd CF14 1DB
029 2069 2616

THÉ POT
138 Heol y Crwys
Cathays CF24 4NR
029 2025 1246

CAMEO CLUB

Bwyd hwyr y nos

Does dim dadlau gyda'r ffaith fod Caerdydd yn fyd-enwog am un stryd yn arbennig – Caroline Street, neu Chippy Alley. Er iddi gael gweddnewidiad go swanc yn 2007 a'i chynnwys yn rhan o'r Brewery Quarter bondigrybwyll, mae hi'n dal i gynrychioli'r gyrchfan olaf ar nos Sadwrn loerig rownd dre, ac yn wir, yn fan sy'n gyfrifol am ddechrau sawl carwriaeth, gan gynnwys rhamant fawr 'Chav' Liz a Dick Caerdydd am gyfnod, sef Gavin Henson a Charlotte Church. Cyfarfu'r ddau, yn addas iawn, ger bwyty Charleston's a chofnodir y digwyddiad hanesyddol uwchlaw'r fynedfa.

Os hoffech stêc am ddau y bore, am flynyddoedd maith Charleston's oedd yr unig enw gwerth chweil; bellach mae yna enw newydd wedi agor, neb llai na brawd-fwyty The Potted Pig sef The Meating Place. Mae si hefyd fod becws The Hot Pantry ar agor i bererinion cynnar Pontcanna, pe baech chi am bastai cyw iâr cynnar iawn. Ond os mai sglods neu gebab ganol nos sydd angen arnoch ac os byddwch mewn stad i estyn am y *Canllaw Bach* am dri y bore, yna gadewch i mi argymell yr hafanau hwyrnos hyn...

DOROTHY'S CHIP SHOP

Yn ôl y sôn, dyma'r bwyty hynaf sydd i'w gael ar Caroline Street, ers ei sefydlu yn 1953. Yn ei gofiant lliwgar *Solva Blues*, mae gan Meic Stevens sawl cyfeiriad at un o'i hoff brydau, sef 'chicken'n chips', ac yn wir, mae'r lle yn dal i ddenu cannoedd hyd oriau mân y bore a chyda'r dydd hefyd. Tybed be wnâi Charlotte o Brunswick, gwraig Brenin Siôr IV, o lysenw'r stryd a enwyd er cof amdani, sef Chippy Alley?

❀

39–40 Stryd Caroline
Canol y Ddinas CF10 1FF
029 20 645813

CHARLESTON'S

Mae'n bedwar o'r gloch y bore, a does dim dwywaith amdani, bydd homar o benmaenmawr ar y ffordd bore fory. Beth yw'r ateb? Charlestons, bob tro. Y sefydliad hynod hwnnw sydd ar agor ers cantoedd, i wasanaethu gwehilion gwaraidd y gwter, fydd angen mwy na byrgyr rwber i gadw anghenfil o gur pen rhag cyrraedd cyn y wawr. Cewch bysgodyn os mai dyna yw'ch diléit a hynny'n llawen. Ond am achubiaeth wirioneddol i gadw'r cerbyd i fynd tan cyrraedd y ciando, yna'r *mixed grill* amdani, *medium-rare*.

❀

46 Stryd Caroline
Canol y Ddinas CF10 1FF
029 20 227007

THE MEATING PLACE

Fel ei frawd mawr, The Potted Pig, mae The Meating Place yn gwneud defnydd helaeth o gynnyrch lleol ac fel mae'r enw'n awgrymu mae'r pwyslais ar weini prydau cig o safon ond gydag ambell ddewis llysieuol diddorol hefyd. Gellid dechrau'r pryd â wystrys ffres o Ddyfnaint, madarch gwyllt gydag wy wedi'i botsio ar fara surdoes a saws Hollandaise, neu asennau oen gyda *quinoa* sbeislyd. Tri dewis yn unig o'r fwydlen gaiff ei diweddaru'n gyson i adlewyrchu bwyd y tymor. Ers agor yn Hydref 2011 penderfynwyd parhau â thraddodiad Porto's, y gwesty a fu'n sefyll ar yr un safle am dros ugain mlynedd cyn symud i'r Brewer's Quarter cyfagos, sef gweini cigoedd ar sgiwer o'r nenfwd – profiad hwyliog a blasus tu hwnt hefyd, ond i'r rhai mwy traddodiadol yn eich plith byddwch yn falch i glywed bod dewis helaeth o *steaks*, o *sirloin* 10 owns hyd at *T-bone* 20 owns i'w gael ar blât hefyd.

❀

41 Heol y Santes Fair
Canol y Ddinas CF10 1AD
02920 224757

VENUS KEBAB HOUSE

Os na wnaiff Troy y tro, yna dilynwch eich trwyn hanner milltir i'r gogledd lle gwelwch chi giosg *kebab* allai fod wedi sbarduno'r Super Furry Animals i enwi albwm ar ei hôl! Os cymharwch chi arwydd y bwyty tec-awê gyda'r albwm *Hey Venus* 2010, mae'n anodd iawn gwahaniaethu rhyngddynt. Neu efallai mai fi freuddwydiodd hynny i gyd ac nad oes owns o wirionedd yn y stori. Mae'n amhosib cadarnhau p'run ai bocs o sglods ynteu'r Doner Kebab Meat Pizza fyddai wedi selio'r fargen i aelodau'r Furries, ond am dri o'r gloch y bore ar Heol y Crwys, does yna nunlle gwell i lenwi twll.

❀

70a Heol y Crwys
Cathays CF24 4NP
029 20 394040

BENNY'S CHICKEN

Am stryd mor fywiog gyda'r dydd mae Heol Albany, y Rhath fel y bedd ar ôl hanner nos ac eithrio, hynny yw, y fersiwn leol hon o KFC. Mae rhywbeth go arbennig am gyw iâr yr hen Benny, rhywbeth mor hudolus nes iddo ysbrydoli'r athrylith comig Elidir Jones i sgwennu llith ar gyfer ei noson stand-yp. I gael dyfynnu Elidir Jones, 'Mae'n rhaid i chi fynd i Benny's Chicken. Does dim ots gen i os ydych chi'n byw yng Nghaergybi. Daliwch y trên, ac ewch yna.'

❀

10 Heol Albany
Y Rhath CF24 3RP

TROY

Mae gwahaniaeth mawr rhwng cibyn cebab arferol a bwyty Troy ar Heol y Ddinas. Mae'r enw'r lle'n go addas, gan fod mynediad twyllodrus o gyffredin yn arwain drwodd at fwyty Twrcaidd dymunol tu hwnt yn adlais o'r ceffyl pren chwedlonol. P'run ai eich bod chi'n galw heibio am dec-awê blasus, neu i gael pryd bwyd hamddenol, y mae'r croeso cynnes a phaned am ddim o de afal o Dwrci yr union yr un fath. Dyfarnwyd y lle hwn yn un o bum bwyty cebab gorau Prydain yn *The Times* yn 2010 a hynny am reswm da.

❀

192 Heol y Ddinas
Cathays CF24 3JF
029 2049 9339

Tafarn a bar

THE WATERGUARD
Un o lymeit-leoedd hynotaf y ddinas yw'r lleoliad hyfryd hwn, sy'n gyfuniad o far cyfoes a thafarn draddodiadol, diolch i bensaernïaeth cwyrci ac atyniadol iawn. Roedd ei ran wreiddiol yn perthyn i swyddfa dollau'r dociau cyn ei symud gerllaw, a ffilmiwyd pennod 'The Runaway Bride' o *Doctor Who* yn y darn mawr cyfoes yn y cefn. Fel rhan o gadwyn Samuel Smith's o Tadcaster, Swydd Efrog, ceir peint braf ag iddo flas gwahanol i'r arfer – nifer ohonynt yn addas i figaniaid – ac ar ddiwrnod braf, mae'n wych cael gorweddian ar y lawnt, gyda'i golygfa wych o'r Eglwys Norwyaidd gyfagos a Bae Caerdydd.

Rhodfa'r Harbwr
Bae Caerdydd CF10 4PA
029 2049 9034

CHAPTER
Er bod Chapter yn adnabyddus am fod yn ganolfan gelfyddydol, un o atyniadau mwya'r Chapter yn Nhreganna yw ei bar a'r cantina agored sy'n denu pawb, o weithwyr llawrydd a'u gliniaduron i famau smart gyda'u plant a'u Bugaboos. Yn ogystal ag amrywiaeth o brydau blasus, ceir dewis da o winoedd a chwrw cyfandirol trwy gydol y flwyddyn, ond yn enwedig ar achlysur yr Oktoberfest.

Heol y Farchnad
Treganna CF5 1QE
029 2031 1050

33 WINDSOR PLACE

Os byddwch yn chwilio am lecyn bach tawel ond canolog am beint neu baned neu wydraid o win, does yna unlle gwell na'r bar dymunol hwn, sy'n perthyn i gwmni Brains. Y mae wedi'i leoli ar stryd îr ddeiliog Maes Windsor a ddatblygwyd yn 1837 yn ôl cyfarwyddiadau pendant Ail Ardalydd Bute i sicrhau 'gofod anadlu' i ganol y dre. Mae'n lle braf ar ddiwedd pnawn, gan ddenu cyfuniad o gwsmeriaid, yn siopwyr blinedig a chyfreithwyr o swyddfeydd y stryd.

❊

33 Maes Windsor
Canol y Ddinas CF10 3BZ
029 2038 3762

DEMPSEYS

Un o dafarndai mwyaf poblogaidd y dre ar y penwythnos yw tafarn Wyddelig Dempseys, ar gornel Heol y Castell a Stryd Womanby. Oherwydd ei hygyrchedd i Glwb Ifor Bach, mae'r lle'n denu heidiau o Gymry Cymraeg yn rheolaidd. Mae hi hefyd yn lleoliad perfformio poblogaidd gyda bandiau lleol, ac yn un o safleoedd Gŵyl Sŵn ers i Huw Stephens a'r criw ei sefydlu yn 2007. Ond mae'i pherthynas â cherddoriaeth gryn dipyn yn hŷn na hynny, gan mai yma y safodd clwb jazz poblogaidd y Four Bars Inn, a sefydlwyd gan gyfarwyddwr cerddorol Gŵyl Jazz Aberhonddu, y diweddar Jed Williams, yn 1987.

❊

15 Stryd Castell
Canol y Ddinas CF10 1BS
029 2023 9253

BACCHUS BARS & LOUNGE

Mae'r bar hwn ger yr Amgueddfa Genedlaethol wedi profi sawl adnewyddiad dros y degawd diwethaf, gan gynnwys tafarn minimalistaidd Incognito, bar cwyrci ac amryliw y Cardiff Arts Institute i apelio at fyfyrwyr, a nawr tafarn soffistigedig a ysbrydolwyd gan y thema *art & mirrors*. Caiff ei grisialu gan efelychiad dipyn yn llai o nenfwd Capel y Sistine! Yn y bôn, mae'r gofod braf union yr un fath, ac yn cynnwys bar hir, llawr dawns a DJ, soffas a bwths cyfforddus a phatio tu fas. Mae'r prisiau ychydig yn rhatach yma gan Gwmni Brains, sy'n siwtio cyllideb myfyrwyr a gweithwyr yr ardal. Gyda chlwstwr o orielau celf o fewn tafliad carreg i'r dafarn, mae'n werth cofio amdani os byddwch am seibiant byr. Mae'n lleoliad gwych i ddadebru ar ôl sesiwn ar y llawr sglefrio blynyddol yng Ngŵyl y Gaeaf gerllaw.

❊

29 Plas y Parc
Canol y Ddinas CF10 3BA
029 2041 2190

PEN AND WIG

Yn 1994, adnewyddwyd hen swyddfa optegydd nid nepell o'r Amgueddfa yn dafarn boblogaidd i apelio at gymuned gyfreithiol Caerdydd. Gan ei bod o fewn dalgylch y Brifysgol, y mae'r dafarn hon, sy'n rhan o gwmni tafarndai Stonegate, hefyd yn hafan braf i academyddion a myfyrwyr y cylch, ac fel pob tafarn gwerth ei halen, mae hi'n ganolfan rhwydweithio heb ei hail.

❊

1 Park Grove
Cathays CF10 3BJ
029 2037 1217

THE YARD

Mae gan Gaerdydd hanes anrhydeddus ym maes bragdai lleol, yn enwedig yn ardal Trelái, lle bathwyd yr hysbyseb 'Ely ales, the best in Wales'. Ond bellach – er ei fod yn ei fedd ers 1903 – un enw sy'n frenin; S. A. Brain. Pan basiwyd deddf cau'r tafarndai ar y Sul yn 1881, gwerthwyd yr Hen Fragdy a sefydlwyd ar Heol Eglwys Fair yn 1713 i Samuel Arthur a'i ewyrth Joseph o Swydd Gaerhirfryn, a ganed ymerodraeth sydd wedi para hyd heddiw. Yn 2000 symudwyd y bragdy agosaf at yr orsaf ganolog, a datblygwyd y Brewery Quarter yn ei le. Coron y cwmni yw tafarn gyfoes The Yard yn yr union fan honno, un o dafarndai mwyaf poblogaidd y dre.

❊

42–43 Heol y Santes Fair
Canol y Ddinas CF10 1AD
029 2022 7577

ZERO DEGREES

Ar droad y Mileniwm, agorodd y bar, bwyty a bragdy cyfoes hwn mewn hen garej Art Deco ar Stryd Westgate. Yn ogystal ag archebu *pizza* o'u popty agored, mae modd blasu sawl enghraifft o'u cwrw cartref gan gynnwys blas mango lled felys, pilsner, a chwrw golau, heb orfod prynu peint o bob un. Ceir hefyd sgrin fawr ar gyfer gêmau chwaraeon, sy'n atyniad poblogaidd ar ddiwrnod gêm rygbi rhyngwladol, ac un o gyfrinachau gorau'r ddinas; patio ar do'r hen garej yn llygad yr haul, gyda golygfa wych o Stadiwm y Mileniwm o'i blaen.

✻

27 Stryd Westgate
Canol y Ddinas CF10 1DD
029 2022 9494

CAMEO

Bar arall sydd wedi profi sawl adnewyddiad yw'r Cameo ar Heol Pontcanna. Yn ystod yr 80au a'r 90au dyma oedd y clwb i'r cyfryngis Cymraeg, a anfarwolwyd gan Huw Chiswell, yn ei gân 'Cameo Man'. Ers rhai blynyddoedd bellach, fe'i hadnewyddwyd i apelio at farchnad broffesiynol a thrigolion lleol, ac yma bellach y mae un o fariau mwyaf chwaethus y ddinas. Yn ogystal â gweini prydau bwyd ardderchog o gynnyrch Cymreig, dyma'r unig far y tu hwnt i ganol y ddinas sydd â thrwydded i weini'r ddiod gadarn tan ddau, gan ei gwneud yn gyrchfan atyniadol i drigolion gorllewinol y dre wedi hanner nos. Y mae'r rhestr win a choctels yn anodd ei churo, a cheir peint eitha da yma hefyd. Mae hi'n parhau i gynnal ymdeimlad lled ecsgliwsif, ac yn wir ceir gostyngiadau i aelodau'r clwb, ond peidiwch â bod ofn galw heibio un noson, rhoir croeso twymgalon i bawb.

✻

3 Stryd Pontcanna
Pontcanna CF11 9HQ
029 2022 0466

Lleoedd eraill

~~~~~~

FINO LOUNGE
49 Heol Merthyr
Yr Eglwys Newydd CF14 1DB
029 2069 2616

THE PEAR TREE
Heol Wellfield
Y Rhath CF24 3PE
029 2025 2042

BUFFALO BAR
11 Maes Windsor
Canol y Ddinas CF10 3BY
029 2031 0312

JUNO LOUNGE
14 Heol Wellfield
Y Rhath CF24 3PB
029 2019 8990

VILLAGE KITCHEN & BAR
25 Heol Merthyr
Yr Eglwys Newydd CF14 1DA
029 2062 4000

SALT
Cei'r Fôr-forwyn
Bae Caerdydd CF10 5BZ
029 2049 4375

TERRA NOVA
Cei'r Fôr-forwyn
Bae Caerdydd CF10 3BZ
029 2045 0947

Tafarn go iawn

THE CITY ARMS

Yn 2012 daeth y dafarn Brains hon i'r brig yng ngwobrau cwrw go iawn CAMRA, wedi iddi gael ei gweddnewid yn llwyddiannus. Bu tafarn ar y safle hwn am ganrifoedd lawer, ac oherwydd presenoldeb marchnad wartheg a lladd-dy gerllaw, ei henw yn ystod ail hanner y bedwaredd ganrif ar bymtheg oedd The Cattle Market. Fe'i prynwyd gan gwmni Brains yn y 1880au; yn 1905 newidiwyd ei henw i'r City Arms pan ddaeth tref Caerdydd yn ddinas. Yn ystod y 1990au hon oedd tafarn answyddogol rhai o sêr y byd pop, wrth i aelodau'r Super Furry Animals, y Manic Street Preachers a Catatonia fwynhau peint neu dri yng nghysgod Parc yr Arfau. Bellach, mae'r dafarn yn cynnig dewis gwych o dros 35 cwrw rhyngwladol, a'r pwyslais ar gynnig peint o gwrw go iawn: cwrw IPA cwmni Brains ei hun a chwrw o fragdai Otley a Sir Fynwy, Budvar Dark o'r Weriniaeth Siec a Duvel Green o Wlad Belg. Ar benwythnos gêm ryngwladol, mae'r dafarn hon yn ynys o hwyl mewn môr o gefnogwyr.

10–12 Heol y Cei
Canol y Ddinas CF10 1EA
029 2022 5258

YE OLDE BUTCHERS ARMS

Ar Heol y Felin, yn agos at o Nant Rhydwaedlyd – lle mae'n bur debyg y cafodd tywysog cynhenid olaf Morgannwg, Iestyn ap Gwrgant, ei ladd – saif y dafarn hon. Fe'i hadeiladwyd ar droad yr ugeinfed ganrif y tu hwnt i ffiniau Rhiwbeina er parch i reolau'r mudiad dirwestol a fu'n gyfrifol am sefydlu'r pentref llain las. Yn ogystal â chynnig bwyd a chwrw o safon, ceir pwyslais ar chwaraeon yma, snwcer, darts, Sky Sports; ond yn wahanol i nifer o dafarndai maestrefol eraill, mae piano yma, ac ym maes parcio'r dafarn, ddwywaith yr wythnos cynhelir marchnad ffermwyr leol. Mae'n werth crybwyll dwy dafarn arall sy'n rhannu'r un enw: siop gigydd oedd Butchers Arms Llandaf yn wreiddiol, ac ar y waliau yno heddiw ceir casgliad gwych o luniau chwaraewyr rygbi lleol, tra bod enw'r Butchers yn Nhreganna yn deillio o'r nifer o ladd-dai a chigyddion a fu'n glwstwr ger Heol y Farchnad ganol y bedwaredd ganrif ar bymtheg.

22 Heol-y-Felin
Rhiwbeina CF14 6NB
029 2069 3526

THE GOLDEN CROSS

Un o dafarndai harddaf cwmni Brains yw'r Golden Cross ger Heol Bute, tafarn a agorwyd yn 1903, ac a addurnwyd a theils trawiadol cwmni Craven Dunnill o swydd Amwythig. Ceir hefyd ddarluniau trawiadol o Gastell Caerdydd yn dyddio o 1903, a'r hen fragdy Brains ar Heol y Santes Fair. Dyma un o dafarndai mwyaf poblogaidd y ddinas gyda'r gymuned hoyw yn ogystal â phobl o bob tueddiad rhywiol arall.

Heol Pont yr Ais
Canol y Ddinas CF10 1GH
029 2034 3129

THE ALBANY

Agorodd y dafarn Brains draddodiadol hon ar 103 Stryd Donald y Rhath yn 1895 dafliad carreg o'r siop Clark's Pies gyntaf un yng nghartref Mary Clark yn rhif 93. Daeth yn ail i Dafarn Gwaelod-y-garth yng ngwobrau CAMRA yn ddiweddar a hynny oherwydd y dewis safonol o ddiodydd ar werth, gan gynnwys dau fath o gwrw casgen amrywiol ac ystod dda o gynnyrch Brains.

105 Stryd Donald
Y Rhath CF24 4TL
029 2031 1075

THE ROYAL OAK

Ar y ffin rhwng y Rhath a'r Sblot saif y dafarn eiconig The Royal Oak yn gadarn ar Heol Casnewydd. Dyma le gwych a agorwyd ar ddiwedd y bedwaredd ganrif ar bymtheg ac sydd wedi llwyddo i gadw nifer o'i thrysorau gwreiddiol, gan gynnwys meinciau pren a ffenestri gwydr amryliw. Y mae'r dafarn Brains hon yn adnabyddus am ei chysylltiadau â hanes sîn gerddoriaeth fyw y ddinas. Roedd y gitarydd Tich Gwilym yn un o nifer o gerddorion lleol a fu'n perfformio'n gyson yma dros y blynyddoedd, ac y mae noswaith meic-agored y dafarn yn dal i ddenu nifer bob nos Fercher. Mae hefyd yn adnabyddus am ei chysylltiadau â'r byd bocsio, gan fod ystafell ymarfer ar y llawr uchaf ac yn wir, mae waliau'r dafarn wedi'u haddurno a lluniau o baffwyr lleol, gan gynnwys y pencampwr o ardal Newtown y ddinas, 'Peerless' Jim Driscoll, a fu'n hyfforddi yma am flynyddoedd cyn ei farwolaeth gynnar o'r diciâu yn 1944. Y mae'r dafarn yn lle da am saib rhwng ymweliad â'r gofgolofn i Jim, sy'n sefyll o flaen gwesty'r Radisson, nid nepell o'r Golden Cross, ger ardal ei fagwraeth yn Newtown a'i orweddfan olaf ym Mynwent Cathays.

200 Broadway, Heol Casnewydd
Cathays CF24 1QJ
029 2047 3984

THE COTTAGE

Y mae'r dafarn Brains hon yn sefyll yn yr un man ers y 1750au, gan ei gwneud yn un o dafarndai hynaf y ddinas. Bachwch sedd glyd ger y ffenest i gael mwynhau bwrlwm Heol y Santes Fair gyda'r dydd a'r syrcas gyda'r nos. Roedd hon yn ffefryn gyda neb llai nag arwr nihilyddol Siôn Eirian, *Bob yn y Ddinas*. Lle mae Bob nawr tybed?

25 Heol y Santes Fair
Canol y Ddinas CF10 1AA
029 2033 7195

THE BLACK GRIFFIN

Gyferbyn ag eglwys Normanaidd Sant Denys, ym maestref ogleddol Llys-faen, mae un o dafarndai hynaf y ddinas, sef The Black Griffin a fu unwaith yn sgubor, ac yn gartref dros dro i Oliver Cromwell a'i deulu cyn ei lwyddiant ar faes y gad yn Sain Ffagan yn 1648. Ers ei hadfywio yn Rhagfyr 2010, ceir teimlad clyd a chwaethus o'i gymharu â'r twnnel tywyll blaenorol, ac mae'r dewis da o gwrw gwadd, a bwydlen sylweddol, yn cynnwys fersiwn y dafarn o ginio *ploughman's* a *Welsh rarebit*, yn ogystal â ffefrynnau cyfoes fel cyrri, yn sicrhau bod y llymeitwyr llewyrchus lleol, a phererinion o bell, yn dychwelyd yn rheolaidd.

Heol yr Eglwys
Llys-faen CF14 5SJ
029 2074 7399

RUMMER TAVERN

Dyfarnwyd trwydded gyntaf y dafarn hynafol hon yn 1713, pan oedd Heol y Dug yn ferw o dafarndai a berthynai i urddau gwahanol Heol y Dug neu Stryd Hwyaden (Duck Street) fel ag yr oedd, cyn y penderfynwyd yn ystod y bedwaredd ganrif ar bymtheg bod angen enw cryn dipyn mwy crand ar stryd ynghanol Caerdydd. Mae'r enw'n deillio o wydr a oedd yn boblogaidd ag yfwyr y cyfnod, a chynhelir awyrgylch draddodiadol gyda'r trawstiau hynafol a'r dodrefn pren. Cynigir dewis o bum cwrw casgen, gan gynnwys Wye Valley HPA a Hancocks, cyn berchnogion y dafarn dros ganrif yn ôl, ac ymwelwyr achlysurol fel Cwrw Cribyn a Felinfoel, a seidr casgen traddodiadol Thatcher's.

14 Heol y Dug
Canol y Ddinas CF10 1AY
029 2023 5091

Y MOCHYN DU

Dyma dafarn sydd wedi dod i'r brig yng ngwobrau CAMRA yn gyson ers ei hagor yng Nghlos Sophia yn 2002. Fe'i hadeiladwyd yn wreiddiol yn ystod y bedwaredd ganrif ar bymtheg yn borthdy i'r castell, ac ar ddiwedd yr ugeinfed ganrif bu'n dafarn o'r enw'r Poacher's Lodge, tan i Gareth Huws ei gweddnewid. Cafwodd ei henwi ar ôl y gân werin o orllewin Cymru 'Y Mochyn Du', a cheir un fersiwn o'r gân mewn ffrâm ar y wal. Yn ôl geiriau'r fwydlen 'Yn y gorffennol roedd mochyn ar bob fferm yng nghefn gwlad Cymru. A'r mochyn fyddai'n gynhaliaeth werthfawr yn ystod misoedd hir y gaeaf.' Y mae'r dafarn yn gynhaliaeth i nifer o drigolion lleol, ac yn atyniad poblogaidd iawn i Gymry o bell, yn enwedig ar ddiwrnod gêm rygbi rhyngwladol, diolch i'r croeso twymgalon a'r cwrw ardderchog. Yn eu plith, ceir lagyrs Ewropeaidd, dewis helaeth o gwrw rhanbarthol, a'r 'cwrw cartref' gan fragdy Bro Morgannwg yn y Barri. Yn ogystal â chynnal gweithgareddau i ddysgwyr Cymraeg, a chwis tafarn poblogaidd, fe esgorodd y dafarn ar gôr llwyddiannus Y Mochyn Du i gyd-fynd ag Eisteddfod Genedlaethol Caerdydd 2008. Mae'r dafarn hefyd yn gartref answyddogol i dîm lleol Clwb Rygbi Cymry Caerdydd.

Clos Sophia
Pontcanna CF11 9HW
029 2037 1599

THE BLUEBELL INN

Ym mhentref hynafol Llaneirwg ar ben pellaf Heol Casnewydd mae clwstwr o dafarndai hynafol braf, gan gynnwys tafarn y Bluebell. Fe'i sefydlwyd yn ystod yr ail ganrif ar bymtheg, ac mae ei henw'n deillio o draddodiad lleol. Toc cyn yr adferiad, cynhaliai fynachod Llanrhymni ffair flynyddol ar ddiwrnod Sant Mellon o Rennes yn Llydaw, sef 22 Hydref, a'r uchafbwynt blynyddol oedd ras. Y cyrchfan oedd Eglwys Llaneirwg, sy'n dal i sefyll, a'r wobr oedd y gloch sanctaidd ag iddi dafod las, i'w dychwelyd i'r mynachod erbyn y gwasanaeth nesaf. Daeth y ras i ben yn 1859, ond mae'r enw'n parhau yma a hynny oherwydd y dafarn ddymunol hon.

Heol Casnewydd
Llaneirwg CF3 5UN
029 2077 7472

THE PACKET

Sefydlwyd y dafarn hon i longwyr yn 1864 a'i henwi ar ôl agerlongau niferus y dociau cyfagos. Mae ganddi gymysgedd o gwsmeriaid o bob cefndir, tueddiad a thras – tafarn yr hen Gaerdydd yw hon.

95 Stryd Bute
Bae Caerdydd CF10 5AB
029 2048 7167

OWAIN GLYNDŴR

Mae'r dafarn eiconig hon wedi ei henwi ar ôl un o'r gweriniaerthwyr mwyaf tanllyd yn hanes Cymru – Owain Glyndŵr. Yn wir, llosgodd byddin Owain y dref yn ulw yn 1404 er mwyn dial ar weinyddiaeth ormesol yr Eingl-Normaniaid yng Nghastell Caerdydd. Cafodd y dafarn sawl enw dros y canrifoedd, gan gynnwys The Mably Arms, The Tennis Court a'r Buccanneer. Mae'r dafarn hon a'r Dair Pluen drws nesaf yn boblogaidd tu hwnt gyda sesiynau cerddoriaeth werin sydd i'w clywed yno'n wythnosol. Os hoffech dalu gwrogaeth pellach i'r dyn ei hun, cofiwch am y cerflun trawiadol ohono gan Alfred Turner sydd i'w weld yn Neuadd y Ddinas.

❁

10 Heol Sant Ioan
Canol y Ddinas CF10 1GL
029 2022 1980

TAFARN CAYO ARMS

Yn 2001 trawsnewidiwyd Gwesty'r Apollo ar Heol y Gadeirlan yn Dafarn Cayo, er cof am arweinydd y Free Wales Army, Julian Cayo-Evans, a fu farw yn 1995. Mae'n dafarn braf ag iddi ddigon o le, dewis da o gwrw casgen a bwydlen werth chweil. Cynhelir cwis tafarn boblogaidd yno bob nos Sul a sesiynau cerddoriaeth werin Gymreig yno bob nos Lun.

❁

36 Heol y Gadeirlan
Pontcanna CF11 9LL
029 2023 5211
029 2023 2917

Lleoedd eraill

～～～～～

THE PINEAPPLE
39 Heol yr Orsaf
Gogledd Llandaf CF14 2FB
029 2057 6199

THE CLAUDE
140 Heol Albany
Y Rhath CF24 3RW
029 2049 3896

THE WESTGATE
49 Heol Ddwyreiniol
y Bont-faen
Glanyrafon CF11 9AD
029 2030 3002

THE HALFWAY
247 Heol y Gadeirlan
Pontcanna CF11 9PP
029 2066 7135

THE HEATHCOCK
58 Heol y Bont
Llandaf CF5 2EN
029 2057 5005

THE DUKE OF CLARENCE
48 Heol Clive
Treganna CF5 1HJ
029 2037 8033

THE CORNWALL
92 Stryd Cornwall
Grangetown CF11 6SR
029 2030 3947

THE ROATH PARK
170 Heol y Ddinas
Cathays CF24 3JE
029 2031 1049

THE CRWYS
34 Heol y Crwys
Cathays CF24 4NN
029 2037 1075

THE FLORA
136 Teras Cathays
Cathays CF24 4HY
029 2023 5343

TRADER'S TAVERN
6 Stryd David
Canol y Ddinas CF10 2EH
029 2023 8795

THE UNICORN INN
Heol yr Eglwys
Llanedern CF3 6YA
029 2077 7185

THE VICTORIA PARK
422 Heol Ddwyreiniol
y Bont-faen
Treganna CF5 1JL
029 2037 4212

THE DUKE OF WELLINGTON
42 Yr Ais
Canol y Ddinas CF10 1AJ
029 2033 7190

THE UNICORN INN

THE GOLDEN CROSS

Coctels
Caerdydd

FLOYDS BAR

O ystyried bod Floyd's Bar ar agor er 2001, mae'n syndod bod cyn lleied yn gwybod am y cornel cuddiedig hwn. Dafliad carreg o fariau a thafarndai Heol Fair ar y Stryd Fawr mae cuddfan soffistigedig sy'n cynrychioli bydysawd gwahanol i firi'r ffair gerllaw. Yma, wrth olau cannwyll y bar pren hen ffasiwn, ceir dewis da o glasuron fel Cuba Libre a Long Island Ice Tea, ond a drïoch chi Velvet Elvis erioed? Mae'r cyfuniad o Jack Daniels, Chambord, dŵr soda a sudd lemwn ffres yn anhygoel o flasus, ac yn siŵr o'ch gadael yn 'All Shook Up'.

23 Stryd Fawr
Canol y Ddinas CF10 1PT
029 2022 2181

VANILLA ROOMS

Gyferbyn â Gerddi'r Orsedd, yn seler y Park House hardd a hynafol a gynlluniwyd yn wreiddiol gan William Burges yn null yr Adfywiad Gothig, ceir un o guddfannau gorau'r ddinas; bar coctel chic a chyfoes y Vanilla Rooms, lle mae'r *mixologist* neu gymysgydd coctels, Christos Kyriakidis, yn aros amdanoch i greu diod o'ch dewis chi. Yma, tan ddau o'r gloch y bore rhwng nos Iau a nos Sul, telir gwrogaeth i'r traddodiad, gan ganolbwyntio ar saith cangen coeden deuluol y coctel: Punch, Milk Punch, Highball, Sling, Sour, y Cobbler a'r Cocktail. Os am efelychu steil Don Draper, ewch am yr Old-Fashioned ar bob cyfri, cyfuniad blasus o Bourbon Woodford Reserve, siwgwr brown, Bitters oren dros rew ac wedi'i weini â thro oren. Neu beth am roi tro ar fam y Martini, y Martinez, cyn penderfynu rhwng sawl Martini cyfoes, gyda'ch dewis chi o *gin* neu fodca? Yn sicr, y mae'n werth ymweld â'r Vanilla Rooms pe bai dim ond i gael darllen y fwydlen helaeth, sy'n ddigon mawr i hawlio doethuriaeth i gymysgwyr coctels. Does dim dwywaith byddai'r cynllunydd hedonistaidd William Burges wrth ei fodd.

20 Plas y Parc
Canol y Ddinas CF10 3DQ
029 2022 4343

MILGI LOUNGE

Yn ogystal â chynnig bwyd llysieuol anhygoel o flasus, mae merched Milgi, Becky a Gaby Kelly o Aberaeron, a'u staff yn gweini'r coctels gore ar Heol y Ddinas. Cewch ddewis beth a fynnwch, ond byddai'n werth ystyried mynd am y Marmalade Collins amheuthun o blith eu rhestr Collins hirfaith, yn ogystal â dewis da o Daiquiris a Martinis. Ond os ydych chi'n dod o gwbl, rhaid profi fersiwn Milgi o'r clasur Ciwbaidd, y mojito. Oherwydd y pentwr o rew gyda *chilli* coch am ei ben, mae'r *chilli* Mojito ardderchog yn edrych fel Slush Puppy ar asid, ond wir i chi, mae'r rhyfeddod hwn yn anhygoel o flasus gyda chyfuniad traddodiadol o rỳm, leim, mintys a soda ac ychwanegir cynnwys cic mul i'r cyfanwaith gyda phresenoldeb y *chillies* coch. Un yn unig o blith y teulu Mojito a geir ar fwydlen Milgi yw hwn. Ynghyd â'r clasur, afal a mafon, cneuen goco, sinsir, afal ac ysgawen, ysgawen a *lychee* a granadila, yn ogystal â'r fersiynau dialcohol: ysgawen, ciwcymer a mintys, cwrw sinsir a granadila, mafon a basil, mintys, sinsir a leim a *lychee*, basil a leim. *Salud!*

❋

213 Heol y Ddinas
Cathays CF24 3JD
029 2047 3150

MIMOSA

Os am gydymaith perffaith gyda brecwast Cymreig gwych Mimosa ym Mae Caerdydd, does dim byd gwell ar fore Sul nag estyn am Bloody Mary. Mae'r cyfuniad o sudd tomato, fodca, halen seleri a saws Caerwrangon yn siŵr o dawelu niwrosis y noson gynt, neu leinio'r bol ar gyfer diwrnod mawr o'ch blaen. Ac os am dwtsh o soffistigeiddrwydd ar achlysur arbennig, yna does dim un dewis sef y coctel Mimosa ei hun – be well na Siampaen a sudd oren ffres?

❋

Cei'r Fôr-forwyn
Bae Caerdydd CF10 5BZ
029 2049 1900

BA ORIENT

Un o lecynnau mwyaf chwaethus y ddinas yw'r ddihangfa ddwyreiniol hon. Wedi'i leoli nesaf at ei frawd mawr y bwyty Tseineaidd Pearl of the Orient, mae'r *ba* moethus hwn yng Nghei'r Fôr-forwyn yn cynnig bwydlen faith o goctels a *dim sum*. Mae'r prisiau'n uwch nag arfer am Gaerdydd, ond unwaith ichi fachu soffa felfaréd foethus, neu sedd ger y bar lacr du, bydd hi'n anodd iawn gadael, yn enwedig ar ôl blasu rhai o'u creadigaethau mwyaf godidog fel yr Espresso Martini y Golden Geisha a'r Hibiscus Honeymoon. Os am noson ramantus, beth am gychwyn â Rose Petal Royale sy'n gyfuniad hyfryd o *prosecco*, sirop rhosyn, *liqueur* ceirios a mefus ffres. Mae gweddill y noson i fyny i chi.

❋

Cei'r Fôr-forwyn
Bae Caerdydd CF10 5BZ
029 2046 3939

BAR CWTCH

Yn seler hynafol gwesty Jolyon's y Bae, y mae llecyn llawn soffas lledr yn barod i'ch croesawu am ddiod neu bryd hamddenol o fwyd. Ceir dewis da o winoedd rhyngwladol am brisiau teg a rhestr goctels amheuthun, gan gynnwys y Cwtch Cosmo (fodca Finlandia, Cointreau, leim ffres a sudd llugaeron) a'r Welsh Garden (*gin* Hendrick's, sudd afal a llugaeron, cordial ysgawen a leim ffres). Cofiwch hefyd am far Cwtch Mawr yng ngwesty Jolyon's at No. 10, gyferbyn a Thŷ Novello ar Heol y Gadeirlan, lle ceir ambell ddewis gwahanol o goctel.

❋

5 Cilgant Bute
Bae Caerdydd CF10 5AN
029 2048 8775

❋

10 Heol y Gadeirlan
Pontcanna CF11 9LJ
029 2009 1900

FAT CAT CAFE BAR

Agorodd y gangen gyntaf o'r gadwyn lwyddiannus hon ym Mangor yn 1992, a bu'n rhaid ehangu i Loegr cyn agor fersiwn hynod soffistigedig ar Heol y Brodyr Llwydion. Yn ogystal â chynnig bwyd blasus, a chynigion rhesymol i fyfyrwyr, y mae'r bar chwaethus hwn ger y Theatr Newydd ar Heol y Brodyr Llwydion yn cynnig gwasanaeth 'Cocktail Heaven', sef dau goctel am bris un rhwng pump ac wyth bob nos.

❋

Heol y Brodyr Llwydion
Canol y Ddinas CF10 3AD
029 2022 8378

STEAM° A'R METROPOLE LOUNGE

Os am ddenu'r *paparazzi*, gwell trefnu ymweliad â Steam Bar dymunol gwesty'r Hilton, sydd â'i waliau'n llawn lluniau du a gwyn o efelychiadau o eiconau Eidalaidd ein hoes. Un o ddiodydd mwyaf blasus y bar hwn yng ngwesty'r Hilton yw'r Sparkling Cosmopolitan. Ychwanegir gwin pefriog *prosecco* at y clasur poblogaidd hwn sydd fel arfer yn cynnwys fodca, Cointreau, sudd llugaeron a leim. Neu os am ddiod ag iddo gic gryfach, efallai y carech archebu'r coctel Metropole, cyfuniad o rŷm golau a thywyll, sudd sitrws, a joch o *grenadine* a *crème de cassis* yn lolfa'r gwesty gerllaw. Os am efelychu soffistigeiddrwydd Greta Garbo, mae siawns da o fachu cornel tawel ganol pnawn, ond diolch i boblogrwydd dau far y gwesty canolog gyda thrigolion ac ymwelwyr, rydych chi'n fwy tebygol o daro ar orwyres y sylfaenydd, Paris Hilton, gyda'r hwyr.

❋

Gwesty'r Hilton
Fordd y Brenin
Canol y Ddinas CF10 3FD
029 2064 6369

PICA PICA

Mae'r bar coctel hwn yn denu heidiau o ddynion, yn ogystal â merched, yn bennaf oherwydd ei hygyrchedd i brif fynedfa Stadiwm y Mileniwm ar Stryd Westgate. Mae ei leoliad lled danddaearol mewn hen warws ar Stryd Womanby yn sicrhau naws arbennig, ac ar nos Sadwrn, mae'r bar, y byrddau a'r bwths yn orlawn o drigolion lleol, gan eu bod hefyd yn cynnig platiau bychain o fwyd *mezze* a *tapas* sy'n boblogaidd tu hwnt.

❋

15–23 Stryd Westgate
Canol y Ddinas CF10 1DD
029 2034 5737

BAR ICON

Dafliad carreg o glybiau hoyw'r ddinas y mae'r bar poblogaidd hwn ar Heol Siarl, sy'n hawlio mai dyma 'the place to be seen on the Scene'. Yn ogystal â detholiad di-ri o ddiodydd dialcohol, a'r ffefrynnau ffrwythus arferol, gan gynnwys Woo Woo, Caipirinha a sawl fersiwn o'r Cosmo, ceir ambell goctel hufennog, fel yr After Eight, sy'n cyfuno Baileys, siocled a *crème de menthe*. Os am daro'r llawr dawns, yna shooter amdani, ond pa un yw hi fod? Baby Guinness (Kahlua a Baileys) neu'r Flatliner (Sambuca, Tequila a joch o *tabasco*)?

❋

60 Stryd Siarl
Canol y Ddinas CF10 2GG
029 2066 6505

LAGUNA BAR

Ers agor yn 2005, mae'r Laguna Bar yng ngwesty'r Park Plaza wedi parhau i ddenu'r bobl brydferth i fflyrtio tra'n llymeitian dros greadigaethau fel y Bramble, Lemongrad a'r Espresso Martini. Os byddwch chi ar benwythnos plu, ac yn awyddus i blygu glin gerbron nawddsantesau'r coctels cyfoes, merched *Sex and The City*, byddwch yn falch o glywed bod Dirty Martini y Laguna Bar gystal ag unman yn Efrog Newydd.

❋

Gwesty'r Park Plaza
Heol y Brodyr Llwydion
Canol y Ddinas CF10 3AL
029 2011 1103

DOUBLE SUPER HAPPY

Yn 2012, ymestynnodd bar *tapas* Pica Pica ei ymerodraeth wrth agor bar coctêl a *dim sum* ar y llawr islaw ar Stryd Westgate, ac mae'r nefoedd neon hon yn gyfuniad o diner hamddenol a bar soffistigedig, ac yn adleisio nifer o guddfanau coctel Tokyo. Mae'r gegin agored â'i gril *satay* yn fythol wenfflam, wrth i'r cogyddion baratoi tameidiau bach perffaith o brydau bach traws-Asiaidd, fel tempura llysiau, byns porc rhost, ystifflog halen a *chilli* ac i bwdin banana a saws taffi wedi'i ffrio a'i weini a hufen iâ fanila. Ond peidiwch â gadael cyn profi coctel neu ddau, os nad ydych chi'n yfed alcohol, bydd y Bora Bora Brew â blas pomgranad a sinsir yn siŵr o'ch bodloni, tra fod y Martini *rosé* a *lychee* yn un o nifer o ddiodydd blasus fydd yn eich gadael â gwên lydan iawn ar eich wyneb.

✱

31 Stryd Westgate
Canol y Ddinas CF10 1EH
029 2022 7773

LAB 22

I rai, mae helbulon hwyrnos Stryd Caroline yn gyfystyr â Sodom a Gomorra; i eraill, mae 'na hwyl fawr i'w gael wrth wylio'r dinistr meddwol ger Dorothy's. Ond i'r rheiny sy'n deall pethau, mae Chippy Alley hefyd yn gartref i un o fariau coctel mwyaf mentrus Caerdydd. Mae'r diolch i gyd i'r cogydd Heston Blumenthal, wrth i'w arddull gemegol o goginio ysbrydoli 'micsolegwyr moleciwlar' bar Lab 22. Croeso i chi archebu hen ffefryn wrth y 'la-bar-dy' cyfoes, ond bydd un cip ar greadigaethau'r gweinyddion yn siŵr o'ch sbarduno i flasu'r cynnyrch diweddaraf. Beth am 'shot' o Lab Love Potion (Liqueur de rose a violette a sudd lychee) mewn tiwb profi? Mentrwch ymhellach ar goctels tymhorol, fel Margarita gydag ychydig o heli'r môr. Mae'n wir fod prisiau'r holl ddiodydd godidog hyn dipyn yn uwch na pheint yn y Duke of Wellington gerllaw, ond os am fanteisio ar fargen, cofiwch am gynigion arbennig y Perks After Work. Cewch wfftio faint fynnwch a dweud bod y cysyniad cemegol hwn yn ffasiwn newydd ffuantus, ond hyd nes i chi brofi un o'r coctels blasus drostoch chi eich hun, cadwch eich gwefusau ynghau!

✱

22 Stryd Caroline
Canol y Ddinas CF10 1FG
029 2039 9997

Lleoedd eraill

10 FEET TALL
12 Stryd yr Eglwys
Canol y Ddinas CF10 1BG
029 2022 8883

REVOLUCION DE CUBA
9–11 Stryd y Castell
Canol y Ddinas CF10 1BS
029 2023 6689

LAS IGUANAS
8 Lôn y Felin
Canol y Ddinas CF10 1FL
029 2022 6373

LAS IGUANAS
Cei'r Fôr-forwyn
Bae Caerdydd CF10 5BZ
029 2045 9165

HARLECH LOUNGE
Parc Hotel
Plas y Parc
Canol y Ddinas CF10 3LN
0871 376 9011

BA ORIENT

Bar a chlwb

CLWB IFOR BACH

Yn 1158, ar ôl i Iarll Caerloyw ddwyn ei diroedd, ymosododd Ifor Bach, arglwydd Senghennydd, ar Gastell Caerdydd a herwgipio'r Arglwydd Eingl-Normanaidd i hawlio'i eiddo yn ôl.

Yn 1983, sefydlwyd clwb yn ei enw i ddenu siaradwyr Cymraeg y ddinas i gymdeithasu a mwynhau yn eu hiaith eu hunain. Deng mlynedd ar hugain yn ddiweddarach, mae'r clwb bychan yn sefydliad sy'n adnabyddus i bawb, p'run a ydynt yn siarad yr iaith ai peidio. Dros y blynyddoedd bu'n gyrchfan bwysig i enwau Cymraeg – o fandiau Ysgol Glantaf a Phlasmawr, i'r Super Furry Animals, Gorky's Zygotic Mynci a Catatonia ddiwedd y 90au – ac enwau rhyngwladol fel Coldplay, The Strokes a DJ Shadow.

Yn ogystal â gigs a digwyddiadau cyson yn Gymraeg, cynhelir nosweithiau cerddoriaeth ddawns yn rheolaidd, yn ogystal â nosweithiau gyda DJs lleol gwych fel criwiau Dirty Pop, Vinyl Vendettas a Gareth Potter. Mae iddo statws fel 'Clwb Cariad' ers blynyddoedd maith; mae'n hafan o lawenydd pur a thorcalon enbyd. Fe'i hanfarwolwyd gan y bardd Rhys Iorwerth, a gipiodd y Gadair yn Eisteddfod Genedlaethol 2011 am ddilyniant o gerddi ar y testun 'Clawdd Terfyn' sy'n crynhoi'r profiadau hynny i'r dim; teitl y gerdd gyntaf yw: 'Y Ferch wrth y bar yng Nghlwb Ifor'.

11 Stryd Womanby
Canol y Ddinas CF10 1BR
029 2023 2199

GWDIHŴ

Ers agor gyferbyn â thylluan fawr sinema Cineworld a nesaf at fwyty Thai House yn 2009, y mae gofod bychan bar y Gwdihŵ wedi denu criw difyr o hipstars i fwynhau nosweithiau eclectig mewn awyrgylch hamddenol ac ymaciol. Yn ogystal â chynnig amrywiaeth o nosweithiau cerddorol, ceir hefyd gaffi dymunol sydd ar agor yn ystod y dydd, a gardd gefn, sydd wastad yn llawn gyda'r hwyr. Gyda'r pwyslais ar gerddoriaeth, a DJ's lleol, mae hwn yn lleoliad sy'n adleisio bars bohemaidd y Rive Gauche, ac am fod yna far gorlawn o ddiodydd, mae'n lle gwych i lymeitian tan ddau y bore a thu hwnt.

6 Cilgant Guildford
Canol y Ddinas CF10 2HJ
029 2039 7933

THE PROMISED LAND

Yn ogystal â pherchen ar Coffee a gogo gerllaw, mae The Promised Land yn cynnig caffi gwych gyda'r dydd a chlwb eitha cŵl gyda'r hwyr. Mae'r pwyslais ar gerddoriaeth leol, sy'n cynnig llwyfan i fandiau newydd a rhai mwy sefydledig, ac ar nos Wener a nos Sadwrn mae ar agor tan ddau o'r gloch. Mae waliau'r Promised Land yn llawn memorabilia roc a phop cyfoes, ac os gwnaethoch chi ddathlu Nos Calan 1999 yn Stadiwm y Mileniwm i gyfeiliant y Manic Street Preachers a cherddoriaeth y Beatles, yna dyma'n sicr y lle i chi.

✺

4 Maes Windsor
Canol y Ddinas CF10 3BX
029 2039 8998

BUFFALO

Ers agor ar Faes Windsor yn 2005, y mae Buffalo wedi sefydlu'i hun yn gyrchfan hamddenol a hynod cŵl, sy'n denu criw o bobl amrywiol ond o'r un anian i gael noson fach dda. Mae'r *décor* ail-law'n dal yn drawiadol, a'r DJs lleol yn llwyddo i daro deuddeg gan greu awyrgylch ymlaciol gyda'u seiniau soffistigedig ger bar y llawr isaf, tra bod y gofod fyny grisiau yn cynnal gigs cyson gan fandiau gwych. Gyda'r hwyr, y mae byrddau'r ardd gefn yn orlawn o griwiau'n siarad tan bedwar y bore, dros boteli cwrw cyfandirol, a choctel neu ddau, neu dri...

✺

11 Maes Windsor
Canol y Ddinas CF10 3BY
029 2031 0312

SODA BAR

Un o leoliadau mwyaf deniadol y ddinas wedi hanner nos yw lolfa a chlwb y Soda Bar ar Mill Lane. Oherwydd y *décor* gwyn, a'i far ar deras y to, mae yno deimlad braf a chewch eich trawsgludo i Nacional Bar braf Havana, neu un o glybiau South Beach Miami dros dro. Mae hefyd yn werth ystyried mai dyma lle mae clybwyr mwyaf deniadol y ddinas. Felly os ydych chi'n rhydd tan dri ar nos Iau neu bedwar rhwng Gwener a Sadwrn, dewch yn eich dillad gorau i greu argraff wrth y drws.

✺

4–6 Lôn y Felin
Canol y Ddinas CF10 1FL
029 2039 8380

10 FEET TALL

Gamau'n unig o Eglwys Sant Ioan y mae bar cyfoes a chlwb tanddaearol Undertone ar agor ers 2008. Mae'n werth cofio cyrraedd cyn naw er mwyn manteisio ar y fwydlen flasus a phrynu dau goctel am bris un, ond maen nhw'n dal i weini diodydd tan ymhell wedi tri. Fel ei efaill-far Buffalo ym mhen arall y ddinas, mae naws Ewropeaidd hamddenol tu hwnt yma. Os am glwb a churiadau Dubstep, Jungle a Drum & Bass, clwb Undertone y seler yw'r cyrchfan i chi.

✺

12 Heol yr Eglwys
Canol y Ddinas CF10 1BG
029 2022 8883

BOGIEZ

Os yw'n well gennych chi Jack Daniels a roc na choctels a phop, yna ewch i far Bogiez ar eich union. Ers symud o Heol Penarth, a'r Point yn Sgwâr Mount Stuart, mae'r clwb roc a metal hwn, sydd ar agor tan yn hwyr, wedi ennill ei blwy lle'r oedd clwb Barfly gynt. Ond ychydig sy'n gwybod, heblaw am y ffans selocaf, fod yna hanes hyd yn oed yn fwy *hard-core* i'r bar hwn nac unlle arall yn y ddinas, gan mai yma, pan oedd yn dafarn y Rose & Crown yr yfodd Meic Stevens ei beint cyntaf, cyn ymlwybro lawr Bute Street yn 16 oed a chlywed ei arwr mawr Victor Parker yn canu'i gitâr. Mae'r gweddill yn hanes!

✺

Ffordd y Brenin
Canol y Ddinas CF10 3FD
029 2039 6590

MOCKA LOUNGE

Y tro nesa fyddwch chi'n mwynhau pryd bwyd godidog yn y Potted Pig, holwch eich hun os oes wir angen pwdin arnoch chi, neu a fyddai'n well gennych ddawnsio tan dri? Mae'r un perchennog yn rhedeg bar poblogaidd Mocka Lounge ar Lôn y Felin, felly beth am wneud noson ohoni a pharhau i fwynhau lletygarwch gorau'r ddinas? Ac os byddwch chi'n dal ar lwgu am bedwar ar fore Sul, rydych chi mewn lwc, gan fod y Meating Place rownd y gornel, sy'n rhan o'r un ymerodraeth, ar agor tan bump!

✺

1–2 Lôn y Felin
Canol y Ddinas CF10 1FL
029 2022 1292

TIGER TIGER

Mae pob un ohonom yn nabod rhywun sydd wrth eu bodd gyda'i lais ei hun, ac yn mynnu llusgo pawb i far *karaoke* i gael dangos ei hun. Ond siawns mai dyma un bar lle bydd pawb wrth eu bodd yn cael rhannu eu dawn, yn bennaf oherwydd y bwths preifat a phersonol Lucky Voice. Yn ogystal â chornel *karaoke*, mae'r clwb hwn yn far a bwyty hefyd.

Heol y Brodyr Llwydion
Canol y Ddinas CF10 3AE
029 2039 1944

411

Y tu hwnt i raff melfed coch ar Heol y Santes Fair y mae'r bar a'r clwb soffistigedig hwn, gyda'r pwyslais ar gerddoriaeth ddinesig, dawns, ac R&B. Yn wir, mae'r enw'n adlais o albwm cyntaf un o freninesau R&B cyfoes, Mary J. Blige, ac mae hi'n un o nifer o artistiaid cyfoes caiff eu chwarae yn y clwb. Mae'r bar coctel yn un braf, ac ar agor tan dri ar nos Iau a phedwar ar nos Wener a Sadwrn, felly'r cyngor gorau i chi yw, dewch yn eich sodlau gorau os am ddianc rhag hwyl a hafoc Heol y Santes Fair i'r hafan hon.

3-6 Heol y Santes Fair
Canol y Ddinas CF10 1AT
029 2066 7996

LIVE LOUNGE

Os mai perfformiadau byw gan gerddorion lleol yw eich diléit, mae'n bur debyg y byddwch chi wrth eich bodd gyda'r Live Lounge. Yn ogystal â rhoi llwyfan i fandiau newydd, mae'n denu nifer o fandiau cover sy'n golygu pan fydd efelychwyr y Stereophonics ar lwyfan, bod modd clywed y dorf yn cyd-ganu o'r Aes!

9 Heol Tŷ'r Brodyr
Canol y Ddinas CF10 3FA
07830 361 915

VIP LOUNGE

Y tro nesa y byddwch chi'n llymeitian lawr yn y Bae, mae'n werth cofio am y clwb cyfrin hwn, sydd ar agor tan oriau mân y bore. Fel y mae'r enw'n awgrymu, dim ond y gorau sy'n cael mynediad i'r bar, ac mae hynny'n cynnwys y dodrefn deniadol, sy'n cynnwys bar o rew, chandeliers mawr crand, a soffa Chesterfield wedi'i haddurno â chrisialau Swarovski di-ri. Ceir yma olygfa wych o Ganolfan y Mileniwm liw nos, ac os ydych chi'n teimlo fel gwario go iawn, mae yna botel o Champagne Louis Roederer Cristal gwerth £800 yn aros amdanoch wrth y bar.

Cei'r Fôr-forwyn
Bae Caerdydd CF10 5BZ
029 2048 9077

SODA BAR

GWDIHŴ

Brecwast 'y bore wedyn'

I rai, dim ond aspirin a bore o bydru yn y gwely wnaiff y tro; i eraill, rhaid herio hangofyr â llond bol o brotein a phaned go gryf, tra bod blewyn y ci'n siwtio'r cyfansoddiadau cryfaf. Ond mae sawl dewis ar gael i'ch adfywio.

Os nad ydych yn gwrthwynebu ciwio am eich brecwast tu ôl i loncwyr a cherddwyr cŵn Pontcanna, yna mae Caffi Castan yn cynig awyr iach, coffi a rôl frecwast am lai na theirpunt. Neu beth am baned a brechdan bacwn yng Nghaffi'r Ais?

Yn agos at gaffi eiconig Yr Ais yn Arcêd y Dug, bydd platiad o gig yng nghaffi Garlands yn siŵr o'ch sadio, neu beth am ystyried y brecwast llysieuol Cymreig, sy'n cynnwys selsig Morgannwg a phancosen bara lawr, tost, madarch, ffa pob, a dau wy wedi'i ffrio? Yn sicr, plesiwyd beiriaid yr *Observer Food Monthly* i'r fath raddau nes iddynt ddyfarnu'r caffi ymysg y pum lle gorau am frecwast ym Mhrydain, a hynny fwy nag unwaith, felly ewch amdani er mwyn profi'r safon drostoch chi eich hun.

Ceir dewis pellach o frecwastiau sy'n gwneud defnydd o gynnyrch Cymreig ym mwyty Mimosa yng Nghei'r Fôr-forwyn gan gynnwys macrell wedi'i fygu a grilio ac wyau wedi'u sgramblo ar dost.

Os am flas bach Eidalaidd, archebwch fwrdd yn Carluccio's ar Lôn y Felin; ceir bwydlen frecwast helaeth yno trwy gydol y dydd. Ond os am gyfuno brecwast a chinio â chlasur Rhufeinig, yna mae *pizza* brecwast Marcello yn aros amdanoch yn Restaurant Minuet, Arcêd y Castell. Ac i'r rheiny ohonoch sydd â dant melys, bydd tost Ffrengig caffi Milgi yn siŵr o blesio, neu os am bentwr o bancos yn diferu â drygioni melys, cofiwch am Crêperie de Sophie yn Arcêd y Stryd Fawr neu The Pancake House ar Stryd Caroline.

Mae Caffi Brava ar Stryd Pontcanna yn adnabyddus am ddenu'r 'ladies who brunch', felly, be well na threfnu post-mortem o sesh nos Sadwrn a gwingo dros yr atgofion mewn steil, gan fwynhau platiad o wyau Benedict arbennig wedi'i golchi lawr gan eu Bloody Mary blasus. I sicrhau'r pleser mwya, gosodwch bâr o *shades* am eich trwyn, mynwch sedd yn yr awyr agored, chwarddwch dros ffolineb y noson cynt ac mi ddiflanith eich cur pen mewn chwinciad.

Mae bwydlen helaeth ac awyrgylch ymlaciedig Juno Lounge ar Heol Wellfield a'i chwaer-gangen Fino Lounge ar Heol Merthyr, yr Eglwys Newydd yn taro deuddeg â phobl o bob oed, boed yn gig-garwyr neu'n lysieuwyr. Mae amrywiaeth o *pastries* cyfandirol, *muesli*, sudd ffres yma, a'ch dewis chi o wyau gan gynnwys y Lounge Eggs blasus, ynghyd â detholiad o bapurau newydd am ddim. Dilynwch eich 'bre-cinio' diog gan wneud y mwyaf o leoliad y *café-bar* poblogaidd hwn wrth gerdded ling-di-long ar hyd y Rec cyfagos, gan ddilyn Nant Lleucu trwy Erddi Pleser y Dderwen Deg, nes y cyrhaeddwch chi olygfa adfywiol Llyn y Rhath lle cewch ddewis rhwng pedalo neu hufen iâ o fan Signor Rossi dafliad carreg o'r goleudy eiconig sy'n gofeb i daith olaf Capten Scott i Begwn y De.

Os ydych chi'n benderfynol o osgoi cig y bore wedyn, yna mae'r brecwast San Francisco yn un o nifer o dewisiadau sy'n siŵr o apelio yng nghaffi Thé Pot ar Heol y Crwys, neu beth am *waffles* Americanaidd neu *burrito* a blas Mecsico? Mae'r hafan hyfryd hon ymysg y nifer gynyddol o leoliadau sy'n cynnig bwyd sy'n addas i'r rheiny sydd am ddewis diwenith, ac ar ben hyn oll, mae awyrgylch hamddenol a'r gweinyddesau siriol yn sicr yn falm i'r enaid bregus ar fore Sul go simsan.

Gyferbyn â Thé Pot y mae un o gaffis mwyaf eiconig yn hanes diweddar y brifddinas – Cafe Calcio. Er na lwyddodd erioed i guro Sue's Cafe, islaw yn y Rhath ar Heol y Ddinas, am ei hangerdd dros yr Adar Gleision, roedd y thema bêl-droed Eidalaidd i'w gweld ar bob modfedd o furiau'r caffi poblogaidd hwn, dyma oedd *mecca* i ddynion yn eu hugeiniau ar droad y Mileniwm. Ers priodi a chael plant mae'r rheolwr wedi newid rhywfaint ar y *décor* i gyd-fynd â'i ddelwedd newydd fel dyn teulu, gan olygu bod yr awyrgylch wryw-gyfeillgar wedi newid a throi'n fan soffistigedig er mwyn croesawu merched a theuluoedd hefyd. Ond na phoener, mae'r clasur hwnnw, y Fat Bastard Breakfast yn dal i ddenu boliau barus ben bore Sul. Pwy feiddiai wrthod yr her o ostyngiad sylweddol yn y pris am glirio'ch plât?

Wrth gwrs, mae 'na gaffis gwych a diffwdan yn cynnig bargenion da ledled y ddinas, gan gynnwys Quantum Café Treganna ar Heol Severn ac Imperial Café ar Heol y Sblot. Ond os mai clasur o gyrchfan sy'n galw pan fydd eich corff yn crefu saim, yna dim ond un dewis sydd mewn gwirionedd, sef Ramon's yn Cathays ar Heol Salisbury. Dydy'r bwyty hwn ddim yn debygol o ennill yr un seren Michelin am safon ei sgram, ond am gaffi â chymeriad, mae Ramon's yn ticio pob bocs, gan eich cadw chi – ac adran galon Ysbyty'r Waun – i fynd am sbel sylweddol iawn.

CAFE BRAVA

③

Siopa

tud. 168—221

Os mai enwau adnabyddus sy'n eich denu chi i wario, yna mae stryd fawr Caerdydd yn go agos i'r brig am gynnig siopau mawrion eiconig. Ond os yw'n well gennych chi roi'ch arian i arwyr bach annibynnol y stryd yna cefnogwch y siopau bach lleol. Osgowch y tyrfaoedd a'r cawodydd glaw a dilynwch eich trwyn trwy arcêds hardd Caerdydd sy'n dyddio o Oes Fictoria, neu wrth gwrs mentrwch i mewn i'r maestrefi.

Y mae'r farchnad ganolog yn sicr yn lle da i ddechrau'ch taith siopa cyn ymlwybro'n hamddenol trwy'r ddinas. O siop recordiau hynaf y byd, a bwtîcs bychain, heb sôn am ddewis diddiwedd o delis dymunol; mae detholiad unigryw o siopau i'w canfod dim ond ichi wyro oddi ar yr hen lwybrau cyfarwydd ac agor eich llygaid i atyniadau'r pethau bychain.

Siopau bwydydd arbenigol

Ar ôl degawd llwyddiannus wrth lyw bwyty poblogaidd The Armless Dragon yn Cathays aeth y dyn o Dreganna, Paul Lane, yn *chef* i dîm pêl-droed yr Almaen a thîm criced Lloegr cyn pendroni dros ei gam nesa. Ym mis Awst 2010, agorodd y deli dymunol hwn nid nepell o Lyn y Rhath. Y bwriad yw datblygu'r cwmni yn raddol, wrth gynnig paned o goffi masnach deg, brechdanau, cawl, pastai, cigoedd a theisennau cartref ynghyd â chynnyrch gan gyflenwyr lleol yn fara a siocled o Hungry Planet yn Adamsdown, cyn medru darparu bwydlen gyflawn gydol y dydd a'r nos. Ymhlith y cynnyrch Cymreig sydd ar werth y mae ysgytlaeth Daioni, dŵr Brecon Carreg a chwcis Byron Bay. Mae modd hefyd archebu pysgod ffres o gwmni Ashton's ym marchnad Caerdydd yno, a gwneir defnydd pellach o'r gofod trwy arddangos celf a chrefft o safon gan fyfyrwyr coleg UWIC gerllaw. Mae'r deli ar agor rhwng naw a phump ddydd Llun i ddydd Gwener, a rhwng deg a dau ar bnawn Sadwrn.

26 Ffordd Clearwater
Cyncoed CF23 6DL
029 2076 5419

SIMPLY STEVE'S PATISSERIE

Mae gan Gaerdydd draddodiad o ddenu Albanwyr dylanwadol i'r ddinas, ac yn 1989 daeth Steve Walker i Gaerdydd i ymweld â ffrind coleg, a phenderfynu aros. Yn dilyn gyrfa faith yn *chef* yn nifer o fwytai'r brifddinas, gan gynnwys cyfnod yn yr hen Shelly's Deli ar Heol y Gadeirlan, mae'n rhedeg ei fusnes *patisserie* ac arlwyo ar stryd fawr Adamsdown er 2005, gyda'r rhan fwyaf o'i greadigaethau ef a'r tîm yn cyflenwi siopau a gwestai'r brifddinas. Yn ogystal â gwerthu amrywiaeth o gynhyrchion cyfandirol, pasteiod cig a llysieuol a chawsiau Cymreig, mae'r detholiad o dartenni, cacennau a phwdinau ffres yn werth eu profi, yn ogystal â danteithion tymhorol fel tarten bwmpen. Mae e hefyd yn feistr ar goginio cawl, felly peidiwch â gadael heb ofyn beth sydd ganddo'n ffrwtian ar ei stof.

116 Stryd Clifton
Adamsdown CF24 1LW
029 2025 0760

BENEDITO'S

Mae'r *delicatessen* Portiwgeaidd hwn yn denu cwsmeriaid i ddwyrain y dre er 2003, pan benderfynodd rheolwr yr Imperial Cafe cyfagos ehangu ei ymerodraeth. Mae'r tartenni cwstard *pasteis de Nata* nefolaidd yn debycach i *crème brûlée* na'r sleisen eisin arferol, ac mae'r dewis helaeth o gigach a physgod, gan gynnwys y bacalhau traddodiadol yn safonol tu hwnt. Ceir silffoedd cyfan o winoedd o'r wlad, sawl potel Port, ac oergell sy'n orlawn o gwrw potel a diodydd ysgafn o Bortiwgal a thu hwnt. Peidiwch â bod ofn gofyn cyngor Antonio, y dyn â'r mwstash y tu ôl i'r cownter, mae'n hapus i helpu, ac i rannu cynghorion am ymweld â'i famwlad hefyd. Y tip gorau hyd yma ganddo – osgowch Sagres yn yr haf, mae'n llawer rhy wyntog!

15 Heol Sblot
Y Sblot CF24 2BU
029 2049 5070

SNAILS DELICATESSEN

Ar ôl cyfnod o fod yn chef yn yr Armless Dragon, penderfynodd Rupert Sykes o Sir Benfro agor y bwyty a'r *delicatessen* rhagorol hwn yn un o faestrefi mwyaf chwaethus y ddinas, Rhiwbeina. Mae'r enw yn adlewyrchu ysfa'r cogydd i efelychu'r mudiad Bwyd Araf, sy'n dathlu aros a chymryd amser dros fwyd ag iddo flas ac ethos cymunedol, a'i werthfawrogi. Mae *delicatessen* sy'n orlawn o gawsiau a chigach Cymreig ac Ewropeaidd, teisennau a phasteiod cartref a ffagots lleol, ynghlwm wrth y bwyty hamddenol hwn sydd ar agor tan un ar ddeg ar nos Wener. Gwerthir celf a chardiau lleol yma hefyd. Os am wario, cofiwch ddod â'ch bag eich hun, neu prynwch un o'r bagiau eco hynod chwaethus sy'n moliannu'r falwoden. O gofio mai brawd Rupert, Charlie, sy'n rhedeg Llys Meddyg yn Nhrefdraeth, mae'n werth ystyried ymweliad â'r gangen ddifyr hon o goeden deulu gastronomaidd Gymreig ddifyr!

6–8 Ffordd Beulah
Rhiwbeina CF14 6LX
029 2062 0415

WALLY'S

Os ydych chi'n chwilio am nefoedd blasus, mynnwch ymweld â'r cwmni arloesol hwn, sydd ym meddiant y teulu Salamon ers pedair cenhedlaeth bellach. Pan laniodd y Natsïaid yn Awstria yn 1939, dihangodd yr Iddew o dras Pwylaidd, Ivor Salamon, oedd ar y pryd yn ddyn busnes llwyddianus yn Fiena, i ddiogelwch Caerdydd. Yn 1947 sefydlodd siop fwyd ar Bridge Street, a datblygodd y silffoedd o *charcuterie*, picls a *sauerkraut* yn atyniad poblogaidd i fewnfudwyr eraill a ymgartrefodd yn y ddinas.

Pan orfodwyd i'r cwmni symud i'r Arcêd Frenhinol i wneud lle i ddatblygiad Arcêd Rhydychen yn 1981 newidiwyd yr enw i Wally's, ar ôl un o feibion Ivor, a bellach mae mab Wally, Steven, a'i blant yntau ymhlith y staff gwybodus a chyfeillgar sy'n rhedeg y meca hwn i *foodies* y brifddinas.

Dros y blynyddoedd, mae'r cwmni wedi llwyddo i synhwyro pob ffasiwn bwyd diweddar, gan gynnwys mympwy muesli a ffacbys y 1970au, cyrri cartre a bwydydd dwyreiniol yr 80au a'r 90au. Bellach, maen nhw ar flaen y gad gyda'u dewis helaeth o fwydydd Cymreig, gan gynnwys cacennau cri'r cwmni lleol Fabulous a chawsiau bendigedig Cenarth ac Eryri, ymhlith nifer o enwau eraill.

38–46 Yr Arcêd Frenhinol
Canol y Ddinas CF10 1AE
029 2022 9265

⚜ SIOP FFERM THORNHILL

DELI A GOGO

Ar ôl cyfnodau'n gweini ym mar Milgi a Bant a La Cart, derbyniodd Caryl Pocock o Lannon yr her o redeg ei Deli dymunol ei hun yng nghanol yr Eglwys Newydd, ac ers agor yn Chwefror 2010, mae Deli a GoGo wedi profi'n gyrchfan atyniadol iawn i *foodies* y faestref fywiog hon. Yn ogystal â chynnig silffoedd di-ri o gynnyrch Cymreig a chyfandirol, sy'n cynnwys siytnis Aeron, poteli dŵr Tŷ Nant a chaws Caerwyn o filltir sgwâr wreiddiol Caryl, y mae'r Deli canolog hwn, gyferbyn ag eglwys hynafol y Santes Fair, yn cynnwys caffi dymunol, a hefyd yn wahanol i nifer o delis eraill y ddinas, bar gwin, lle cewch eistedd am oriau'n trafod a blasu'r cynnyrch bendigedig dros wydraid o Pinot Grigio, Prosecco neu Sauvignon Blanc adnabyddus Seland Nerwydd, Cloudy Bay. Mae'r lle ar agor tan 8 yn ystod misoedd yr haf, felly manteisiwch ar y cyfle i fwynhau profiad cyfandirol tra bod yr haul yn dal i wenu.

❈

3 Penlline Road
Yr Eglwys Newydd CF14 2AA
029 2061 0956

BANT A LA CART

Yn dilyn gyrfa lewyrchus yn athrawes yn y canolbarth, penderfynodd Elin Wyn Williams o Bontyberem newid cwrs ei bywyd a gwneud bywoliaeth o'i diléit mewn coginio. Pan ddenwyd hi i Gaerdydd i ddarparu gwasanaeth arlwyo i'r diwydiant teledu, cafodd gynnig buddsoddi mewn busnes ei hun, ac yn 2005, ganed Bant a La Cart ar safle deli Le Gallois, a Shelly's Deli gynt ar Heol y Gadeirlan. Y mae'r cwmni'n dal i gyfuno'r gwaith arlwyo allanol gyda siop a deli sy'n ganolbwynt i bentref Pontcanna, ac sy'n cynnig yr amrywiaeth orau o gynnyrch o Gymru a thu hwnt. Bydd Elin yn deffro am bedwar bob bore er mwyn cyrraedd y siop cyn chwech i baratoi ffefrynnau fel *lasagne*, *samosas* a salad nwdls Thai, gan gynnig dewis ffantastig o gawsiau, cigoedd a gwinoedd, heb sôn am Selsig Morgannwg anfarwol ei mam. Y mae'r teisennau trawiadol – sy'n cynnwys cacennau cwpan diwenith gan gwsmer lleol a detholiad o ddanteithion gan Baron's Patisserie o Gasnewydd – yn boblogaidd tu hwnt, ond mae'r galw mwyaf am dartenni Bakewell Elin ei hun sydd â llygad da am gynnyrch Cymreig newydd i ychwanegu at y silffoedd gorlawn. Yr oedd Bant a La Cart ymhlith busnesau cyntaf y brifddinas i werthu Llaeth y Llan, ysgytlaeth Daioni, Welsh Rarebit Natty's ac eraill, a'r unig siop hyd heddiw sy'n gwerthu Gwin y Fro o Lanbleddian. Ond gofynnwch a chwi a gewch! Mae'r ditectif Elin yn ceisio'i gorau i ymateb i unrhyw gais gan gwsmer, a thrwy ymateb i'r galw, wedi llwyddo i greu cynnwrf trwy ddarganfod pethau newydd. Y mae'r siop yn bair o brysurdeb o fore gwyn tan nos, a'r gobaith yw ymestyn y busnes i gynnwys caffi fyny'r grisiau.

❈

231 Heol y Gadeirlan
Pontcanna CF11 9PP
029 2022 7180

DELI ROUGE

Os mai tenis yw eich gêm, does yna unman gwell am gêm awyr agored nag yng ngerddi pleser y Rhath, ac os byddwch chi ar lwgu ar ôl gêm saith set, cofiwch am y cyrchfan cyfagos hwn, ar ben Mackintosh Place, sy'n gyfuniad o gaffi a deli poblogaidd bob awr o'r dydd. Symudodd Dean Bolton o Lundain i'r ardal yn 2005, gan agor y caffi ger cartref ei wraig a chael cymaint hwyl arni fel na fyddai'n breuddwydio dychwelyd i Loegr. Yn ogystal â chigoedd cyfandirol, mae cawsiau Cymreig a chynnyrch masnach deg o bob math a dewis diddorol o ddiodydd poeth ac ysgafn, gyda'r lemwnêd rhosod yn taro deuddeg bob tro. Mae rhewgell o dwbiau hufen iâ'r cwmni lleol Sub-Zero yma hefyd, sef yr enwog Mr Creemy gynt, o Ben-y-graig yn y Rhondda, sy'n cynnig blasau amrywiol o fanila hyd at gyfuniadau difyr fel rhiwbob a chwstard.

Y mae'r lle'n orlawn bob amser cinio, felly cofiwch amseru'ch ymweliad yn iawn er mwyn sicrhau sedd o dan un o'r tirluniau gan artistiaid lleol. Mae Deli Rouge hefyd yn cynnig gwasanaeth arlwyo i fusnesau lleol, ac yn cynnig lle ar gyfer partïon preifat, felly os am frecwast mawr neu damaid ganol pnawn, cofiwch am y caffi rhesymol hwn.

❈

73 Ffordd Pen-y-Waun
Y Rhath CF24 4GG
029 2048 3871

MADAME FROMAGE

Yn 2005, digwyddodd chwyldro tawel yng Nghaerdydd pan wireddodd Karen Cunnington freuddwyd oes wrth agor siop fechan yn arbenigo mewn caws yn Arcêd Stryd y Dug. Ymhen llai na blwyddyn, ac yn dilyn cwynion am y ciws hirion o flaen y siop, symudwyd i gornel mwy o faint yn y Arcêd y Castell gerllaw, i gynnwys deli a bwyty poblogaidd sydd bellach wedi ehangu i gynnwys safle gyferbyn â'r siop. Yn sicr, dyma un o gaffis prysura'r brifddinas, yn enwedig ar bnawn Sadwrn, ac i osgoi siom, fe'ch cynghorir chi archebu bwrdd os am fwynhau cinio cofiadwy sy'n cyfuno'r gorau o fwyd Cymreig, Ffrengig a Llydewig. Mae'r staff cyfeillgar yn hynod wybodus, yn enwedig Steve sy'n gyfrifol am y cant a hanner o gawsiau lleol a mewnforion o Lydaw a Ffrainc. Pwysleisir nad dyma'r lle am bryd ar frys, sy'n gwneud synnwyr perffaith i addolwyr y dull araf o fwynhau bwyd blasus mewn hafan hamddenol.

❋

18 Arcêd Heol y Dug
Canol y Ddinas CF10 1BW
029 2064 4888

SIOP FFERM THORNHILL

Beth am ychydig bach o waw ffactor gyda'ch paned a chlonc? Ceir golygfa ragorol o'r ddinas islaw trwy ffenest lydan caffi Antlers yn siop fferm Thowrnhill. Y mae'r siop ei hun yn orlawn o gynnyrch organig o safon, o lysiau tymhorol fel betys, letys, brocoli a rhiwbob i gig oen a chig eidion o'r fferm ei hun. Mae dewis di-ri o gyffeithiau blasus, a nifer o gawsiau Cymreig hefyd. Os ydych chi'n ymweld yng nghwmni plant, cofiwch neilltuo digon o amser i ymweld â'r Gelli Gyffwrdd islaw'r caffi, lle mae anifeiliad fferm o bob math a hyd yn oed ceirw sy'n atyniad poblogaidd iawn ym mis Rhagfyr!

❋

Heol Capel Gwilym
Thornhill CF14 9UB
029 2061 1707

HOUGHTON WINE CO.

Os ydych chi'n mwynhau colofnau ffraeth a gwybodus arbenigwr gwin cylchgrawn *Barn*, Shon Williams, yna efallai y byddai diddordeb gennych i ymweld â'r siop y mae'n berchen arni yng ngogledd Caerdydd. Yn 2011 sefydlodd ef a'i bartneriaid Houghton Wine Co. ar Heol Beulah, sydd yn arbenigo mewn gwinoedd a gwirodydd, nifer o Ffrainc, ond hefyd o'r Byd Newydd. Ceir pwyslais arbennig ar gynnig gwinoedd gan gwmnïau teuluol bychain, â pherthynas glos â'u *terroir*. Mae 'na ddewis da o winoedd organig, biodynamig, a gwin sy'n isel mewn sylffadau. Lleolir y siop braf, groesawgus hon nesaf at gaffi a deli Snails, ac yn ogystal â chynnig nosweithiau blasu gwin yn Gymraeg a'r Saesneg, y mae'n siop yn cyflenwi gwinoedd penodol ar gyfer cyrsiau amrywiol bwyty Snails pan gynhelir eu gwleddoedd gwych ar nos Wener.

❋

4 Ffordd Beulah
Rhiwbeina CF14 6LX
029 2061 1139

GUSTO EMPORIO

Yn agos i Landaf a chanolfan hynafol Cwrt Insole a enwyd ar ôl James Insole, a wnaeth ei ffortiwn o'r diwydiant glo, y mae rhes o siopau Insole ar Heol Waun-gron, a dyma ble ffeindiwch chi deli Eidalaidd gorau'r ddinas, Gusto Emporio. Daw'r perchennog, Andrea Re o Ynys Sardinia yn wreiddiol, ac ers agor y siop yn 2007 mae'n gwerthu amrywiaeth wych o fwydydd o'i famwlad, gan gynnwys cawsiau a *charcuterie*, melysion a bisgedi, gwin a phasta o bob math. Yn ogystal â'r bwydydd parod hyn, mae hefyd yn gwerthu detholiad blasus o seigiau ffres i fynd adre gyda chi, gan gynnwys peli cig poblogaidd mewn saws tomato, a'r *fritatta* pys blasus dros ben. Os na fedrwch chi aros i flasu'r *tiramisu* neu darten nougat, sef *torta di toronne*, beth am eistedd am ysbaid i'w blasu gyda phaned o goffi, neu wydraid o win? Byddai'n bechod peidio, a chithau wedi dod yr holl ffordd!

❋

4 Heol Waun-gron
Llandaf CF5 2JJ
029 2056 8606

INMAS CONTINENTAL STORES

Agorodd Inma Edwards o gyrion Bilbao ei deli Basgiadd yn 1990, a hynny ar gais ei gŵr, oedd yn gwaredu nad oedd na unman gwerth chweil am ginio yn Grangetown. Ers hynny, mae Inma's wedi datblygu enw da fel un o gyfrinachau gorau'r ddinas, wrth gynnig prydau têc-awê cyfandirol o safon sylweddol, gan gynnwys *tortilla*, *paella* a *carbonara* blasus. Mae'r dewis yn amrywio'n ddyddiol, ac yn cynnwys brechdanau a *baguettes*, gyda'r prisiau'n gystadleuol iawn.

❋

152 Ffordd Penarth
Grangetown CF11 6NJ
029 2038 8303

MARCHNAD CAERDYDD

Os nad ydych chi wedi mentro mewn i farchnad Caerdydd, dydych chi heb fyw bywyd llawn eto. O gamu dros drothwy'r farchnad Fictoraidd o gyfeiriad yr Ais, cewch eich taro gan arogl pysgod ffres cwmni Ashton's ar y chwith, a sain dêl diwedd pnawn y stondin ffrwythau a llysiau ar y dde gan amlaf yw 'Bag o' bananas a pound!' Yn sicr, mae enw'r cigydd J. T. Morgan yn adnabyddus i bawb am safon toriadau ei gig, ond os am facwn wedi'i sleisio'n berffaith, croeswch y farchnad at stondin Susan Griffiths, sydd yno ers ei harddegau, pan gyfarfu hi â'i gŵr, ac mae ganddo yntau ei stondin gig ei hunan ar ben arall y farchnad. Ydych chi'n ffansïo peli cig Eidalaidd i ginio? Wel stondin Cose Cosi ger mynediad Heol y Santes Fair amdani. Am rôl ham blasus â phicen ar y ma'n i bwdin, i'r Bread Stall â chi ar eich union. Os oes amser am frecwast hamddenol tu hwnt a golygfa odidog yn gwmni, yna ewch i fyny'r grisiau at gaffi'r Bull Terrier am blatiad anferthol gyda'ch copi o'r *Echo News Extra* dan eich braich.
❀

Heol y Santes Fair
Canol y Ddinas CF10 1AU
029 2087 1214

ALLEN'S BAKERY

Mae John Allen yn rhedeg becws bach ar Blas Arran, y Rhath ers dros chwarter canrif. Mae ei gynnyrch ar werth mewn delis a bwytai ledled y ddinas, ond ychydig a ŵyr am siop y becws ei hun, sydd i'w ganfod ar lôn gefn fach gudd oddi ar Heol Albany. Mae'n werth ei ddarganfod, gan i John Allen gael ei ddewis yn un o Arwyr Bwyd Rick Stein, oherwydd ei arbenigedd a'r amrywiaeth sydd ganddo. O dorth ffermdy i'r *split-tin* traddodiadol, y cob a'r bap blasus, hyd at fara mwy egsotig, heb sôn am deisennau traddodiadol fel *Chelsea buns*. Ond cofiwch ddeffro'n gynnar, cyn codi cŵn Caerdydd, os am fachu *croissant* neu *pain au chocolat* yn ffres o'r popty. Ar ôl agor i'r cyhoedd am saith o'r gloch mae e'n cau bob dydd am un y pnawn, felly cloc larwm amdani os nad ydych am gael eich siomi.
❀

Plas Arran
Y Rhath CF24 3SA
029 2048 1219

MARCHNADOEDD FFERMWYR Y DDINAS

Un o brofiadau hyfrytaf y ddinas fore Sul yw cael cerdded yn hamddenol ar lannau'r afon Taf i siopa am gigach a llysiau, gan wybod hefyd fod coffi gyda'r gorau yn y ddinas yn aros ger stondin Will Corby, The Caffeine Kid, o Lanisien. Un o stondinwyr gwreiddiol y farchnad oedd Phil Bevan, sy'n dal i werthu llysiau Fferm Tŷ Mawr rhwng Rhaglan a'r Fenni yno. Ymysg yr enwau eraill y mae pobyddion Cerdin o Landysul, bocsys llysiau organig Blaencamel, caws gafr Dyffryn Cothi, cig Lodor o Drefdraeth a chydweithrediad llysieuol lleol Parsnipship. Ers sefydlu'r farchnad wreiddiol yng Ngerddi Despenser, mae sawl marchnad arall wedi agor dros y ddinas, gyda nifer o stondinwyr gwahanol. Ceir marchnadoedd cynnyrch ffermwyr yn y Rhath a Rhiwbeina hefyd.
❀

www.riversidemarket.org.uk

GŴYL GAWS FAWR PRYDAIN

Os oeddech chi'n meddwl bod Neuadd Fwyd Sioe Fawr Llanelwedd yn denu tyrfaoedd mawrion i edmygu bwydydd o'r safon orau, yna mae'n amlwg nad ydych chi wedi profi Gŵyl Gaws Fawr Prydain yng Nghastell Caerdydd. Ers symud i'r brifddinas yn 2008, y mae'r penwythnos poblogaidd hwn a gynhelir bob mis Medi yn peri i linell fawr o gaws-garwyr amyneddgar ymlwybro'u ffordd i farchnad gaws fwyaf Prydain yng nghysgod y mwnt ger y castell. Yno cewch brofi a phrynu tua 400 o gawsiau gwahanol o'r safon orau posib, gan gynnwys nifer fawr o gawsiau Cymreig. Unwaith i chi ddewis eich ffefryn, piciwch i'r farchnad gynnyrch, lle ceir gwledd o gynnyrch cysylltiedig: o siytnis cartre Emily's, cacennau caws La Crème gan Siân Hindle, a hufen iâ Sub-Zero hyd at ddiodydd fel seidr Gwatkin a Gwynt y Ddraig sy'n cyd-fynd yn arbennig â chaws. Os daw hi'n law, na phoener, oherwydd mae dewis eang o ddosbarthiadau meistri dan do i'w cael a hynny gan wneuthurwyr caws arbenigol, ond pan ddaw'r haul, does unman gwell i fwynhau peint o gwrw neu seidr go iawn o flaen tafarn dros dro Arfau Caerdydd tra'n gwylio Pencampwriaethau Taflu Caws y Byd.
❀

Castell Caerdydd
Stryd y Castell
Canol y Ddinas CF10 3RB
029 2087 3690

MARCHNAD CAERDYDD

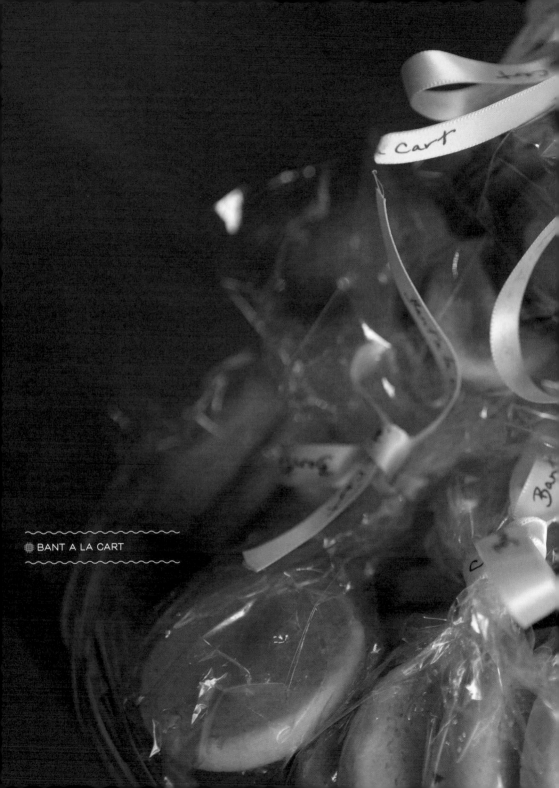

BANT A LA CART

Siopau bach unigryw

CARDIAU CYFARCH TAFFYWOOD

The Grapes of Roath, Some Like it Splott, Llanishen Impossible a *The Landaff Time Forgot* – dim ond rhai o'r teitlau ffraeth sydd i'w gweld ar y cardiau cyfarch ardderchog hyn. Mae'r gyfres ddifyr hon, sy'n rhoi arlliw lleol i enwau ffilmiau eiconig o Hollywood, yn adleisio cloriau'r gyfres Penguin Classics ac wedi dod yn ffefrynnau mawr gyda thrigolion y ddinas a thu hwnt. Sefydlydd y cwmni I Loves The 'Diff, sef Christian Amodeo o'r Rhath, sy'n gyfrifol am y teitlau gogleisiol, ac mae'r cardiau ar werth ym mhobman o Milkwood Gallery i Chapter, yr Amgueddfa Genedlaethol a Waterstones, yn ogystal â siop anrhegion Castell Caerdydd. Mae'n werth i chi ymweld â gwefan I Loves The 'Diff, sydd hefyd yn gwerthu map tanddaearol unigryw o Gaerdydd – Mind The 'Diff, a lansiwyd yn 2011 – er mwyn prynu mygiau, sticeri a chrysau-T i bawb sy'n caru Caerdydd, o fabanod i oedolion.

hello@ilovesthediff.com

CLARK'S PIES

Serch y cynnydd diweddar mewn tai coffi a delis chwaethus a chyfandirol, does dim dianc rhag y ffaith mai, o ran bwyd a diod o leiaf, eiconau mwyaf Caerdydd yw'r 'Pint o' Dark an' a Clark's Pie'. Fel cwrw Brains, mae modd prynu 'Clarkie' parod ledled y ddinas, gan gynnwys mewn sglodfannau ar Heol y Ddinas ac yn Stadiwm Dinas Caerdydd. Ond os ydych am flasu pastai o gig eidion, grefi a llysiau'n syth o'r popty neu brynu mŷg, crys-T neu gwdyn cynfas yn dwyn yr enw anfarwol, yna mae ymweliad â'r pencadlys, rhwng Parc Fictoria a Phont Trelái, yn gwbl angenrheidiol. Agorodd Mary Clark y siop gyntaf yn 93 Donald Street, y Rhath, yn 1913, ac er i honno a'r gangen nesaf ar 110 Paget St, Grangetown orfod cau yn dilyn dogni'r ddau Ryfel Byd, sefydlodd merch Mary, Winifried, a'i gŵr hithau, Arthur Dutch, y gangen sy'n dal i sefyll ar Heol Ddwyreiniol y Bont-faen, sef siop Mary Clark's Pies. Yn ystod y 1960au, sefydlodd mab iddynt, Dennis, gangen arall ar Bromsgrove Street, Grangetown, a bellach y mae pumed cenhedlaeth y teulu yn gwasanaethu yn y ddwy gangen yng ngorllewin y ddinas. Am ychydig dros bunt y bastai, dyma'r ffordd rataf i gael blas go iawn o'r brifddinas.

23 Bromsgrove Street
Grangetown CF11 7EZ
029 2022 7586

454 Heol Ddwyreiniol
y Bont-faen
Treganna CF5 1BJ
0845 074 5836

FABULOUS WELSHCAKES

Pice ar y Maen, Cacen Gri, Pice Bach, Teisen Radell – beth bynnag yw'r enw a ddefnyddiwch i ddisgrifio'r teisennau bach cyrens duon yr oedd eich Mam-gu'n feistres ar eu gwneud; y mae siop Fabulous yn Nghei'r Fôr-forwyn yn cynnig fersiynau cyfoes o'r cacennau cenedlaethol y byddai hyd yn oed eich Nain yn eu disgrifio fel danteithion nefolaidd yn ddi-os. Y mae'r blasau'n amrywio'n ddyddiol, o fersiwn gyda darnau o sglodion siocled, lemwn, oren a siocled tywyll, siocled gwyn a llugaeron, sinamon a bricyll, cneuen goco a cheirios, cneuen goco a leim yn ogystal â'r fersiwn gyrens draddodiadol. Tra'ch bod yn aros am deisen (neu dair) yn ffres oddi ar y radell, ceir cyfle i bori trwy'r dewis o roddion Cymraeg a Chymreig gan gwmnïau fel Melin Tregwynt, Halen Môn, cardiau Dippy Egg, cyffeithiau Wendy Brandon, tuniau J. D. Burford, a gemwaith Carrie Elspeth. Cynigir hefyd becynnau parod o'r teisennau poblogaidd, a gwasanaeth creu ffafrau priodas. Mae'r lle'n orlawn ar benwythnosau a gwyliau banc, felly peidiwch â'i gadael hi'n rhy hwyr neu bydd y danteithion wedi diflannu i fola rhywun arall.

❀

Cei'r Fôr-forwyn
Bae Caerdydd CF10 5DW
029 2045 6593

CLAIRE GROVE BUTTONS

Prin y byddai neb yn coelio nôl ar ddiwedd y 1980au y byddai siop yn gwerthu dim ond botymau a gleiniau ar gyfer gwneud mwclis yn para blwyddyn, heb sôn am chwarter canrif. Ond oherwydd y dewis anferthol o gynnyrch sydd ar werth yn y siop fechan hon yn Arcêd y Castell, ymddengys fod yna fotwm i bob achlysur ac argyfwng, yn bennaf oherwydd teithio rhyngwladol Claire Grove ei hun, ac arbenigedd ei staff dymunol. Gwerthir hefyd gyfarpar creu gemwaith, ond efallai mai'r prif atyniad yw'r potiau amryliw o fotymau o bob defnydd dan haul, gan gynnwys pren, serameg, gwydr a phlastig, a hyd yn oed 'Beetle Juice'– neu resin Lac y pryfyn Kerria Lacca o India i fod yn fanwl gywir.

❀

45 Arcêd y Castell
Canol y Ddinas CF10 1BW
029 2038 2516

POLKA DOT

Wyddech chi fod y geiriau Ti a Fi yn golygu'r un peth ar strydoedd Belgrade a Bae Caerdydd? Rwy'n ddyledus i Natasha Tot am y ffaith hynod honno, sef rheolwraig siop roddion Polka Dots, yng Nghei'r Fôr-forwyn. Yn wreiddiol daw Natasha o ddinas Novi Sad, ail ddinas fwyaf Serbia. Dilynodd Natasha a'i mab, ei gŵr Alex, i Gasnewydd pan gafodd yntau waith yn arbenigwr cyfrifiadurol adeg argyfwng y 'Millenium Bug', ac maen nhw wedi aros yn yr ardal fyth ers hynny. Er mai artist a chyfarwyddwraig theatr yw hi o ran galwedigaeth, penderfynodd y byddai'n hoffi agor siop roddion Cymreig a rhyngwladol, sy'n llawn trysorau amryliw, gan gynnwys gemwaith gwreiddiol, clustogau brethyn, a chardiau Cymraeg hyfryd gan yr artist ei hun. Mae Natasha wrth ei bodd yn cael cyfle i fynd am dro ar hyd y Bae sy'n dwyn atgofion melys o lannau afon Donaw iddi.

❀

19a Stryd Bute
Bae Caerdydd CF10 5BZ
029 2046 3877

THE BEAR SHOP

Un o siopau hynaf a hynotaf Arcêd Wyndham ar ben isaf Heol y Santes Fair yw'r emporiwm hen ffasiwn hwn, sy'n denu ysmygwyr ac edmygwyr i fwynhau'r awyrgylch ers dros gant a deugain o flynyddoedd. Fe'i sefydlwyd yma ddeugain mlynedd yn ôl ar ôl symud o gornel Wood Street ger yr orsaf, ac yn ogystal â'r pibau a'r jariau di-ri o dybaco, gosodwyd arth ffyrnig anferthol wedi'i stwffio ag iddo hanes hynod amheus, i sefyll yn y ffenest. O Rwsia y daeth Bruno yr arth yn wreiddiol, ac mae dros ddau gan mlydd oed. Y mae'r rhesymau a roir am ei bresenoldeb mewn siop dybaco yng Nghaerdydd yn amrywio, ond mae'n debyg fod cysylltiad ag actores ddaeth ar daith i Gaerdydd. Beth bynnag fo'r gwir, y mae'n werth picio heibio, os mai dim ond i brynu paced o Rizlas dros y cownter traddodiadol, mwynhewch arogl bendigedig yr hafan Havana-aidd, neu tynnwch lun yr arth – cewch groeso cynnes yno.

❀

12–14 Arcêd Wyndham
Canol y Ddinas CF10 1FJ
029 2023 3443

CLARK'S PIES

CLARE'S TRADITIONAL SWEETS

Mae fferins, fel rapiodd Tystion, nôl mewn ffasiwn yn sicr yng Nghaerdydd beth bynnag. Gwelwyd ton newydd o siopau sy'n hiraethu am felysion yr oes a fu. Yn ogystal â chaffi Tea & Cake ym Mhen-y-lan, a Price's Sweet Shop yng nghanol y dref, gallwch hefyd ymweld â Clare's Traditional Sweets yn Birchgrove neu Y Gellifedw yn Gymraeg. Pan oedd hi'n blentyn bach roedd Clare St Claire wrth ei bodd yn byw drws nesaf i siop losin Mrs Bloom's ger Ffordd Pant-bach, ac ar ôl diflasu ar weithio yn y byd yswiriant, penderfynodd agor siop losin ar ei stepen drws ei hun ar Ffordd Caerffili, yn cynnig chwarter, pwys, neu hamper cyfan o beth bynnag fynnwch chi: Kopp-Kop's, Fairy Satin's, Gobstoppers, Liqourice Comfit's, Refreshers, Highland Toffee, Cardiff Mix, Sherbert Coal Dust a Losin Dant! Mae'n werth cofio fod Clare hefyd yn gwerthu siocledi gan Thornton's a Lily O'Brien's, a thybiau o hufen iâ Thayer's, ond y prif atyniad ydy'r glorian hen ffasiwn a'r silffoedd siec gingham, sy'n gwegian dan bwysau'r da-da! Mae gadael heb un o'r bagiau papur pinc a gwyn yn amhosib.
❋

75 Heol Caerffili
Y Gellifedw CF14 4AE
029 2062 6722

CITY SURF, SKATE & SNOW

Tua dechrau'r nawdegau a phoblogrwydd yr opera sebon *Home and Away* ar ei anterth doedd yna ddim llawer o leoedd mwy cŵl i blant yn eu harddegau gael mynd i lafoerio dros fyrddau amryliw a thuniau egsotig o Sex-Wax, a siop arbenigol y syrffiwr Jonathan Davies o Fro Gŵyr, a agorwyd yn 1986. Dros chwarter canrif yn ddiweddarach, ac mae'r siop yn dal i gynnig cynnyrch a chyngor arbenigol i'r rheiny sy'n gaeth i'r traeth, a bywyd ar y *piste* hefyd heb sôn am arglwyddi sglefrfyrddio Butetown. Os na allwch benderfynu rhwng bwrdd syrffio neu siwt wlyb, rhaid teithio lawr i Gernyw am wasanaeth cystal yn unman arall, diolch i arbenigedd Jonathan a'i staff gwybodus, sy'n cynnwys y Cymro Cymraeg Guto Williams o Lanbedr Pont Steffan. Y mae Guto ei hun, a ddechreuodd syrffio ger Aberarth ym mae Ceredigion, yn aelod o staff er 2005, ac yn rhannu ei amser rhwng tonnau Bro Ogwr a'r siop. Mae wrth ei fodd yn sgwrsio â chwsmeriaid City Surf, Skate & Snow, ac yn hapus i gynghori ar bopeth o wersi i ddechreuwyr ym Mhorth-cawl, hyd at adeg orau'r flwyddyn i herio egni byd-enwog afon Hafren sef y 'Severn Bore'.
❋

17 Arcêd y Stryd Fawr
Canol y Ddinas CF10 1BB
029 2034 2068

THE FRAME SHOP

Ar ôl pymtheng mlynedd yn rhedeg siop fframiau brysur yn yr Arcêd Frenhinol yn y dre a chyfnodau'n byw yn y Sblot, y Rhath, y Waun Ddyfal a Llanedern, adre i Bontcanna y daeth Mike Lyons i ailsefydlu ei gwmni yn 2008, dafliad carreg o'r stryd lle cafodd ei fagu ar Heol Llanfair. Yn sicr, mae Mike wedi gweld ei siâr o Kyffins dros y blynyddoedd, ond bellach, dywed mai gwaith John Knapp-Fisher sy'n mynd â bryd trigolion Pontcanna, â'r cyfosodiad rhwng y tirluniau tywyll, llawn awyrgylch o Sir Benfro, a'r fframiau golau cyfoes yn asio'n berffaith â'r waliau 'Gardenia' gan Farrow & Ball. Yn ogystal â chynhyrchu fframiau o bob math, a gwerthu enghreifftiau o waith Knapp-Fisher a phrintiau gan Syr Kyff, mae Mike yn gwerthu posteri prin o'r cyfnod *punk*, a *post-punk*, a'r cyfan o'i gasgliad personol ei hun. Mae ganddo atgofion melys o fynd i weld The Ramones yn Neuadd yr Undeb a The Clash yn y Top Rank, sy'n egluro presenoldeb Mick Jones a Joey Ramone nesaf at Mot y ci defaid a'r Watch Cottage gan JK-F, cyfuniad anarferol ond un difyr tu hwnt yn sicr.
❋

17 Stryd Pontcanna
Pontcanna CF11 9HQ
029 2022 9012

FLOWERS WITH A TWIST

Erbyn diwedd ei chyfnod yn rheolwraig gyda Goldman Sachs yn Llundain, dim ond un freuddwyd oedd gan Suzi Hunt o Swydd Wiltshire, sef dychwelyd i Gaerdydd, lle treuliodd saith mlynedd hapus yn y brifysgol, a hynny er mwyn agor siop flodau. Ar ôl cymhwyso yn y grefft o osod blodau, dyna'n union a wnaeth, gan sefydlu siop gornel o safon ar Sneyd Street ym Mhontcanna. Er Hydref 2008, y mae Suzi a'i thîm yn cynnig gwasanaeth personol i siwtio pob achlysur, o drefnu tusw hyfryd o rosod gwynion neu galon helygen ar Ddiwrnod Santes Dwynwen, i dorch o liwiau'r gaeaf adeg y Nadolig. Er gwaetha'r cyfeiriad *chi-chi*, maent yn hapus i blesio pawb, beth bynnag fo'i cyllideb. Adeg y gwanwyn, mae galw mawr am gennin Pedr cynhenid a thiwlips o Amsterdam, ond os ydych am ddos o'r waw-ffactor, beth am fentro i fyd y Protea melfedaidd a'r Bawen Cangarŵ, neu ffefryn personol Suzi, y Ranunculous, sydd yn ei barn hi'n rhagori ar y rhosynmynydd bythol boblogaidd. Yn ogystal â chynnig bwtîc blodau, y mae Flowers with a Twist yn gwerthu dewis da o gardiau at bob achlysur hefyd, gan gynnwys rhai chwaethus yn yr iaith Gymraeg. A phe na bai hynny'n ddigon, ar lawr gwaelod y siop y mae un o lecynnau mwyaf ecsgliwsif y ddinas, ac achubiaeth rhieni ledled Caerdydd – siop drin gwallt i blant bach yn unig, Salon Junior.

❀

12 Stryd Sneyd
Pontcanna CF11 9DL
029 2037 2356

STEPPING STONES

Dafliad carreg o Toy's 'n Things ar Heol Wellfield yn y Rhath y mae'r bwtîc bach hyfryd hwn sy'n denu plant ac oedolion. Yn ogystal â gwerthu gêmau, posau, llyfrau lliw a chyfarpar sydd ychydig bach yn fwy addysgiadol na'r cyffredin, mae teganau meddal hynod ddymunol, gan gynnwys y creaduriaid bach Ffrengig Moulin Roty. Mae'r ffenestri llawn lliw yn denu'r plant i edrych cyn llusgo'u rheini i mewn, ond i nifer o'r rhieni hynny, flynyddoedd yn ôl, fe'u denwyd hwythau i'r siop am resymau pur wahanol – yma tan yn ddiweddar y safodd siop hufen iâ lleol Thayers, ac mae'r teils gwreiddiol dymunol yn dal i'w gweld.

❀

13 Heol Wellfield
Y Rhath CF24 3NZ
029 2049 6915

OTAKUZOKU

I *geeks* y ddinas, mae un siop sy'n deyrn ac Otakuzoku yw honno. Yn wir, mae'r enw ei hun yn dathlu hyn yn llawen. Yn 2009, agorodd Russell Williams o Gasnewydd yr emporiwm hwn ar gyrion Cathays i wasanaethu cwsmeriaid o'r un anian ag e, ond mae croeso i bawb ddod i brynu a gwerthu eu stwff anime a chyfrifiadurol. Ceir dewis da o beiriannau consol *retro*, gan gynnwys peiriant 'lucky dip' o gemau Gameboy yn ogystal â llyfrgell o gylchgronau Manga. Nid dyma'r lle i ddod am iPad newydd, ond os ydych chi'n chwilio am le i waredu eich hen Apple Mac yna dyma'r unig le i ddod, gan fod y farchnad am hen gyfrifiaduron o'r 80au yn un anferthol. Mae rheswm da hefyd pam fod y siop wedi'i lleoli ym mhrif faestref y myfyrwyr – mae Russell yn gwneud ffortiwn ar ddechrau bob tymor.

❀

17 Heol Salisbury
Cathays CF24 4AA
029 2132 8832

RICHARD LLYNFI

Ers 1996, mae'r crefftwr o Gaerffili yn cynnig gwasanaeth dylunio a chreu modrwyau dyweddïo a phriodas arbennig o'i siop a'i stiwdio yn Gabalfa. Ceir pwyslais ar wasanaeth personol, er mwyn canfod y cynllun fydd yn para oes fydd yn gweddu i chwaeth y cwsmer yn hytrach na ffasiwn y cyfnod.

❀

176 Heol yr Eglwys Newydd
Gabalfa CF14 3NB
029 2061 9785

THE JEWELLERY STUDIO

Yn ogystal ag arbenigo mewn dylunio diemwntau fel steil newydd hirsgwar yr Inferno, mae Roger Williams, sydd yn y maes ers chwarter canrif, yn gwerthu tlysau arian Dunia o Baris, Thomas Sabo o Bafaria, a breichledi a chlustdlysau amryliw Luxenter o Sbaen.

❀

237 Ffordd y Gadeirlan
Pontcanna CF11 9PP
029 2022 1144

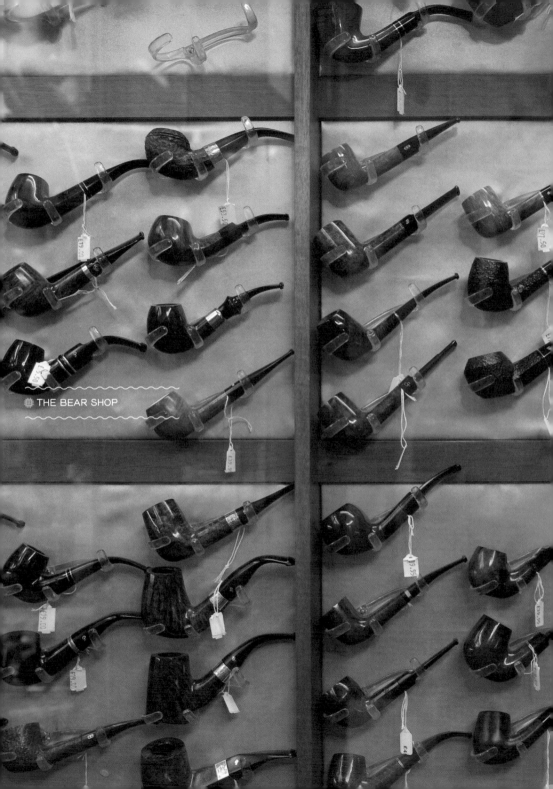

THE BEAR SHOP

Dillad merched

Yn ogystal â labeli rhyngwladol siop gyfoes John Lewis, sy'n cynnwys Avoca, Whistles, Paul and Joe Sister a Ghost, mae stryd fawr Caerdydd yn orlawn o enwau cyfarwydd a phoblogiadd o Landudno a Lerpwl i Lundain a thu hwnt. Oes, mae yna ganghennau mawrion o Topshop a Zara, River Island a dwy H&M i blesio'r to ifanc ac ifanc eu hysbryd, yn ogystal ag enwau drutach fel All Saints, Karen Millen a Reiss. Mae Evans ac Ann Harvey yn cynnig steiliau sylfaenol mewn meintiau mwy. Mae'r ddwy gangen fawr o Marks and Spencer yn dal i ddenu cwsmeriaid yn eu miloedd, ac felly hefyd Debenhams, Next a BHS; ac os am ddillad isaf mae Gilly Hicks, Leia a Boux Avenue yn cynnig dewis tan-gamp ar gyfer yr ifanc.

Ond os ydych chi'n chwilio am siop fawr sy'n apelio at bawb, ag iddi hanes go hynod, House of Fraser fydd honno heb os, neu Howells i drigolion Caerdydd. Ers ei sefydlu gan James Howell yn 1856, mae'r adeilad neo-glasurol hardd ar Heol y Santes Fair wedi denu gwragedd dirifedi a'u gwŷr o'u hôl, ac yn wir mae hi'n dal i gynnig dillad gan yr enwau mawrion i blesio merched o bob chwaeth, pob maint a phob oed.

Y mae Caerdydd yn dal i dyfu ac ehangu, yn brawf o hyn mae siopau gan gwmnïau enwog fel Vivenne Westwood yn ymddangos gydag A|X Armani Exchange yn dynn ar ei sodlau uchel. Ond os am rywbeth mwy unigolyddol, a gwahanol i'r arfer, nac anghofiwch y detholiad difyr o siopau annibynnol, i'w canfod yn yr arcêds a'r maestrefi, sydd hefyd werth ymweld â nhw.

MORGAN

Yn 2010 agorodd cangen o siop ddillad Morgan, sydd wedi denu dilyniant arbennig ers sefydlu'r siopau gwreiddiol ym Mangor, Llandudno a Chaer. Yn ogystal â'r lloriau pren a'r décor Llychlynnaidd, yr hyn sy'n gyffredin i bob cangen yw'r profiad o ddewis o ddetholiad diddorol o enwau Ewropeaidd, o fŵts lledr Eidalaidd Fiorentini + Baker, a sawl casgliad gan gwmni Rundholz o'r Almaen ac Ewa i Walla o Sweden. Yr hyn sy'n nodweddiadol am y dillad hyn oll, yw eu bod yn denu merched o bob maint a phob oed i afael ynddynt a'u mwynhau a hynny oherwydd y deunyddiau cyffyrddus a chynlluniau herfeiddiol sy'n wahanol iawn i gynnyrch siopau mawrion y stryd fawr. Os byddwch am ddilledyn unigryw, neu bar o fŵts fydd yn para am byth, sicrhewch fod ymweliad â Morgan yn Arcêd Morgan yn flaenoriaeth.

✹

20 Arcêd Morgan
Canol y Ddinas CF10 1AF
029 2034 4833

NOA NOA

Pan agorodd Carol Powell o Grangetown y siop Noa Noa yn 1966, roedd hi wrth ei bodd mewn sgert gwta a boa pluog, gan olygu bod y siop ar y pryd yn orlawn o ffasiynau flower power y cyfnod. Dewisodd hi'r enw ar ôl gweld un o ddarluniau amryliw Gauguin yn y Louvre o ferch ar ynys o'r un enw yn ne'r Môr Tawel. Wrth i Carol a'i chwsmeriaid aeddfedu, y mae cynnyrch y siop wedi newid i adlewyrchu hynny, gan olygu fod y dewis o ddillad wedi newid cryn dipyn dros y blynyddoedd. Bron i hanner canrif yn ddiweddarach, ac mae'r gofod braf wedi datblygu'n atyniad i ferched hŷn y brifddinas, wrth gynnig cyfuniad o ddillad smart a hamddenol gan enwau mawrion fel Joseph Ribkoff o Ganada, Olsen o'r Almaen a chotiau glaw Junge o Ddenmarc, yn ogystal â dillad isaf dibynadwy o ansawdd da gan Triumph, Sloggi a Falke. Mae detholiad o ddillad sy'n addas ar gyfer achlysuron arbennig yma hefyd, gan gynnwys hetiau hardd a siwtiau gan Michael H a Libra o Iwerddon. Ymhlith y gwerthwyr gorau y mae'r crysau cyffyrddus, a'r siwmperi gwlân, ffefrynnau newydd sy'n dipyn haws i'w gwisgo na *hot pants* hanner can mlwydd oed!

✹

7 Heol Wellfield
Y Rhath CF24 3NZ
029 2025 7001

BODY BASICS

Pan briododd Lisa Karamouzis o Lundain â Groegiwr o Gaerdydd, gadawodd ei gyrfa lewyrchus fel prynwraig i Joseph Ettudegi i agor ei *boutique* ei hun, Body Basics ym Mhontcanna. Doedd ganddi ddim syniad ar y pryd y byddai'r siop yn dal i ddenu cwsmeriaid dros chwarter canrif yn ddiweddarach, ond heidio y maent, i gael mwynhau arbenigedd y gweledydd o Wenfô. Pan agorwyd y siop yn 1986, Body Basics oedd y siop gyntaf yng Nghymru i werthu dillad gan enwau mawr y cyfnod, yn cynnwys Joseph a Rifat Ozbek. Tros y blynyddoedd mae Lisa wedi parhau i ddewis a dethol yn yr un modd, gan gynnig dillad gan Moschino, Galliano a Day Birger et Mikkelsen flynyddoedd cyn i Flannels a John Lewis agor yng nghanol y dre. Yn wir, mae ei lleoliad ar Heol Pontcanna yn rhan fawr o'i hatyniad, gan gynnig profiad hyfryd o hamddenol mewn siop sy'n adleisio *atelier* ym Mharis a llawr dawns Studio 54 Efrog Newydd. Ymysg y cwmnïau rhyngwladol a gynrychiolir yno heddiw y mae enwau sy'n dathlu moethusrwydd bob dydd fel Sita Murt o Copenhagen, Essentiel o Antwerp, Laudry Industry o Amsterdam, yn ogystal â labeli luxe yn cynnwys denim o safon gan Adriano Goldschmied, a ffefryn y chwiorydd Kardashian, Gold Hawk o L. A. Neilltuwch awr go dda am ymweliad â Body Basics, ond da chi, peidiwch ag anghofio'r Gold Card.

✸

79 Stryd Pontcanna
Pontcanna CF11 9HS
029 2039 7025

USHI'S

Siop yn llawn steil yng nghanol Arcêd Morgan yw Ushi's; mae'n deimlad braf cerdded mewn iddi. Mae'r cwmni egnïol hwn yn darganfod dillad sydd ychydig yn wahanol i'r cyffredin ar gyfer eu cwsmeriaid gan gynnwys enwau fel Elisa Cavaletti, Lauren Vidal, Mais il est où le soleil, Coco Menthe, Nu by Staff Woman, Kourbella Ionna ac Oxmo. Maent yn gwerthu gwrthrychau ar gyfer y cartref ac anrhegion hefyd. Mae'r siop wreiddiol ar Heol Wellfield o hyd ac mae ganddynt siop arall yn Y Bontfaen yn ogystal.

✸

14–16 Arcêd Morgan
Canol y Ddinas CF10 1AF
029 2039 9811

✸

41 Heol Wellfield
Y Rhath CF24 3PA
029 2049 2864

SEBRY R

Dyma em o siop i fenywod yn Arcêd Morgan. Mae'r gwasanaeth yma'n bersonol ac yn gwneud y gwaith o siopa am ddillad yn bleser go iawn. Ceir enwau fel Gloria Estelles, Max Mara, Marc Cain, Basler, Fenn Wright Manson, Hauber, Joyce Ridings a llawer mwy yn y siop. Dyma ddillad glam go iawn. Ac mae'r siop yn barod i fynd y filltir ychwanegol hefyd gan gynnig gwasanaeth altro dillad pan fo'r galw. Ac os nad yw siopa yn Sebry R Caerdydd yn ddigon i chi, gallwch ei throi hi tua'r gorllewin i'w chwaer siop yn Hwlffordd.

✸

19–21 Arcêd Morgan
Canol y Ddinas CF10 1AF
029 2023 3411

ARCÊD MORGAN

Yn ogystal ag enwau mawrion Heol y Frenhines – Burton, River Island, Top Man – ceir enwau cyfoes Hollister, Timberland ac Eden Park yng Nghaerdydd hefyd. Os ydych chi'n casáu siopa, a gwell gennych neilltuo cyn lleied â phosib o amser i'r ddefod arteithiol hon, yna gwibdaith i siop fawr fel John Lewis amdani, i gael detholiad o ddillad o safon gan enwau mor amrywiol â Levi's, Tommy Hillfiger, John Smedley a Gant.

Am wasanaeth mwy traddodiadol, y mae Dillad Dynion Dyfed a Calder's yn werth chweil hefyd, ac nac anghofier High and Mighty i'r rhai mwy sylweddol yn eich plith.

Ond os hoffech wefr hanesyddol wrth ddethol eich siwt, beth am ymweld ag un o gorneli hynotaf y ddinas yn adran ddillad dynion Howells ar gornel Heol y Santes Fair a Heol y Cawl? Nid yn unig y mae'r adran yn cynnig enwau o safon fel Aquascutum, Thomas Pink, a Ralph Lauren, ond drws nesaf i gotiau smart Crombie, gallwch weld lle safodd Capel Bethania tan 1964 a cheir cofeb i'r man lle llosgwyd y pysgotwr Rawlins White i farwolaeth ar ôl cael ei gyhuddo o heresi gan y frenhines Mari Tudur.

Dillad dynion

BARKER

Ers i Robert Barker agor ei siop ddillad annibynnol ger mynedfa Arcêd y Castell yn 1970, mae trigolion y ddinas wedi tyrru yno yn eu miloedd i brynu ffasiynau eiconig yr ugeinfed ganrif, o Americana clasurol hyd at yr arddull Mod Prydeinig. Os mai Butch Cassidy a'r Sundance Kid yw eich eiconau ffasiwn gwrywaidd chi, byddwch wrth eich bodd gyda denim a chrysau siec gan gwmni Two Stoned. Cofiwch hefyd am y caffi newydd o'r un enw drws nesaf ar Arcêd y Castell.

1–5 Arcêd y Castell
Canol y Ddinas CF10 1BU
029 2037 1491

MOJO KING

Pan oedd y Llundeiniwr Paul 'Reevesy' Reeves yn ei arddegau ar droad yr 80au, doedd yna ddim byd yn well ganddo ar ddydd Sadwrn na rasio'i ffrindiau i'w ddwy hoff siop ddillad ar Carnaby Street oedd yn bleidiol i bopeth Mod. Ddeng mlynedd ar hugain ers i Paul Weller a'r Jam lansio adfywiad cyntaf y mudiad chwyldroadol o'r chwedegau, ac ugain mlynedd ar ôl iddo symud i Gaerdydd, penderfynodd Reevesy fuddsoddi popeth oedd ganddo mewn bwtîc i'r bechgyn hynny sydd hapusaf mewn siaced Harrington a'r *desert boots* delfrydol. Yn ogystal â chynnig labeli clasurol fel Ben Sherman, Fred Perry a Merc, ceir dewis da o esgidiau smart, gan gynnwys *brogues*, *loafers*, a hyd yn oed y *winkle pickers* Weller-aidd, a nesaf at Vespa gwreiddiol mae hyd yn oed cornel *retro* i'r merched sy'n dymuno 'sianelu' Leslie Ash yn Quadrophenia. Yn wir, un ferch leol a blesiwyd yn fawr gan y dewis i ddynion oedd Ruth Jones, a brynodd siaced Merc o'r siop yn anrheg i'w nai ar ôl darganfod mai dyna oedd hoff ddilledyn ei chreadigaeth ei hun sef Gavin, o Gavin and Stacey! Mewn dinas sy'n brolio cannoedd o siopau stryd fawr enfawr i ferched yn bennaf, mae ymweliad â Mojo King yn ffordd amheuthun o gofio fod rhai dynion yma hefyd sy'n gwerthfawrogi 'bach o steil. Da chi, cofiwch am Reevesy o'r Rhath, Brenin y Mojo a bonheddwr a hanner.

❋

Arcêd Wellfield Court
Heol Wellfield
Y Rhath CF24 3PB
029 2049 9968

SEVEN CLOTHING

Pan agorodd Jay Patel o Bentwyn y *boutique* cyfoes Seven Clothing ar Heol Wellfield yn 2005, y bwriad oedd ceisio denu dynion o bob cwr allan o ganol y ddinas gydag amrywiaeth o labeli dillad smart ond hamddenol. Yn ogystal ag enwau cyfarwydd Full Circle a Dolce & Gabanna, gwelir dillad gan Franklin & Marshall o'r Unol Daleithiau, Scotch & Soda o Amsterdam, a Nathan Palmer o Gaerdydd. Y mae safon y dillad a'r gwasanaeth personol, yn ogystal â sêls gwerth chweil, yn apelio at gwsmeriaid o'r ugeiniau cynnar hyd y saithdegau hwyr, ac ers gwahodd ei hen gyfaill Andy Ceshion, a deithiodd o Ben-twyn a Biwmares i Ben-y-lan er mwyn ymuno ag ef, mae'r cwmni wedi datblygu gwefan boblogaidd a label ei hun, sef Wellfields yn deyrnged i'r heol hon.

❋

30a Heol Wellfield
Y Rhath CF24 3PB
029 2046 1777

PAVILION

Ers agor yn Arcêd y Stryd Fawr yn 1986, a symud i Heol y Cawl, mae siop Pavilion wedi parhau i ddenu dynion y ddinas, diolch i'w henw da fel un o gyrchfannau gorau Caerdydd am ddillad hamddenol o safon. Y gyfrinach tu ôl i'w llwyddiant yw'r gallu i ragweld clasuron oes, a glynu at weledigaeth sy'n croesawu steil yn hytrach na ffasiwn. Roedd y siop ymysg y cynharaf i werthu *deck-shoes* Timberland nôl yn 1986, ac maen nhw'n dal i werthu esgidiau gan Timberland heddiw. Yn yr un modd, gallwch ddibynnu ar glasuron *preppy* fel *chinos* Dockers a YMC a daps ysgafn Lacoste, a'u cyfosod â dilledyn gan gwmni mwy cyfoes, fel Pretty Green gan Liam Gallagher, Norse Projects neu Lyle and Scott Vintage.

❋

3 Heol y Cawl
Canol y Ddinas CF10 1AG
029 2023 5333

CALDERS

Fedrwch chi ddychmygu'r cymeriadau comedi Borat, Bruno neu Ali G mewn siaced Barbour? Coeliwch neu beidio, ond mae yna gysylltiad rhyngddynt oll â siop ddillad Calders yng nghysgod y castell ar Heol Dug, gan mai teulu Sacha Baron Cohen, sef creawdwr y cymeriadau uchod sydd biau'r cwmni, a sefydlwyd yn 1972. Mae'r siop hon yn un reit draddodiadol o ran ei chynnwys a'i golwg, ond yn werth ymweld â hi. Ceir dewis da o hetiau, siwtiau ac atodolion, a gwasanaeth personol tan gamp yma. Cofiwch hefyd am adain briodasol y siop, sy'n cynnig dillad penodol ar gyfer yr achlysur arbennig, gan gynnwys detholiad o ffrogiau priodas i ferched, yn ogystal â siwtiau a chiltiau i ddynion.

❋

2–4 Stryd y Dug
Canol y Ddinas CF10 1AY
029 2022 1442

Dillad dynion a merched

HOLLISTER

Yn 2010 datblygodd ffenomen ryfeddol yng nghanolfan siopa Dewi Sant. Gwelwyd ciwio maith i gael mynediad i siop, ymhell ar ôl iddi agor. Cangen Caerdydd o Hollister oedd hon, adain iau cwmni Abercrombie and Fitch o'r Unol Daleithiau, sy'n targedu 'Bettys' a 'Dudes' yn eu harddegau gyda'u So-Cal chic. Flwyddyn yn ddiweddarach agorodd cwmni cysylltiol Awstralaidd i Jack Hollister, sef Gilly Hicks sy'n gwerthu dillad isaf a phyjamas i ferched. Os ydych chi'n ffan o wisgo enwau siwdo-gymeriadau, yna'r siopau hyn amdani, ond gwell cyrraedd yn gynnar, rhag ofn.

Canolfan Dewi Sant 2
Canol y Ddinas CF10 2EL
029 2022 6025

FLANNELS

Os mai chwilio am gyrchfan braf dan do i dreulio'ch pnawn ydych chi, yna siop gysyniadol Flannels yw'r lle. Pan sefydlwyd y gangen hon o'r cwmni dillad o Fanceinion ar waelod Landmark Place yn 2004, hon oedd y siop gyntaf i werthu dillad drudfawr Prada a Gucci yng Nghaerdydd. Y mae'r siop yn dal i werthu'r labeli pum seren sydd i'w gweld ar Rue Saint-Honoré ym Mharis a Galleria Vittorio Emanuele II ym Milan, ynghyd â rhestr faith o enwau ffasiynol am brisiau ychydig llai poenus, fel Lanvin, Roksanda Ilincic, Sonia Rykiel, Diane Von Fürstenberg i ferched, a chrysau Scotch and Soda, a jeans True Religion i ddynion. Ar ddiwedd 2011, daeth y steilydd gwallt Tino Constantinou, ei wraig Debbie, a'u mab Angelo, i agor salon drin gwallt Tino's drws nesaf i adran y dynion a chaffi hyfryd Alius Modi i fyny'r grisiau, ynghyd â gofod arddangos celf i fyfyrwyr yr Atrium gerllaw. Mae'n sicrhau cwsmeriaeth eang ac awyrgylch wych hefyd.

✳

Ffordd Churchill
Canol y Ddinas CF10 2DY
029 2037 4079

URBAN OUTFITTERS

Emporiwm anferthol yw hon sydd wedi lluosi ganwaith ers dechrau yn Philadelphia yn 1970, ac sydd i'w chanfod mewn prifddinasoedd ledled y byd. Sefydlwyd cangen Caerdydd yn Rhagfyr 2010, fisoedd ar ôl i siop lyfrau Borders fynd i'r wal, gan dargedu *stylistas* ifanc ac ifanc eu hysbryd gydag amrywiaeth o ddillad sy'n gwyro o'r hipi i'r hip, gan gynnig detholiad deinamig o ddillad denim. Ymhlith y labeli rhyngwladol sydd ar werth y mae Farah, Original Penguin, Dr Denim a Won Hundred.

Beth bynnag fo'ch oedran a'ch chwaeth, mae ymweliad â'r siop dri llawr ddinesig hon yn angenrheidiol os am weld olion o hen siop David Morgan, a safodd yma rhwng 1879 a 2005, gan gynnwys y waliau brics gwreiddiol, ac olion papur wal y siop welyau a phatrymau gwnïo'r adran ddefnydd ar bileri concrid ger tiliau'r merched. Ceir golygfa ragorol o'r Ais hefyd o'r stafelloedd newid trawiadol, a gofod arddangos yng nghornel bellaf yr adeilad, sy'n cynnal gosodweithiau cyson gan artistiaid Cymreig, yn cynnwys Gareth Dunt o ogledd Cymru, a ddewiswyd i lansio'r gwagle gyda'r geiriau CROESO wedi'i ffurfio allan o hangers coch a gwyrdd. I'r rheiny sy'n dal i alaru am y siop wreiddiol, y mae'r stori a'r berthynas â'r Unol Daleithiau yn parhau, gan fod arwyddion efydd trawiadol y siop bellach i'w canfod ar waliau siop ddillad David Morgan yn Seattle, cwmni teuluol sy'n gwerthu hetiau cowboi o safon er 1927.

✳

14 Yr Ais
Canol y Ddinas CF1 1AH
029 2036 7770

SUPERDRY

Os ydych chi'n chwilio am enw i apelio at bobl ifanc yn eu harddegau, yna mae siop fawr Superdry yng nghanolfan Dewi Sant 2 yn siŵr o ddenu nifer. Y mae'r ffenomen ffasiwn Superdry yn label hamdden hynod boblogaidd a'i hwdis amryliw a denims pastel i'w gweld ar gyrff o Siapan i Sir Fôn, o Eglwyswrw i Efrog Newydd.

✳

Canolfan Dewi Sant 2
Canol y Ddinas CF10 2ER
029 2023 0126

REISS

Un o'r cwmnïau mawrion a ddenwyd i'r ddinas gan ddatblygiad Dewi Sant 2 oedd y siop ddillad hynod chwaethus Reiss, sy'n arbenigo mewn steil sy'n sibrwd, nid sgrechian. Y mae'r gofod golau a minimalistaidd yn y siop sy'n wynebu'r Ais wedi'i rhannu'n ddemocrataidd rhwng dynion a merched. Yn goruchwylio'r cyfan yno mae Rosemary Trott o Lan-y-llyn. Dynes sy'n deall deinameg y diwydiant i'r dim ar ôl gyrfa helaeth yn rhedeg siopau dillad yma yng Nghaerdydd ac yn Llundain gyda Selfridges, Harrods a Harvey Nichols. Y mae Caerdydd, yn ei barn hi, wedi datblygu'n gyrchfan gystadleuol iawn oherwydd amrywiaeth y profiad personol a ddarperir gan boutiques yr Arcêds Fictoraidd ac effeithlonrwydd denu enwau eiconig y stryd fawr. Y mae Reiss yn cynnig dillad sylfaenol mewn cynlluniau *avant-garde* sy'n perthyn i haen uchaf y stryd fawr, ac adlewyrchir hynny yn y prisiau, sy'n 'ping-pongio' o'r pleserus i'r poenus.
✽

Canolfan Dewi Sant 2, Yr Ais
Canol y Ddinas CF10 1GA
029 2023 0632

ZARA

Er 1975, mae cwmni Amancio Ortega o Galicia wedi cydio yn nychymyg miloedd o'u cwsmeriaid ledled y byd, gan gynnig ffasiynau'r funud i siopwyr y stryd fawr. Yn wir, ceir sôn bod cynllunwyr Zara yn medru sicrhau bod fersiwn rhatach o gynlluniau'r *catwalks* ar werth yn y siop o fewn pythefnos i'w hymddangosiad cyntaf, gan osgoi bygythiadau gan y cewri ffasiwn drwy newid ambell fanylyn a'u gwneud yn fwy hygyrch i bobl go iawn. Ers i gangen Caerdydd agor yn 2005, mae dynion a merched y ddinas wedi manteisio'n llwyr ar safon dillad, esgidiau a bagiau Zara i sicrhau bod noson allan ar strydoedd y ddinas gystal ag agor copi cyfredol o gylchgrawn *Vogue*.
✽

53–55 Heol y Frenhines
Canol y Ddinas CF10 2BE
029 2053 7600

Siopau eraill

~~~

TOPSHOP
41 Heol y Frenhines
Canol y Ddinas CF10 2AS
029 2022 4194

HOUSE OF FRASER
14–18 Heol y Santes Fair
Canol y Ddinas CF10 1TT
0844 800 3713

JOHN LEWIS
Yr Ais
Canol y Ddinas CF10 1EG
029 2053 6000

HUGO BOSS
Canolfan Dewi Sant 2, Yr Ais
Canol y Ddinas CF10 1GA
029 2080 3210

PEACOCKS
Arcêd y Frenhines
Canolfan Dewi Sant
Canol y Ddinas CF10 2AE
029 2039 0084

GAP
Canolfan Dewi Sant 2
Canol y Ddinas CF10 2DP
029 2034 0464

THE NORTH FACE
Canolfan Dewi Sant 2
Canol y Ddinas CF10 2EL
029 2035 9126

Dillad plant

CHEEKY MONKEY

Ar stryd fawr yr Eglwys Newydd, mae siop sy'n gwerthu dillad hyfryd i blant o oedran babanod i ddeuddeng mlwydd oed. Ymhlith y labeli cyfarwydd y mae enwau rhyngwladol i siwtio bob cyllideb, gan gynnwys Abella, Coco, Little Shrimp a chotiau Jingles. Ceir ffrogiau bedydd gwerth eu gweld yma hefyd.

71 Heol Merthyr
Yr Eglwys Newydd CF14 1DD
029 2052 2224

JOJO MAMAN BEBE

Yn ogystal â gwerthu cyfarpar angenrheidiol i unrhyw gwpl sy'n disgwyl babi a dillad i famau beichiog mae cwmni JoJo Maman Bebe o Gasnewydd yn denu nifer i wario ar ddillad babanod a phlant bach, sydd wedi'u cynhyrchu i'r safonau gorau, ac yn pwysleisio themâu morwrol a streipiau Llydewig.

Canolfan Dewi Sant 2
Canol y Ddinas CF10 2EL
029 2023 2081

GINGERBREAD MOON

Dyma siop olau hyfryd yn Arcêd Morgan sy'n orlawn o ddillad lliwgar ar gyfer plant. Bydd y ffenest wydr fawr ddeniadol siŵr o ddenu rhieni sydd am wisgo'u hepil yn holl liwiau'r enfys. Mae'r siop hyfryd hon yn arbenigo yn nillad y cwmni Prydeinig, Toby Tiger, sy'n darparu dillad braf o ansawdd ardderchog i fechgyn a merched.

27a Arcêd Morgan
Canol y Ddinas CF10 1AF
029 2037 8265

HOUSE OF FRASER

Bu siop James Howell yng nghanol y dre yn fangre anhepgor i chwilio am ddillad 'da' i'r plant, oedd hefyd yn ddillad y byddai'r plant am eu gwisgo. Wrth gwrs mae cerdded mewn i adeilad mor hardd a thrawiadol yn gwneud siopa am ddillad i'ch plant yn brofiad tipyn mwy arbennig. Yn ddiweddar mae House of Fraser wedi gwella'u gêm o ran yr hyn y maent yn ei werthu er mwyn medru cystadlu gyda'r siopau mawrion eraill, ac maent wedi gwneud hynny'n llwyddiannus iawn. Cewch brynu dillad gan yr enwau *designer* i blant o Ralph Lauren i Armani, yn ogystal â mêcs mwy rhesymol o ran prisiau fel Petit Bateau ac Uttam.

14–18 Heol y Santes Fair
Canol y Ddinas CF10 1TT
0844 800 3713

Siopau eraill

MONSOON
Canolfan Dewi Sant 2
Canol y Ddinas CF10 2DP
029 2022 0851

NEXT
82–88 Heol y Frenhines
Canol y Ddinas CF10 2GR
0844 844 5233

GAP
Canolfan Dewi Sant 2
Canol y Ddinas CF10 2DP
029 2034 0464

MARKS AND SPENCER
72 Heol y Frenhines
Canol y Ddinas CF10 2XG
029 2037 8211

x

Ffordd Copthorne
Croes Cwrlwys
CF5 6YZ
029 2059 1600

GINGERBREAD MOON

Yn ogystal â chynnig dewis helaeth o siopau elusen ledled y ddinas, mae Caerdydd wedi deffro i'r syniad o ffasiwn vintage sy'n chwaethus ac yn meddu ar gydwybod.

Os oes amser ac amynedd gennych chi i dyrchu am drysorau am bris da, yna gallech chi dreulio diwrnod cyfan yn chwilota yn siopau elusen Heol Ddwyreiniol y Bont-faen yn Nhreganna a Ffordd Albany yn y Rhath.

Ond os ydych chi'n brin o amser, ac yn dymuno talu ychydig bach yn fwy am ddillad y mae eraill eisoes wedi'u darganfod, beth am ymweld â rhai o'r siopau canlynol?

Dillad *vintage*

OXFAM BOUTIQUE

Yn dilyn llwyddiant y gangen wreiddiol yn Notting Hill, agorodd yr Oxfam Boutique cyntaf yng Nghaerdydd yn 2009 ychydig ddrysau lawr o siop Oxfam ar Heol y Santes Fair. Y gwahaniaeth mwyaf rhwng y ddwy gymdoges yw bod y gangen 'ecsgliwsif' hon yn canolbwyntio'n llwyr ar werthu detholiad o ddillad sydd o safon ynghyd ag atodolion fel gemwaith, esgidiau a bagiau, yn hynny o beth mae'n adlewyrchu'r hyn y bu Mary Portas yn efengylu'n daer drosto yn ei chyfres deledu boblogaidd, *Mary Queen of Shops*, sef y gellid sicrhau fod y profiad amwys ar adegau o fynychu 'siop elusen' yn dod yn un atyniadol. Yn sicr, mae lleoliad y gangen hon ym mynediad un o arcêds mwyaf chwaethus y ddinas, Arcêd Morgan, lle ceir sawl siop ddillad annibynnol, yn beth da i ddelwedd y siop, ac yn ogystal ag adrannau i ferched, dynion a phlant, ceir casgliad o ddillad masnach deg sy'n tanlinellu'r ffaith fod modd bod yn au courant a chynnal ethos gyfrifol, gynaladwy ar yr un pryd.

34 Heol y Santes Fair
Canol y Ddinas CF10 1AB
029 2022 0736

CARDIFF FASHION QUARTER

Ym mis Hydref 2012 ailagorwyd yr hen sinema ar Stryd Womanby, neu Heol y Fuwch Goch, ar ffurf marchnad ddillad ail-law o dan yr enw Cardiff Fashion Quarter. Ymysg y mân-werthwyr y mae Emily Klein o Lundain a ddaeth yn unswydd o Hollywood i werthu ei harchif ei hun o hynafolion hynod ar ei stondin Split Ends. Dyma hefyd yw cartre newydd Kooki Two Bit sef cwmni ailgylchu ffasiwn Chris Evans a'i bartner Hanna Crisiant o Borthmadog a fu'n gwerthu eu cynnyrch yn selar siop hyfryd Looby Lou's hyd nes iddi gau yn 2011. Ac os ydych chi'n dwlu ar Rockabilly, yna bydd stondin Daisy Green o ddiddordeb mawr i chi. Bron i ugain mlynedd ar ôl i'w mam agor siop *vintage* Rock-Ola yn Arcêd Dickens, lle mae bar a chlwb Revolution heddiw, rai camau i ffwrdd, mae Rock-Ola Reborn yn cynnig detholiad o ddillad o ddegawdau mwyaf eiconig yr ugeinfed ganrif. Mae'r CFQ ar agor tan chwech ar ddydd Sul a than saith yn ystod yr wythnos, ond os am brofiad siopa cwbl amgen, ystyriwch ymweld ar nos Wener, pan gynhelir disgo siopa hynod wych.

Stryd Womanby
Canol y Ddinas CF10 1BR
07774 916 197

HOBO'S

Mae'r gyrchfan hwyliog a chanolog hon yn denu dynion a merched o bob oed i chwilota am ddillad sy'n adleisio ffasiynau'r 1950au hyd heddiw. Serch y gofod cyfyng, mae Hobo's yn orlawn o ddillad eiconig sydd wastad mewn ffasiwn, gan gynnwys crysau coedwyr, siwmperi Nadolig, topiau Llydewig, crysau polo gwreiddiol Lacoste a ffrogiau prom pert, a'r cyfan am brisiau rhesymol. Mae dewis da o fagiau lledr a sbectolau haul *retro*, fel yr Aviators neu'r Wayfarers poblogaidd, ac os ydych chi'n methu'n lân â ffeindio'r gwregys perffaith yn un o siopau mawrion Heol y Frenhines, mae e fel arfer i'w ganfod yma. Os am efelychu Tom Cruise yn *Top Gun* neu Audrey Hepburn yn *Funny Face*, does yna unlle gwell!

✱
26 Arcêd y Stryd Fawr
Canol y Ddinas CF10 1BB
029 2034 1188

BROKEN GIRLS CLUB VINTAGE

Drws nesaf i un o siopau llyfrau ail-law goraur' brifddinas, y mae dod o hyd i'r siop fach hyfryd hon. Y mae'r profiad o gamu mewn fel agor atig gaeedig, a chanfod trysorfa o drugareddau cyfnodau'r ddau Ryfel Byd, gan ei bod yn cynnig dillad, dodrefn, gemwaith a deunyddiau o hanner cyntaf yr ugeinfed ganrif. Y tu hwnt i'r bynting blodeuog mae bocsys o fotymau, hancesi hynod, llestri lliwgar, a ffrogiau hyfryd a fyddai'n berffaith addas ar gyfer te parti i ddarllenwyr rhai o nofelau Kate Roberts ac Enid Blyton fel ei gilydd. Os ydych chi'n chwilio am ffrog briodas les sydd heb lwydo, neu batrymau gwnïo o'r oes a fu, yna dyma'r lle i chi. Cynhelir partïon te parti *vintage* preifat hefyd – peffaith ar gyfer dathliadau babis neu briodas.

✱
26 Arcêd Morgan
Canol y Ddinas CF10 1AF
07966 664 497

BIG GIRL'S BLOUSE

Os mai bwrlésg sy'n mynd â'ch bryd, neu roc sy'n eich rolio, dyma'r union le i chi. Ar Heol y Crwys mae cornel o'r ddinas sy'n dathlu harddwch hen ffasiwn, trwy gyfrwng dillad, colur, a cherddoriaeth Frank Sinatra. Mae arbenigedd Julie a Simon, cwpwl o'r Rhath sy'n byw'r bywyd Rockabilly i'r eithaf, yn golygu y gallwch ymddiried yn y ffaith fod pob dim sydd ar werth yn driw i'r ddelwedd. Mae popeth o'r bagiau llaw Lucite a sodlau Lucky Lou gwreiddiol, hyd at gasgliad sylweddol o ffrogiau ffantastig, a dillad isaf cyfoes What Katie Did, yn addas a phob un mewn meintiau mawr a bach. Ceir hefyd ddewis difyr o emwaith gwreiddiol, esgidiau ail-law'r cwmni lleol A.G. Meek, ac addurniadau gwallt *retro-chic*, yn ogystal â detholiad o ddodrefn difyr, yn cynnwys seddi siâp sodlau uchel, a'r un bar ag a welwyd yn lolfa Del-Boy Trotter yn *Only Fools and Horses* – sy'n werth ymweliad ynddo'i hun. Fel nifer o siopau ail-law eraill Caerdydd, rhoddir pwyslais ar gynnyrch i ferched, ond ceir yma gornel bychan o ddillad i ddynion, gan gynnwys jeans lliw indigo, a bomber jackets lledr, sy'n dwyn Brando, nid Biggles, i gof. Does dim dwywaith amdani, ar ôl cael eich hudo gan hynodrwydd yr hafan hwyliog hon, byddwch yn dyheu am ddêt i'r ddawns.

✱
24 Heol y Crwys
Cathays CF24 3PB
029 2049 3800

BUFFALO BOUTIQUE

Mae'r ffair fisol hon wedi sefydlu'i hun fel siop pop-up boblogaidd yn un o gorneli mwyaf cŵl Caerdydd, sef Bar Buffalo ar Faes Windsor. Unwaith y mis meddiennir y llawr uchaf gan stondinau di-ri cwmnïau *vintage* yn gwerthu hetiau, gemwaith, bagiau, a ffrogiau, sy'n atgoffa rhywun o Bettie Page, Nico neu Joan Collins, a hyn yn ychwanegu at y ddelwedd gyffredinol o steddfod steil go iawn. Y cyngor gorau yw cyrraedd yn gynnar, oherwydd erbyn wyth o'r gloch mae penelin pawb yn arf go finiog, a pheidiwch, da chi, ag oedi cyn prynu, neu bydd y fyfyrwraig ffynci nesaf atoch wedi cipio'r clogyn brethyn Bryncir, sef Y peth i wisgo wrth sipian Daiquiri a gwrando ar y DJ lawr staer. Ceir hefyd ddigonedd o ddillad i ddynion, felly dewch â'r cariad fel arf ychwanegol. Mae ffasiwn yn ffyrnig, byddwch ddewr!

✱
Buffalo Bar
11 Maes Windsor
Canol y Ddinas CF10 3BY
029 2031 0312

THE CLOSET

Y tro nesa byddwch chi'n chwilio am fargen y ganrif, ystyriwch ymweliad â chyfrinach wych yn y Rhath. Mae cyfraniadau o ansawdd gan gwsmeriaid rheolaidd yn golygu ei bod hi'n werth cadw llygad cyson ar y cynnyrch. Gwerthwyd pâr newydd sbon o sodlau Christian Louboutin am lai na chanpunt, ac mae rhai gan Gina a Jimmy Choo hefyd wedi bod yn y ffenest. O drowsus capri gan Orla Kiely neu ffrog siapus gan Vivienne Westwood Red Label, mae rhywbeth diddorol i'w weld bob tro. Ond os ydych chi'n chwilio am ddilledyn ail-law *designer*, does wybod beth fydd ar werth o un wythnos i'r llall, rhaid ichi fod yn amyneddgar felly, neu'n lwcus. Yr hyn y gellid dibynnu arno yw stafell ffrogiau Prom a phriodas yn y cefn, cotiau ffwr *vintage* a dewis da o labeli'r stryd fawr.

3 Cwrt Wellfield
Y Rhath CF24 3PB
029 2047 0470

MILKWOOD GALLERY

Dafliad pêl rygbi o gaeau chwarae Parc y Rhath, ond o fewn cyrraedd i siopau elusen Ffordd Albany mae trysor cuddiedig – Milkwood Gallery, sy'n siop gornel wahanol i'r arfer. Yn ogystal â chynnal gofod arddangos i arlunwyr newydd, gweithdy gwnïo wythnosol, a nosweithiau *ukelele* achlysurol, ceir silffoedd o bric a brac sy'n amrywio o'r cyfoes i'r cyntefig, chwyrligwgan o gardiau Cymraeg chwaethus, a chornel dethol o ddillad ail-law i ferched, yn amrywio o *stoles* ffwr, broetshys hardd, ffrogiau *brocade*, a sgarffiau amryliw o fannau rhyngwladol. Mae'r prisiau dipyn uwch na'r siopau elusen gerllaw, ond yn adlewyrchu chwaeth ac arbenigedd y rheolwraig gyfeillgar. Os byddwch am fachu bargen eiconig, dyma'r lle i ffeindio set lestri Totem Portmeirion, neu fag llaw Bakelite, am bris teg.

41 Stryd Lochaber
Y Rhath CF24 3LS
029 2047 3373

CARDIFF VINTAGE FASHION FAIR

Deirgwaith y flwyddyn, cynhelir ffair anferthol yn Neuadd y Ddinas, sy'n denu dilynwyr y byd Vintage o bell i wario'n wirion ar ffasiynau ffuantus a chwbl ffantastig. Oes, mae yna dâl am fynediad (£5), ac arogl arbennig i'ch atgoffa mai dillad ail-law sy'n serennu ar y Sul, ond mae gwir drysorau i'w canfod, a labeli drudfawr i lafoerio drostynt, os oes gennych chi bres. Beth bynnag wnewch chi, peidiwch â chyrraedd yn disgwyl bargen o ffair sborion. Diolch i raglenni fel Mad Men, mae prisiau hen ddillad sydd wedi'u teilwra'n iawn wedi cynyddu'n sylweddol, ac felly oherwydd presenoldeb cwmnïau annibynnol o bellafion, dyma'r union le i ddod am ddilledyn arbennig ag iddo hanes hynod.

Neuadd y Ddinas
Parc Cathays
Canol y Ddinas CF10 3ND
cardiffvintagefashionfair.co.uk

VINTAGE ZIZOU

Pan fo un siop yn cau, mae un arall yn agor, dyna yw hanes nifer o siopau arcêds Fictoraidd Caerdydd, ac er i nifer alaru pan gaeodd Looby Lou's yn Arcêd y Stryd Fawr yn 2011, roedd nifer wrth eu bodd i weld Vintage Zizou yn agor ei drysau led y pen ar droad 2012. Gweledigaeth Anca Maria Cesar o Rwmania yw'r siop a'i henwi â llysenw ei merch fach, Isbella. Dyma siop ddillad a gemwaith ail-law sydd hefyd yn gwerthu dillad newydd a ysbrydolwyd gan ffasiwn *vintage*. Mae pob un darn yn deillio o farchnadoedd *vintage* ledled Prydain a thu hwnt, ac mae Anca yn mynnu cadw'r prisiau mor rhesymol â phosib, gan olygu nad oes fawr ddim ar werth am fwy nag ugain punt. Ei gwerthwyr gorau hyd yma yw'r ffrogiau *maxi*, ond does wybod beth wnaiff werthu o un dydd i'r llall mewn gwirionedd. Mae yna ambell ddilledyn ag arno brint Pucci-aidd llachar sy'n mynnu cryn dipyn o hyder i'w wisgo, ond mae darnau eraill yn ychwanegiadau perffaith i'ch dillad bob dydd. Cofiwch edrych am y lluniau pert gan Liesl Long ar y wal, sy'n ychwanegu at awyrgylch braf y bwtîc bach dymunol hwn. Un cwestiwn rydych chi'n sicr o'i glywed wedi gadael y siop ar ôl prynu, 'Waw, o ble gest ti hwnna?'

16 Arcêd y Castell
Canol y Ddinas CF10 1BX
07790 011 931

Siopau esgidiau

BUZZ AND CO

Er 1983 mae Buzz & Co yn cynnig esgidiau hamddenol i bobl hamddenol a'r rheiny'n bobl â chwaeth. Ynghyd â dewis gwych o fŵts bythol boblogaidd Dr Marten's, ceir daps Converse a Vans ac esgidiau ffynci a chyfforddus gan Camper, Blowfish, Fit Flop a Fly, yn ogystal â ffrind gore pob myfyriwr, yr esgid Ugg o Oz.

3–5 Arcêd y Stryd Fawr
Canol y Ddinas CF10 1BB
029 2066 8788

JON IAN

Mae'r siop hynod chwaethus hon wedi bodoli yn Arcêd Morgan ers dros ddeugain mlynedd, sy'n deyrnged i arbenigedd a chwaeth disygog y rheolwr, David Ian Thomas, mab fferm o'r As Fawr (Monknash) a hyfforddodd ar Bond Street, Llundain yn y 1960au. Roedd yn edmygwr o fawrion Cymreig strydoedd Regent ac Oxford yn Llundain, a phenderfynodd ddychwelyd i Gymru er mwyn agor siop a fyddai'n cynnig gwasanaeth o'r un safon, ac mae Jon Ian, sy'n gyfuniad o enw cyntaf ei bartner gwreiddiol a'i enw canol ef ei hun, yn denu cwsmeriaid triw fyth ers hynny. Ar y llawr gwaelod, cynigir amrywiaeth o esgidiau a bagiau lledr i ferched gan enwau Eidalaidd fel Emporio Armani, Moschino a Coccinelle, tra bod yna *brogues* lledr bendigedig i'w canfod i ddynion fyny'r grisiau. Ydyn, mae'r prisiau'n uwch nag yn y *malls* mawrion, ond mae Mr Thomas yn gredwr cryf mewn ansawdd, a'r frwydr barhaol i gynnal steil unigryw, yn erbyn dylanwad gormesol y stryd fawr, ac mae'n amlwg ei fod yn llwyddo. Gellir treulio awr hwylus iawn mewn siop o'r fath, ac os byddwch chi am fentro i'r Fro, cofiwch am y gangen sydd yn y Bont-faen.

7 Arcêd Morgan
Canol y Ddinas CF10 1AF
029 2039 7339

A.G. MEEK

Pan symudodd Albert George Meek o Gaerloyw i Gaerdydd, ac agor siop esgidiau yn y Rhath yn 1912, ychydig a wyddai y byddai ei enw'n dal i ddenu dinasyddion ganrif yn ddiweddarach. Yn ogystal â changhennau yng Nghasnewydd, Caerlŷr a Chanolfan Dewi Sant, y mae'r pencadlys gwreiddiol ar gornel Heol Albany a Stryd Angus yn dal i sefyll am y tro ag olion o shrapnel o'r Ail Ryfel Byd i'w gweld hyd heddiw ar ochr y siop; bydd y siop symud cyn bo hir i safle newydd ar Heol Albany. Mae hi'n parhau ym meddiant teulu'r Meek drwy ddyfalbarhad yr wyrion, David ac Alison. Serch y gystadleuaeth ffyrnig gan gwmnïau cenedlaethol canol y ddinas, mae A.G. Meek yn parhau i gynnig esgidiau o safon i ddynion, merched a phlant, gan werthu cyfuniad o labeli Prydeinig: Loake, Hush Puppies, Doctor Marten's, Hotter, Van Dal, ac enwau rhyngwladol fel Caterpillar, Sketchers, Rieker a Splitz. Mae dewis da o esgidiau ffasiynol am bris rhesymol i'w cael mewn meintiau llydan ac adran 'achlysuron arbennig' sy'n cynnwys bagiau llaw i fatsio. Mae'n amlwg fod geiriad yr hysbyseb eiconig 'The matching's unique at A.G. Meek' yr un mor berthnasol heddiw ag ydoedd pan gafodd ei ddarlledu hanner canrif yn ôl.

❊
Canolfan Dewi Sant
Canol y Ddinas CF10 2DP
029 2039 5101

ITALUS

Petasai gwobr am siop ffenestr harddaf y ddinas, yna does dim dwywaith mai siop esgidiau Italus fyddai'n mynd â hi. Y mae'r bwtîc bychan â'i chanopi traddodiadol wedi bod ar agor ar Heol Wellfield er 1981 ac yn hoelio'r sylw bob tro bydd rhywun yn pasio. Mae hyn yn adlewyrchu synnwyr dihafal y berchnoges o'r Barri, Eddie Read, a ddysgodd ei chrefft dan oruchwyliaeth ei thad, a oedd yn cadw siop wlân ar Heol y Crwys. Y mae'r siop yn cynnig amrywiaeth o sodlau trawiadol gan gynllunwyr rhyngwladol, ac ers rhai blynyddoedd bellach, yn cynnig dillad moethus o Ffrainc, gan gynnwys clasur o got law gan Et Dieu Crea La Femme ag arni awyrlun Efrog Newydd. Yn wahanol i rai o siopau mawr y dre, mae cadeiriau moethus yma i ymlacio ynddynt ynghyd â chopi cyfredol o Vogue a Harper's Bazaar, sy'n adleisio oes aur siopa mewn steil, ac yn cadarnhau'r argraff gywir mai dyma gornel o Gaerdydd sy'n dal i ddathlu La Dolce Vita.

❊
51 Heol Wellfield
Y Rhath CF24 3PA
029 2048 4694

FUNKY MONKEY FEET

Lle da i blant yw'r siop hon, ac os yw'r plant yn hapus, yna mae'r rhieni'n hapus. Mae'r staff cyfeillgar yn y siop atyniadol ar Arcêd y Castell wedi'u hyfforddi i fesur traed plant yn iawn. Mae dewis ardderchog o esgidiau o wneuthuriad da yn cynnwys enwau Ewropeaidd enwog fel Primigi, Pom D'Api, Lelli Kelly, Naturino, Angulus a Geox. Lle hynod boblogaidd i gael esgidiau ots i'r cyffredin, a thra'ch bod chi'n aros eich tro, mae digon o deganau yma i ddiddanu'ch plantos hefyd.

❊
31–33 Arcêd y Castell
Canol y Ddinas CF10 1BW
029 2066 6688

IAN

JON IAN

Siopa
i'r cartref

DWELL

Siop ddodrefn gyda phwyslais
ar steil cwbl gyfoes am bris
cymhedrol yng nghanolfan siopa
newydd Dewi Sant 2 yw Dwell.
Ynghyd â gwelyau mewn lacr du
sgleiniog a desgiau gwydr clir, ceir
syniadau di-ri am ychwanegiadau
bach cwyrci i'r cartref, os mai dyna
sy'n mynd â'ch bryd. Beth am
lamplen siâp madarch neu gloc
toddedig *à la* Salvador Dali?
🔳
Canolfan Dewi Sant 2
Canol y Ddinas CF10 2EL
0845 675 9090

JOHN LEWIS

Ymysg y dodrefn ar werth ar
ail lawr siop John Lewis, y mae
cyfres drawiadol o ddodrefn derw
Noah gan y dylunydd Bethan
Gray o Ben-y-lan. Ar ôl gadael
Glantaf a graddio o Brifysgol De
Montfort yn 1998 mewn Dylunio
3D, gan arbenigo mewn cynllunio
dodrefn, enillodd Bethan wobr
Cynllunwyr Newydd Habitat, a
bu'n cynllunio ac yn bennaeth
ar adran ddodrefn y cwmni
tan sefydlu'i hymgynghoriaeth
gynllunio ei hun. Mae ei dodrefn
yn cynrychioli moethusrwydd
tawel, gan ymgorffori deunyddiau
naturiol yn bren a charreg o
ansawdd, a chrefft a saernïaeth
o'r safon orau. Bu Bethan hefyd
yn gyfrifol am gynllunio cadair
gyfoes Eisteddfod Genedlaethol
Caerdydd 2008, sydd bellach yng
nghartref y Prifardd Hilma Lloyd
Edwards yn y Bontnewydd ger
Caernarfon. Os hoffech brofi'i
harbenigedd drosoch chi eich hun,
byddai'n werth ymweld â bwyty
Bangkok Cafe ar Heol y Bont-
faen, gan y bu hi'n ymgynghori ar
gynllun y bwyty a'r dodrefn, neu
gallech fuddsoddi mewn celficyn o
gyfres Noah.
🔳
Yr Ais
Canol y Ddinas CF10 1EG
029 2053 6000

JACOB'S MARKET

Yn nythu'n dawel rhwng gwesty cyfoes Maldron a chefn yr orsaf drenau ganolog, o dan hen bont reilffordd, y mae un o guddfannau gorau'r ddinas sef marchnad hen bethau Jacob's Market ar waelod Heol y Santes Fair. Y mae'r drysorfa hon, a symudodd o Lôn y Felin ganol y 1980au, yn cynnwys tri llawr gorlawn o ddodrefn, dillad a llestri o gyfnodau a fu. Yn ogystal â chynnyrch i'r cartref, y mae Jacob's Market hefyd yn cynnig stondin filwrol. Ceir casgliad gwych o bosteri ffilm, gan gynnwys rhai o ffefrynnau personol y stondinwr Mike Best o Gwm-twrch Uchaf dros y deugain mlynedd ddiwethaf, clasuron Clint Eastwood, a'r Cymry Richard Burton a Stanley Baker a nifer ohonynt wedi dod yn wreiddiol o Neuadd Albert, Abertawe. Y mae Jacob's Market hefyd yn gartref i gaffi Off The Rails sy'n llawn cymeriad, fe gewch frecwast mawr a golygfa wych o gledrau'r rheilffordd yn y fargen.

✳

West Canal Wharf
Canol y Ddinas CF10 5DB
029 2039 0939

THE PUMPING STATION

Ar un adeg, bu'r ganolfan hynafol hon yn orsaf bwmpio carthffosiaeth, ond bellach mae'r adeilad cofrestredig ar lannau'r afon Elái, ger Heol Penarth, yn gartref i dros dri deg o stondinau difyr, sy'n amrywio o gypyrddau Edwardaidd, lleoedd tân traddodiadol a charthenni Caernarfon, i boteli pop a chwrw sinsir a photeli Coca-Cola o'r bedwaredd ganrif ar bymtheg yn rhan o gasgliad hynod Cyril Wickham. Yn ogystal â hen bethau ceir stondin ceginau cyfoes, a chornel gyfan wedi'i neilltuo ar gyfer bydysawd pobl bitw Milly's Miniatures Doll's House Emporium i blantos bach a mawr. Neilltuwch ddwy awr dda i gael darganfod pob cornel o'r ganolfan ryfeddol hon ac mae'n dipyn o her i adael heb wario ceiniog.

✳

Heol Penarth
Grangetown CF11 8TT
029 2022 1085

MOMENTUM

Yn 2001 sefydlodd Lyn a P. J. Statham o Grucywel y cwmni dylunio a dodrefnu modern Momentum ar un o strydoedd hynaf y brifddinas sef Heol Siarl, ac ers hynny y mae toreth o gleientiaid preifat a busnesau lleol fel Signor Valentino lawr y Bae, Canolfan y Chapter yn Nhreganna, Yr Atrium a champws canolog Prifysgol Casnewydd, wedi elwa o chwaeth ac arbenigedd eu merch, Nicole Davies. Yn ogystal â chynnig gwasanaeth cynllunio i'r tŷ, ac is-gwmni'n gwerthu llenni Llychlynnaidd, mae modd prynu dodrefn chwaethus gan enwau rhyngwladol fel Philippe Starck, Marimekko a Ron Arad. Os ydych chi'n ofni bod eich lolfa'n anghyflawn heb orsedd o statws, yna dyma'r lle i ddod i brynu cadeiriau Barcelona, Ghost, neu'r Eames eiconig.

✳

31 Stryd Charles
Canol y Ddinas CF10 2GA
029 2023 6266

ROSSITERS OF BATH

Ychydig dros awr i ffwrdd ar y draffordd y mae Caerfaddon yn denu nifer i'w siopau unigryw hi. Ond yn 2007, agorodd un o siopau mwyaf poblogaidd y dre honno gangen hyfryd gyferbyn â Wally's Deli yn yr Arcêd Frenhinol. O fyrddau cegin derw i soffas moethus mewn melfed piws, a lestri Sophie Conran ar gyfer Portmeirion, mae yna rywbeth yma at ddant pawb. Ceir hefyd lond y lle o roddion a chardiau retro, ac ynghyd ag adran deganau plant ddymunol. Dyma un siop lle cewch fynd ag aelodau ieuengaf y teulu heb ofni na'r un sgrech na stranc.

✳

33 Arcêd Frenhinol
Canol y Ddinas CF10 1AE
029 2022 4118

● BETI BIGGS

BETI BIGGS

Pan oedd Jan Williams o Swydd Rhydychen yn blentyn, meddyliodd mor braf fyddai bywyd yn gynllunydd tai. Ddegawdau'n ddiweddarach yn 2012, wedi iddi fynd ar gyfeiliorn braidd, gan raddio yn y Saesneg ym Mhrifysgol Caerdydd, a dilyn gyrfa yn y maes arlwyo ac yn hyfforddi aerobeg, daeth ei breuddwyd yn wir, wrth i'w siop gyntaf agor ar y ffin rhwng Pontcanna a Threganna ar Gilgant Romilly. Defnyddiodd enw morwynol ei mam oedd o dras Cymreig ar y siop – daethai ei Nain o Dywyn, Meirionnydd – ac mae'n orlawn o ddodrefn, rhoddion a phethau hynod ddymunol, sydd wedi'u hysbrydoli gan yr oes a fu. Yn ogystal ceir dodrefn pren Bloomingville o Ddenmarc, a hen gelfi o Ffrainc a phaent gan gwmni Annie Sloan i'w hadnewyddu. Yn wir, mae Jan yn rhedeg cwmni peintio hen ddodrefn ei hun, felly gofynnwch iddi hi wneud y gwaith yn eich lle, rhag ofn gwneud smonach eich hun! Ceir hefyd gornel wnïo hyfryd, gan gynnwys cynnyrch Merchant & Mills o'r Gelli Gandryll, a sebonach Eidalaidd o'r safon orau gan Dr Vranjers o Fflorens ac Ortigia o Sicilia.

✦

1 Cilgant Romilly
Pontcanna CF11 9NP
029 2037 2111

NEST VINTAGE LIVING

Os yw'r geiriau 'Gwyddor Cartref' yn peri ofn ac olfflachiadau dychrynllyd o'ch dyddiau ysgol, efallai y byddai ymweliad â Nest Vintage Living yn gam llesol iawn i'w gymryd. Y mae camu i'r nyth glyd ar Heol-y-Deri yn brofiad dymunol tu hwnt, a hynny oherwydd gweledigaeth dwy ffrind, Anna Knight a Shirley Davies, gan fod eu siop fechan yn llawn cynhyrchion i'w chwennych, gyda phwyslais arbennig ar y gegin, calon draddodiadol pob cartref. Yn ogystal â dreser â chefn llawn llestri hen ffasiwn, gan gynnwys gwydrau jeli a phowlenni treiffl traddodiadol, ceir cornel gyfan o gyfarpar cacennau cwpan i gyd-fynd â'r powlenni cymysgu serameg hardd. Does dim amheuaeth y byddwch yn barod i efelychu'r duwiesau domestig Nigella a Skye Gyngell wedi ymweliad, ond os mai'r cynllunydd Cath Kidston fo'ch ffefryn, yna byddwch ar ben eich digon yn darganfod fod y lle'n llawn rhoddion gan y frenhines flodeuog, o'i bagiau *oilcloth* eiconig i gloriau iPhone trawiadol, yn ogystal â chynnyrch gan enwau llai cyfarwydd a rubanau amryliw ar gyfer eich rhoddion *retro*.

✦

5 Heol-y-Deri
Rhiwbeina CF14 6HA
029 2115 6908

Siopau llyfrau

TROUTMARK

Mae'r siop dri llawr hon yn Arcêd y Castell yn gwerthu casgliad bendigedig o dros 30,000 o lyfrau ail-law ar bob thema dan haul, o Athroniaeth a Chwaraeon, i Gelf a Thrafnidiaeth, yn ogystal â llenyddiaeth a nofelau graffig o bob math. Mae'r ffenestri lliwgar wastad yn orlawn o lyfrau plant a darganfyddiadau diweddar gan gynnwys cyhoeddiadau cyntaf Dr Seuss a chasgliad gwreiddiol o farddoniaeth Allen Ginsberg. Ceir cadeiriau esmwyth ar y llawr uchaf, ger yr adran ffilm a cherddoriaeth, ac islaw yn y seler, mae yna drysorfa o lyfrau Cymreig, gan gynnwys llu o gloriau lliwgar clasuron Gwasg Gee, a sawl cyfrol fydd o ddiddordeb i ddinasyddion Caerdydd am Gaerdydd ei hun.

39–43 Arcêd y Castell
Canol y Ddinas CF10 1BW
029 2038 2814

CAB@N

Diolch i weledigaeth Nia Williams a'i staff hyfryd y mae cornel fechan o Bontcanna yn ganolbwynt cymdeithasol i nifer o drigolion Cymraeg Caerdydd. Oherwydd y dewis gwych o lyfrau cyfoes i blant ac oedolion, silff o CD's cyfredol, a chasgliad sylweddol o gardiau Cymraeg, does dim angen camu i ganol y dre, ac oherwydd y lleoliad ffasiynol, does wybod pwy welwch chi'n cael cip ar *Y Cymro*, neu'n pasio heibio tu fas, boed yn aelod o gast Cwmderi neu seren o Hollywood yn ffilmio gerllaw.

✾

169 Ffordd y Brenin
Pontcanna CF11 9DE
029 2034 2223

THE WELLFIELD BOOKSHOP

Chwarter canrif yn ôl roedd gan Gaerdydd, fel y rhan fwyaf o brif ddinasoedd Prydain, nifer sylweddol o siopau llyfrau a Taflen, Lears, Dillons a Blackwells ymhlith yr enwau hynny. Bellach, wedi dyfodiad y we a'r archfarchnadoedd, dim ond un siop lyfrau annibynnol sy'n bodoli yng Nghaerdydd, sef hon, ond wrth lwc, mae hi'n drysor gwerth ymweld â hi. Ers ei sefydlu ar gornel ganolog Heol Wellfield a Phlas Wellfield yn 1996 ar ôl degawd yn y Cwrt cyfagos, y mae'r Wellfield Bookshop yn denu amrywiaeth fawr o drigolion lleol, gan gynnwys rheini a phlant, haneswyr lleol ac ymwelwyr â chleifion yn Ysbyty'r Waun. Fel y gellid disgwyl, y mae'r perchennog ei hun, Paul Came, o Adamsdown yn wreiddiol, yn dipyn o lyfrbryf, ac yn hoffi tipyn bach o bob peth, sy'n egluro presenoldeb Genghis Khan a Kay Scarpetta ar erchwyn ei wely! Yn wir, y mae'n berchen ar ymerodraeth lenyddol sy'n ymestyn o'r Uplands i'r Fenni, ac o'r siopau i gyd, hon yw'r gangen sy'n gwerthu'r nifer fwyaf o gyfrolau ffuglen, ac mae'n ymfalchïo'n fawr yn yr adran ddirgelwch. Serch y gofod cyfyng, rhaid pwysleisio fod i'r siop adrannau llyfrau plant a chyfrolau teithio sylweddol, ac mae canmol mawr i'r dewis o lyfrau am hanes Caerdydd hefyd gyda'r pwyslais ar ardal y Rhath. Mae'r siop yn fan ar gyfer lansiadau llwyddiannus gan awduron lleol fel Peter Finch, Boyd Clack a Tessa Hadley.

✾

16 Heol Wellfield
Y Rhath CF24 3PB
029 2048 3106

SIOP Y FELIN

Yn 1995, ar ôl gweld siopau Cymraeg Oriel a Taflen yn cau yng nghanol y ddinas, penderfynodd Mary Buttle o Lanboidy, Sir Gâr, agor siop lyfrau Cymraeg yn ei maestref hi. Ers hynny, mae Siop y Felin wedi sefydlu ei hun yn ganolbwynt pentref Yr Eglwys Newydd i Gymry Cymraeg a'r rheiny sy'n dysgu'r Gymraeg. Os am ddewis da o lyfrau a chylchgronau cyfredol a chardiau Cymraeg, mae yna reswm i alw yn y siop bob tro yr ewch heibio, ac mae Mary yn aml i'w gweld yn gwerthu llyfrau mewn lansiadau gan awduron lleol – Llwyd Owen, Geraint Jarman a Matthew Rhys yn eu plith.

✾

52–60 Heol Merthyr
Yr Eglwys Newydd CF14 1DJ
029 2069 2999

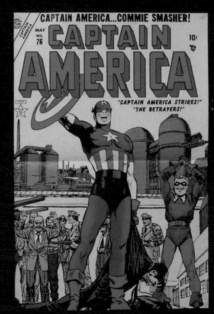

4

Diwylliant

tud. 222–259

Mae diwylliant byrlymus Caerdydd yn cwmpasu pob dim, fel y gallech ddisgwyl mewn dinas. Mae sawl peth yn gwneud Caerdydd yr hyn ydyw, gan gynnwys arogleuon stondin bysgod y farchnad ganolog a bragdy Brains neu seiniau fel cloc Neuadd y Ddinas ac acen hwyliog dinasyddion y lle. Ceir gwyliau amrywiol i apelio at bob chwaeth – o Gŵyl Pride i Sŵn a Mela – a sawl llwyfan i artistiaid o bob celfyddyd fynegi eu hunain.

Mae hanes rhyfeddol i'r dre os oes gennych chi ddiddordeb – o *gangsters* canoloesol i fôr-ladron a chwyldroadwyr, hyd at bresenoldeb gweithiau celf ysgubol gan arlunwyr byd-enwog drwy haelioni dwy chwaer oleuedig, y Chwiorydd Davies, o Gregynog yn yr Amgueddfa Genedlaethol. Ysbrydolwyd beirdd, llenorion a cherddorion o bob cefndir i greu yn y ddinas, gyda nifer yn perfformio mewn lleoliadau eiconig megis Castell Caerdydd neu Stadiwm y Mileniwm. Gorau oll yw'r ffaith fod y Gymraeg yn fyw ac yn iach yma ac yn cyd-fyw'n rhwydd â ieithoedd eraill y ddinas.

Adloniant

Cyn y bu'r Fonesig Elizabeth Taylor farw yn 2011, fe roddodd sêl ei bendith a chyflwyno ei dymuniadau da i theatr a gafodd ei henwi ag enw'i diweddar gyn-ŵr, Richard Burton. Ar y noson agoriadol, derbyniwyd tusw anferthol o flodau oddi wrthi hi. Nid dyna'r cysylltiad olaf sydd rhwng Liz a'r lleoliad hynod hwn, sef un o ddau o lwyfannau perfformio rhagorol y Coleg Celf a Drama Brenhinol, gan i'r cynllunydd ddewis lliw go arbennig ar gyfer y cant ag un ar ddeg o gadeiriau'r theatr, glas-biws o'r un lliw â llygaid lliw lelog yr anfarwol Ms Taylor. Mae'r arddangosfa fechan o femorabilia teuluol yn gofeb ddifyr tu hwnt i Burton, a oedd yn un o gyn-fyfyrwyr y Coleg. Mae'r profiad o fod yn rhan o gynulleidfa yn yr awditoriwm hon yn un gwefreiddiol a dweud y lleiaf. Ceir perfformiadau cyson o safon eithriadol gan fyfyrwyr y coleg, yn ogystal â pherfformiadau gan gynyrchiadau teithiol National Theatre Wales a'r Theatr Genedlaethol, gan wneud y lleoliad hwn yn atyniad cyson i ddilynwyr dinesig y ddrama.

※

Tir y Castell
Parc Cathays
Canol y Ddinas CF10 3ER
029 2039 1391

Yn 1906 sefydlodd rheolwr theatr o'r enw Robert Redford y Theatr Newydd ar Blas y Parc, dafliad carreg o safle'r Hen Theatr Frenhinol a losgwyd yn ulw yn 1877. Y cynhyrchiad cyntaf i gael ei lwyfannu oedd perfformiad o Twelfth Night gan gwmni theatr Mr Herbert Beerbohm Tree, a gyhoeddodd ar y noson agoriadol, 'God bless this house. May it be the nurse, the feeder and the moulder of the Soul of Cardiff.' Ers hynny, mae'r Theatr Newydd wedi bwydo eneidiau'r dinasyddion ag arlwy amrywiol o gynyrchiadau theatr, bale, ffilm, operâu a digwyddiadau cerddorol. Bu artistiaid mor amrywiol â Sarah Bernhardt, Anna Pavlova, Marlene Dietrich, Bette Davis, Laurence Olivier, Anthony Hopkins ac Ian McKellen yn troedio'r llwyfan yma. Mae'r adeilad hardd o frics coch a charreg Caerfaddon yn atyniad i filoedd bob blwyddyn gydag amrywiaeth o gynyrchiadau gan gwmnïau theatr o bob cwr yn cynnwys National Theatre Wales a Clwyd Theatr Cymru a chynyrchiadau teithiol poblogaidd o'r West End. Yr uchafbwynt blynyddol yw'r pantomeim dros gyfnod y Nadolig, traddodiad a gychwynodd yma yn 1906.

※

Plas y Parc
Canol y Ddinas CF10 3LN
029 2087 8889

CANOLFAN MILENIWM CYMRU

Er 2004, mae Canolfan Mileniwm Cymru wedi bod yn denu cynulleidfaoedd yn eu miloedd, i fwynhau arlwy amrywiol. Cynlluniwyd yr adeilad trawiadol gan bensaer lleol, Jonathan Adams, a oedd yn awyddus i greu adeilad hollol Gymreig, gan ymgorffori to dur o Bont-y-pŵl, llechi chwareli Gwynedd, a choed cynhenid o ganolbarth Cymru. Yn goron ar hyn oll mae geiriau tanbaid y bardd cendlaethol, Gwyneth Lewis, yn pefrio. Mae'r ganolfan hefyd yn gartref i ddeg cwmni preswyl gydag Opera Cenedlaethol Cymru, Llenyddiaeth Cymru a Chwmni Dawns Cenedlaethol Urdd Gobaith Cymru (yn cynnwys canolfan breswyl ddinesig) yn eu plith. Yn ogystal â'r sioeau ac enwau mwyaf y byd adloniant ar lwyfan Neuadd Donald Gordon, y mae modd gweld cynyrchiadau o Gymru sydd o safon ryngwladol. P'run ai dod i weld Bryn Terfel yn canu opera, sioe gomedi Rob Brydon neu gynhyrchiad diweddaraf Theatr Genedlaethol Cymru yr ydych chi, cofiwch archebu bwrdd ym mwyty Ffresh. Ceir yno fwydlen a'r pwyslais ar gynnyrch Cymreig tymhorol, neu manteisiwch ar y cyfle i gael aperitif yn Bar One, neu far hyfryd Awen Penderyn. Os ydych am ymweliad â'r Bae yn ystod y dydd, beth am baned yn un o'r caffis, ac archebu lle ar daith tywys tu cefn i'r llwyfan?

❋

Maes Bute
Bae Caerdydd CF10 5AL
029 2063 6464

THE GLEE CLUB

Wrth i'r wythnos ddirwyn i ben, pa ffordd well o nodi deuddydd o ryddid y penwythnos na chyda noson o hwyl yng nghlwb comedi gorau'r ddinas. Bob nos Iau, Gwener a Sadwrn, mae'r theatr bwrpasol hon yng Nghei'r Fôr-forwyn yn orlawn o bobl sydd allan am laff. Yn un o bedwar clwb comedi o'r un enw ledled Prydain, caiff clwb Glee Caerdydd ei gymryd o ddifri gan asiantau diddanwyr mawr a bach, felly does wybod pwy gaiff le ar eu calendr o un mis i'r nesaf. O gyn-enillwyr Gwobr Gomedi Caeredin, i enwau Cymreig fel Elis James, Chris Corcoran a Bennett Aaron – maen nhw i gyd wedi perfformio yma. Ac wrth gwrs, dyw pawb ddim yn gwirioni run fath, ond ar bob noson ceir tri diddanwyr, felly mae o leiaf un yn bownd o blesio a chodi gwên.

❋

Cei'r Fôr-forwyn
Bae Caerdydd CF10 5BZ
0871 472 0400

MOTORPOINT ARENA

Yn 1993, daeth y ferch o Tiger Bay a'r Sblot yn ôl i'r ddinas o Fonaco i agor Arena Ryngwladol Caerdydd. Ers ymddangosiad Shirley Bassey, mae'r ganolfan arddangos a chyngherddau wedi cynnal pob math o ddigwyddiadau, o gynadleddau i ŵyl amlddiwylliannol Mela. O Tom Jones, Oasis, Super Furry Animals, ac Iron Maiden i dywysogesau poptastig Beyonce, Rihanna a Lady Gaga – maen nhw wedi bod yma bob un, a diddanwyr poblogaidd fel Peter Kay a Lee Evans hefyd.

❋

Stryd Mary Ann
Canol y Ddinas CF10 2EQ
029 2023 4500
029 2022 4488

NEUADD DEWI SANT

Yn 1983 trawsnewidiwyd canol y ddinas pan agorwyd canolfan siopa Neuadd Dewi Sant gyda nodwedd go anghyffredin ynghlwm â hi – neuadd gyngerdd genedlaethol a lle i 2,000 o bobl gael eistedd a mwynhau cyfleusterau o safon uchel. I rai, mae'r adeilad a gynlluniwyd gan bartneriaeth Seymour Harris yn fwystfil bygythiol, i eraill, mae'n asio â phensaernïaeth canolfannau cyffelyb y South Bank yn Llundain. Tra bod Canolfan y Mileniwm yn berffaith ar gyfer cynyrchiadau cymhleth opera, dawns a sioeau cerdd, mae Neuadd Dewi Sant yn gartref blynyddol i'r Proms Cymreig, a phob dwy flynedd i gystadleuaeth BBC Canwr y Byd Caerdydd, yn ogystal â bod yn hafan i Gerddorfa Genedlaethol Gymreig y BBC a Cherddorfa Ffilharmonig Caerdydd. Mae'r neuadd hefyd yn un o leoliadau'r Ŵyl Pride flynyddol, ac wedi denu cynulleidfa amrywiol i gyngherddau gan artistiaid mor amrywiol ag Adele, Russell Brand, Morrissey, The Chieftains a Tina Turner. Bob Nadolig mae llwyfaniad blynyddol o fale *The Nutracker* yn uchafbwynt i'r teulu, ond os am brofi achlysur sy'n codi croen gŵydd, mynnwch docyn i'r cyngerdd Gŵyl Ddewi blynyddol.

❋

Yr Ais
Canol y Ddinas CF10 1AH
029 2087 8444

SHERMAN CYMRU

SHERMAN CYMRU

Os hoffech brofiad theatr sy'n rhoi blaenoriaeth i sgwennu newydd, yna Sherman Cymru ar Ffordd Senghennydd amdani. Bu'r ganolfan ynghau am ddwy flynedd wrth i'r pensaer Jonathan Adams a'i dîm drawsnewid y lle'n llwyr, gan gyflwyno gofod cyfoes sy'n dwyn rhai o greadigaethau Frank Gehry i gof o'r tu allan â gorchudd o ddiemwntau metel. Yn ogystal â gweddnewid arwynebedd y gragen allanol, ailwampiwyd y cyfleusterau tu mewn hefyd, gan ehangu cryn dipyn ar y cyntedd a'r gofod cefn llwyfan. Adnewyddwyd cadeiriau Theatr Un yn ogystal, a hynny mewn gwlân melynwyrdd o ynys Bute yn yr Alban, yn deyrnged i hanes y ddinas. Pe baech yn dymuno rhannu profiad theatrig ag enwau mawrion, yna bachwch seddi Matthew Rhys (D28) a Siân Phillips (D1) wrth archebu eich tocyn ar gyfer sioe.

✻

Ffordd Senghennydd
Cathays CF24 4YE
029 2064 6900

Os hoffech ymweld â'r peth tebycaf i long ofod fodern o fath *2001: A Space Oddyssey*, yna trefnwch drip i Neuadd Dora Stoutzker ar unwaith. Nid yn unig y mae'r neuadd siambr odidog hon yn meddu ar acwsteg o'r safon orau, ond mae ei chynllun rhyfeddol yn ei gosod yn ddiamheuol fel un o berlau pensaernïol y brifddinas. Ac os oes gennych amser ganol dydd, beth am alw draw ar gyfer un o'r cyngherddau amser cinio?

✻

Tir y Castell
Parc Cathays
Canol y Ddinas CF10 3ER
029 2039 1391

THE GATE

Yn 2004, agorwyd drysau canolfan gymunedol a chelfyddydol The Gate yn hen gapel Presbyteraidd Plasnewydd. Yn dilyn cynllunio gofalus, llwyddwyd i gynnal nodweddion pensaernïol yr adeilad gwreiddiol a'i addasu i siwtio cynulleidfaoedd cyfoes, gan olygu mai llawr uchaf yr hen gapel yw'r Theatr Fawr, sy'n cynnal cynyrchiadau cyfoes. Croesewir cynyrchiadau amatur gan drigolion lleol yn ogystal â denu artistiaid rhyngwladol, a cheir hefyd stiwdio ddawns a dau ofod celf, sy'n arddangos popeth o ffotograffiaeth i gelf gysyniadol. Nac anghofiwch yr hwyl a geir yma wrth gadw'n heini hefyd, o ddosbarthiadau Yoga a Zumba i Ddawnsio Llinell Americanaidd. Ac os yw'ch plentyn chi'n sgut am hanes *Alice in Wonderland* a'i chriw, yna caffi poblogaidd Mad Hatters amdani.

✻

Stryd Keppoch
Y Rhath CF24 3JW
029 2048 3344

CHAPTER

Nôl yn 1971 cynhaliwyd cyfarfod bwrdd cyntaf i drafod y posibilrwydd o sefydlu Chapter yn ganolfan gelfyddydol. Ddwy flynedd o ymgyrchu'n ddiweddarach, yn dilyn cyngerdd Pink Floyd yng Ngerddi Sophia i godi pres, agorwyd un o ganolfannau celf gyfoes gorau Ewrop yn hen ysgol uwchradd Treganna. Prif fwriad y Chapter oedd cynnig gweithdai i artistiaid lleol, o animeiddwyr ac artistiaid celf a dawns i grwpiau ffilm a drama, ac mae'r stiwdios hynny yn dal i fod yn greiddiol i'r ganolfan. Yr hyn sy'n ei gwneud yn un o brif atyniadau trigolion y ddinas yw'r caffi braf, siop roddion fach ddifyr a'r arlwy wych o raglenni ffilm a drama. Ceir cyfuniad da o ffilmiau Hollywood a pherlau Cymreig ac annibynnol – yn ogystal ag ambell curio colledig – yn un o'i tair sinema, tra bod y gofod theatr yn cynnal cynyrchiadau newydd ac arbrofol gan gwmnïau cenedlaethol a rhyngwladol. Yn dilyn adnewyddu sylweddol diweddar, y mae Chapter wedi datblygu enw da ymysg rhieni'r ddinas, wrth i'r cantin agored gynnig digon o le i blantos gael rhyddid i grwydro, ac oherwydd presenoldeb Di-Wi yno, mae'n ail gartre i ryddgyfranwyr a'u gliniaduron. Mae siop Chapter yn gwerthu pob math o bethau difyr a chelfyddydol hefyd, gan gynnwys cardiau hynod boblogaidd a doniol I Loves the 'Diff sy'n chwarae ar enwau clasuron llenyddol a rhoi gwedd Gymreig neu Gaerdydd-aidd iddyn nhw.

✻

Stryd y Farchnad
Treganna CF5 1QE
029 2031 1050

CANOLFAN MILENIWM CYMRU

Cerddoriaeth

Fel yn achos Lerpwl a The Beatles, nid yw'n ddrwg o beth cael eicon alltud fel Shirley Bassey yn genhades ryngwladol i gynrhychioli sîn gerddoriaeth Caerdydd. Ac os daw tyrfaoedd i'r ddinas i ganlyn chwedloniaeth y ferch o Tiger Bay, yna buan iawn y dônt i sylweddoli fod sain Caerdydd wedi symud 'mlaen cryn dipyn ers plentyndod y 'Fonesig Shirl' yn y Sblot.

Yn wir, daeth Caerdydd yn ail i ddinas gyfagos Bryste mewn arolwg diweddar yn 2010 gan sefydliad y PRS sef y Performing Rights Society am ddinas fwyaf cerddorol Prydain.

Dafliad carreg o gartrefi cyntaf Ivor Novello a 'Two Tonne' Tessie O'Shea yng Nglanyrafon y mae strydoedd cul Pontcanna, a Brook Street, lle troediodd Geraint Jarman fel plentyn cyn dod yn dad y Sîn Roc Gymraeg. I'r de o'r dre y mae Bute Street, lle y gwefreiddiwyd y seren o Solfach, Meic Stevens, gynta gan ddylanwadau *jazz* a *blues* Victor Parker ac eraill ar ymweliad amryliw a'r ddinas. Ac o faestref y Waun y daw un o leisiau canu harddaf yr iaith, yr hyfryd Heather Jones. Daeth y tri ynghyd yn 1969 gan chwyldroi cerddoriaeth Gymraeg am byth trwy gyfrnwg eu band byrhoedlog, y Bara Menyn.

Dair blynedd ynghynt, yn 1966, enillodd Frank Hennessey a Dave Burns o Newtown, Caerdydd, gystadleuaeth dalent ddinesig gyda'u seiniau gwerin Cymreig a Gwyddelig. Bron i hanner canrif yn ddiweddarach, mae yr Hennessys wrthi o hyd, a chlasuron fel 'Cardiff Born' yn dal i ddenu dilyniant sylweddol.

Dros yr un cyfnod clywyd cerddorion cynhenid o bob math ar lwyfanau ledled y ddinas, o'r rocar Dave Edmunds, i pop Shakin' Stevens heb sôn am yrfa gyfnewidiol Charlotte Church.

Tyrrodd cantorion amatur o bob cwr o'r wlad i ymuno â chorau'r brifddinas; o'r Cor Poliffonig a Meibion Taf, hyd at CF1 a Chôrdydd, daw'r lleisiau ynghyd i greu seinlun sy'n hynod soniarus.

Bob yn ail flwyddyn er 1983, bu Neuadd Dewi Sant yn llawn bwrlwm a thensiwn; yn ystod Cystadleuaeth BBC Canwr y Byd Caerdydd pan rhoddir llwyfan rhyngwladol i gantorion opera.

Ac ar droad y Mileniwm, yna tafarn y City Arms oedd y lle i fod, os oeddech am gip ar aelodau Catatonia, Manic Street Preachers, Stereophonics a'r Super Furry Animals, cenhadon 'Cŵl Cymru' oll, yn ymlacio.

Fyth ers llwyddianau rhyngwladol y bandiau mawr hyn, mae'r ddinas yn ferw o sŵn, yn rhannol oherwydd yr ŵyl flynyddol a sefydlwyd yn 2007 gan y DJ Huw Stephens a'i bartner Jon Rostron sef Gŵyl Sŵn. Yn ogystal â chynnig penwythnos hir bob Hydref o seiniau di-dor ar lwyfannau ledled y ddinas, mae Gŵyl Sŵn yn noddi gigs gwych gydol y flwyddyn, gyda'r pwyslais ar hyrwyddo bandiau lleol.

Ymysg y cantorion cyfoes sy'n byw a bod yng Nghaerdydd y mae enwau amrywiol o ganghennau gwahanol y goeden bop; yr Anifeiliaid Blewog Gwych – Gruff Rhys, Cian Ciaran, The Peth a Wibidi, artistiaid 'geiriau a gitar' fel H. Hawkline, Cate Le Bon, Gareth Bonello, Rich James a'u grŵp Pen Pastwn a Gwenno Saunders hefyd. Ceir hefyd ddwsinau o fandiau mawr a bach sy'n cynhyrchu eu seiniau unigryw eu hunain; o Los Campesinos!, Islet a Truckers of Husk hyd at anturiaethau athrylithgar MC Mabon, Sion Russell Jones, Colorama, Zwolf a Clinigol. Nac anghofiwch chwaith am gyfraniad bandiau ysgolion Cymraeg Caerdydd wrth danio dychymyg disgyblion dinesig, fel Hanner Pei, U Thant a'r Gwefrau.

Ond, gwrandewch yn astud am seiniau bob dydd Caerdydd, sy'n fwisig i'r clustiau; o gloch Neuadd y Ddinas, sy'n taro pob chwarter awr, a drymio Ninjah ar finiau Heol y Frenhines. Cofiwch hefyd am fysgwyr fel Mark Humphries sydd hefyd yn saernio seinlun Caerdydd, gan chwarae clasuron o 'Calon Lân' i 'Cavatina'.

SPILLERS RECORDS

Yn 1894 mewn arcêd oddi ar Heol y Frenhines, agorodd Henry Spiller siop recordiau gynta'r byd gan arbenigo mewn gwerthu ffonogramau a disciau *shellac*. Yn 1940, symudodd ei fab Edward, y siop i'r Ais, ac yno y prynwyd cannoedd o senglau ac albymau finyl, casetiau a chrynoddisgiau gan genedlaethau o drigolion y ddinas a thu hwnt. Er gwaethaf dylanwad yr MP3 a phrisiau rhent cynyddol ar siop annibynnol o'r fath, mae Spillers Records yn dal i fodoli, yn rhannol oherwydd mentergarwch Ashli a Grace Todd a brynodd y siop gan eu tad Nick, a'i symud rownd y gornel i Arcêd Morgan yn 2010. Yno, gyda logo newydd gan hoff artist y Super Furries, Pete Fowler o Gaerdydd, mae'r chwiorydd Todd a'u staff gwybodus yn llywio hafan hudol o gerddoriaeth newydd a hen – o Doo-Wop i Dub-Reggae, a chyda phwyslais arbennig ar fandiau Cymreig. Mae Gruff Rhys, Y Niwl, Euros Childs ac eraill yn aml i'w clywed ar yr uwch-seinydd, ac yn perfformio'n fyw yno ar achlysuron fel Gŵyl Sŵn a Diwrnod Siopau Recordiau.

❂

31 Arcêd Morgan
Canol y Ddinas CF10 1AF
029 2022 4905

KELLY'S RECORDS

Fry uwchben y tyrfaoedd, ar lawr uchaf y farchnad ganolog, y mae siop recordiau ail-law fwyaf Cymru. Ers sefydlu'r busnes yn 1969 mae teulu'r Kelly's yn gwerthu casgliad helaeth o ddeunydd, gan gynnwys DVD's, crynoddisgiau a chasetiau o bob math, yn ogystal â 30,000 o recordiau finyl yn y siop ei hun, a chwarter miliwn ar-lein. Yn y gornel gomedi, mae goreuon Pam Ayres wedi'u brechdanu'n destlus rhwng Woody Allen a Live From Treorchy Max Boyce, a cheir casgliad bychan o recordiau saith modfedd Cymraeg, cerddoriaeth fel Dafydd Iwan, U Thant a Pherlau Taf. Mae'r casgliad pop, roc, ac R&B yn un helaeth, ond ceir adran Jazz ddiddorol a cherddoriaeth byd hefyd. Mae'n leoliad poblogaidd i DJ's lleol, ac ar gyfer ambell i seren fel Gruff Rhys yn ogystal. Oherwydd y sgwrs ddifyr gewch chi yno, a chymorth pum seren y rheolwr, Allan, does dim dwywaith amdani, mi fyddwch yno am sbel.

❂

Y Balconi, Marchnad Caerdydd
Canol y Ddinas CF10 2AU
029 2037 7355

GŴYL SŴN

Mae'r wyl grwfi hon yn digwydd bob mis Hydref ac yn cynnwys y diweddaraf a'r goreuon o'r sîn gerddoriaeth yn perfformio'n fyw mewn mannau gwahanol yn y ddinas, o Dempsey's i Glwb Ifor Bach neu Neuadd Undeb y Myfyrwyr. Mae'r ddinas yn deffro i sain Gŵyl Sŵn. Chwiliwch ar y we am fwy o wybodaeth ynglŷn â'r *line up*.

❂

swnfest.com

Lleoedd eraill

〜〜〜

D'VINYL RECORDS
4 Mackintosh Place
Cathays CF24 4RQ
029 2049 4998

THE RECORD SHOP
4 Inverness Place
Y Rhath CF2 5RU
029 2045 3093

CATAPULT RECORDS
3–7 Arcêd Stryd y Dug
Canol y Ddinas CF10 1AZ
0844 801 2348

Cerddorion yn y ddinas

〜〜〜

Geraint Jarman
Supper Furry Animals
Shirley Bassey
Meic Stevens
Heather Jones
Yr Hennesseys
MC Mabon
Gareth Bonello
Sweet Baboo

KELLY'S RECORDS

Caerdydd ar sgrîn

Yn ddiweddar, denodd cyfresi llwyddianus gyda'r BBC: *Doctor Who*, *Torchwood* a *Sherlock Holmes* ymwelwyr o bell i Gaerdydd, i ddilyn ôl traed eu harwyr o Borth Teigr yn y Bae i orweddfan Billy'r Morlo yn Nhreganna. Ceir gwefannau niferus sy'n rhestru'r holl leoliadau lle bu Caerdydd yn esgus bod yn rhywle arall ar ffilm, ond os am weld y ddinas ei hun ar y sgrîn, yna mae sawl enghraifft dda o'r ddinas ar ffilm a theledu yn ei hawl ei hun.

Er bod acenion lleol Caerdydd yn absennol, mae *Tiger Bay* (1959) gyda Hayley Mills yn cyflwyno dehongliad difyr o ddociau'r ddinas, gyda lleoliadau fel Eglwys Santes Fair Heol Bute, Adeilad Pierhead, a chorneli colledig Sgwâr Loudon yn chwarae rhan ganolog yn nirgelwch y ffilm ddifyr hon, sy'n dilyn perthynas llofrudd o Wlad Pwyl â merch fach unig sy'n un am raffu celwyddau. Cafodd y ffilm honno argraff dipyn mwy ar gynulleidfaoedd na'r gyfres deledu o'r un enw a grewyd ar gyfer teledu rhwydwaith y BBC yn 1995.

Bron i hanner can mlynedd ar ôl rhyddhau'r ffilm eiconig, gwelwyd yr un ardal wedi'i thrawsnewid yn llwyr ar ffurf y Bae Caerdydd fodern yn *Cymru Fach* (2008) sef addasiad ffilm gan Gruffydd Davies o ddrama lwyfan William Owen Roberts. Roedd y ffilm yn olrhain rhwydwaith o berthnasau rhywiol a'u perthynas â'i gilydd. Daw'r ffilm i grescendo gydag affêr rhwng dau Aelod Cynulliad a gynhaliwyd dan oleuadau hudolus y Bae, yng ngwesty pum seren St David's Hotel.

Lleolodd y cyfarwyddwr ffilm Marc Evans nifer o'i fflimiau yntau yn y ddinas. Yn ei gynhyrchiad wedi'i osod yn y dyfodol, *Ymadawiad Arthur* (1994), mae'r olygfa eiconig mewn du a gwyn o gêm rygbi ar Barc yr Arfau. Yn *Patagonia* (2010) mae'r dehonglydd hanes, Nia Roberts, yn mwynhau mwgyn dirgel ger wal goch ffermdy Kennixton yn Sain Ffagan a'r gantores Duffy'n profi nos Sadwrn gofiadwy ar Heol y Santes Fair.

Ceir parti glam yn y ffilm *Siôn a Siân* gan Tim Lyn (2003) ym mar uchaf sinema Cineworld; un o dai crandiaf Rhodfa Plasturton, Pontcanna yw lleoliad y berthynas bwdr rhwng awdures dan straen ac actor alcoholig yn *Cwcw* o waith Delyth Jones (2008).

Rhodfa Plasturton hefyd oedd cartref *Y Ferch Drws* Nesa yn y nawdegau ar S4C, gyda Nia Roberts, Dewi Rhys Williams a Llion Williams. Rhwng 1985 a 1991, seren fwya'r ddrama sebon *Dinas* oedd cartref crand y teulu Ambrose, sef Tŷ'r Maer ar Heol Richmond. A chynigodd *Diwrnod Hollol Mindblowing Heddiw* (2000) gan Euros Lyn arbrawf byrfyfyr hynod ddifyr i ni, gan gyflwyno profiadau newydd i gog 'di-niw' gyda merch o'r de yn Bar Med sydd bellach yn far y Revolucion de Cuba, ac ar lawr dawns clwb Astoria hefyd.

Rhwng 2006 a 2009 cynigodd drama deledu slic a chyfoes *Caerdydd* bum cyfres o ddiddanwch wrth ddilyn trigolion amrywiol y ddinas. Ond ugain mlynedd ynghynt, y ditectif preifat oedd deyrn, wrth i *Bowen a'i Bartner* grwydro strydoedd y ddinas.

Toc cyn troad y mileniwm yn 1999, rhyddhawyd teyrnged Justin Kerrigan i'r genhedlaeth gemegol, gan ddathlu'r ddegawd dawns yng nghlybiau Caerdydd, gyda'r ffilm *Human Traffic*. Yng nghwmni cast difyr a stori syml cawn brofi noson a hanner yng nghwmni criw sy'n byw am bleserau'r penwythnos. Y mae'r ffilm yn ffefryn gwlt am ei hwyl hedonistaidd, ond mae digon ynddi i ddenu'r dirwestwr mwya, a digon o ddelweddau trawiadol o ddinas ar ddihun. O draffic Death Junction i banorama'r Bae, y mae canfas amryliw Kerrigan yn dangos harddwch y brifddinas gan gyflwyno'r corneli cudd sy'n baradwys ar ddiwedd wythnos syrffedus o waith. Mae hefyd yn gofnod gweledol o gyfnod cyffrous, a chyda diweddglo eiconig sy'n hawlio hud Heol y Santes Fair, dyrchefir statws dinas dragwyddol i 'Gaerdydd-a-nos'.

Hanes

CASTELL CAERDYDD

Oeddech chi'n gwybod fod gan bob dinesydd yn ninas Caerdydd yr hawl i fynediad am ddim i'r Castell, wrth gyflwyno prawf o'u cyfeiriad wrth y fynedfa? Y rheswm am hynny yw mai trigolion y ddinas sy'n berchnogion ar y Castell, fyth er 1947 pan roddodd Pumed Ardalydd Bute y Castell a'i diroedd i'r ddinas a'i dinasyddion. Ond hyd yn oed os nad ydych chi'n byw'n lleol, mae taith swyddogol o amgylch y Castell yn brofiad diddorol tu hwnt, ac yn cadarnhau'r dybiaeth fod gan rai pobl fwy o arian nag o synnwyr. O un o doiledau cynharaf George Jennings, i nenfwd mawreddog yr ystafell Arabaidd, mae yna ryfeddodau di-ri i'w canfod yma. O'r seiliau Rhufeinig a'r Mwnt a Beili Normanaidd i'r tyrrau canoloesol, mae yna ymhell dros fileniwm o hanes pensaernïol i'w weld rhwng y waliau hyn, ac amgueddfa filwrol yn ogystal. Ar ôl meddwi ar oferedd teulu'r Bute a William Burges, beth am ddadebru dros baned neu wydraid o win ar y lawnt, neu bowlenaid o gawl o gaffi'r Castell?

Stryd y Castell
Canol y Ddinas CF10 3RB
029 2087 8100

TEITHIAU CARDIFF CITY SIGHTSEEING TOUR

Faint o weithiau ydych chi wedi pasio'r castell a sylwi ar y bws mawr coch, gan feddwl chi'ch hun, 'taith i'r twristiaid yn unig yw honno.' Twt lol! Os unrhyw beth, dylai hi fod yn ddyletswydd ar bawb sy'n byw o fewn ffiniau Caerdydd, yn ogystal ag ymwelwyr cyson ac achlysurol, i neidio ar un o'r bysus coch sy'n gadael y castell bob awr, i gael profi un o bleserau mwyaf y ddinas. Mewn cwta awr, cewch wibdaith wych o amglych muriau'r Castell heibio i'r Ganolfan Ddinesig, yna ymlaen heibio hen ardal Newtown gynt, ac i lawr i'r Bae cyn dychwelyd yn ôl heibio'r wal anifeiliaid a Stryd Westgate. Yn ogystal â chlywed hanes rhai o drigolion mwyaf difyr y ddinas, cewch wybod yn union pam fod gennym Stuttgart Strasse a Boulevard de Nantes, a chewch ddarganfod ardal golledig Temperance Town lle safodd Eisteddfod Street unwaith. Mae pawb yn gwybod mai'r dec uchaf sydd orau, ac yn wir, mae'r olygfa'n wych i gyfeiliant sylwebaeth ddeallus. Os am glywed yr hanes gan Gymry Cymraeg yna holwch am shifft nesaf Magi neu Jac.

O flaen Castell Caerdydd
Stryd y Castell
Canol y Ddinas CF10 3RB
029 2047 3432
07808 713 928

TAITH GERDDED HANESYDDOL CANOL Y DDINAS

Oeddech chi'n gwybod fod un o Cyber-ddynion *Doctor Who* yn Eglwys Sant Ioan yr Ais? A bod dau o *gangsters* mwya'r ddinas yn gorwedd mewn beddrod gerllaw? Pam fod cerflun John 'The Friend of Freedom' Batchelor yn wynebu'r Ais yn hytrach na'r Hen Lyfrgell? Ac wrth droedio ffordd gerrig anwastad Stryd Womanby yn ystod yr unfed ganrif ar bymtheg pam y byddech chi wedi bod yn fwy tebygol o daro ar haid o fôr-ladron nag aelodau o fandiau Cymraeg? Mae'r atebion i'r cwestiynau hyn, a llawer iawn mwy, ar un o deithiau cerdded gorau'r brifddinas. Diolch i arbenigedd awdur y gyfrol wych *The Arms Park*, yr hanesydd Bill O'Keefe a'i griw, cewch gyflwyniad cofiadwy i hanes un o ddinasoedd mwyaf diddorol y ddaear hon ac awr a hanner o ymarfer corff yn ogystal.

✼

www.castlequartertour.co.uk

CARDIFF: A POCKET GUIDE
JOHN DAVIES
GWASG PRIFYSGOL CYMRU
(2002)

Os oes dim ond digon o le i un llyfr yn eich bag llaw, yna wfft i'r *Canllaw Bach*, gadewch ef wrth erchwyn y gwely, rhowch flaenoriaeth i lyfr poced rhagorol Dr John Davies am hanes y ddinas, a chofiwch ei gadw gyda chi bob amser. Mae'n cynnig cyflwyniad rhagorol i gefndir y ddinas – o ddyddiau'r Silwriaid a'r Rhufeiniaid, hyd at y driniaeth erchyll a gafodd tywysogion Morgannwg a'r brodorion Cymreig o dan law yr arglwyddi Normanaidd. Ac os yw enwau Dumfries, Ninian a Sophia yn canu cloch, yna ar ôl darllen y gyfrol, byddwch yn barod i gystadlu am dlws *Mastermind* gyda'ch pwnc arbenigol; Hanes y Teulu Bute. Am lai na seithbunt, chewch chi ddim gwell addysg am Gaerdydd na thrwy ddarllen y gyfrol hon.

AMGUEDDFA WERIN SAIN FFAGAN

Mae'n hawdd cymryd ein trysorau cenedlaethol yn ganiatâol, ond mae'n werth cofio mai Amgueddfa Werin Sain Ffagan yw un o atyniadau ymwelwyr mwyaf poblogaidd y Deyrnas Gyfunol, a hynny am reswm da. Fe'i seiliwyd ar gynllun amgueddfa werin Skansen yn Stockholm, a'i hagor yng Ngorffennaf 1948 ar dir a roddwyd gan ystad Iarll Plymouth. Ailgodwyd dros ddeugain o adeiladau sy'n dangos ffordd o fyw'r Cymry dros y canrifoedd. Yr adeilad hynaf i'w weld yw un o'r atyniadau diweddaraf, sef Eglwys Teilo Sant o Landeilo Tal-y-bont ger Pontarddulais, a ddatblygwyd yn wreiddiol rhwng 1100 a 1520, ac a gyflwynwyd i'r amgueddfa a'i chodi o'r newydd yn 2007. Ceir sawl ffermdy fel Hendre'r Ywydd Uchaf o Langynhafal sy'n dyddio o 1508, a Kennixton o Langennydd a'i harwyneb eiconig o goch lliw ceirios, hyd at fyngalo prefab o Gabalfa o'r flwyddyn 1948. Mae yma dollty, ysgoldy, efail, becws a thwlc mochyn ac wrth gwrs Siop Gwalia o Ddyffryn Ogwr, lle gallwch brofi paned a bara brith bendigedig. Nac anghofier chwaith y ffermdy gweithredol, a'r cyfoeth o gasgliadau sydd yn archif yr amgueddfa, o lwyau caru i ffasiynau Cymreig ar hyd yr oesoedd. Yno hefyd mae arddangosfeydd cyfoes dan do yn Oriel 1.

Mae'r cyfan oll yn rhad ac am ddim. Ond mae'n werth cofio hefyd am yr un a wireddodd y cyfan – prif sylfaenydd a churadur cyntaf yr Amgueddfa, y bardd a'r academydd Iorwerth Cyfeiliog Peate, o Lanbryn-mair. Dyma ddyn a wrthododd anrhydedd gan y frenhines, ac a wisgodd fathodyn tafod y ddraig ar ei frest. Cymaint oedd ei ymroddiad i'r lle fel y claddwyd ei lwch ef a'i wraig, Nansi, tu cefn i Gapel Pen-rhiw lle gwelir cofeb i'r ddau ohonyt.

✼

Rhiw'r Castell
Sain Ffagan CF5 6XB
029 2057 3500

BWS CARDIFF BUS

Estynnwch am eich cerdyn teithio IFF neu sicrhewch fod 'da chi'r newid cywir a pharatowch am wibdaith o amgylch y ddinas. Mae 100,000 o bobol yn dewis teithio ar fysys Caerdydd – cyfanswm o 3,000 o siwrneiau, sef 27,000 o filltiroedd, bob dydd. Cyflwynwyd y bysys deulawr i Gaerdydd yn nechrau'r 1960au, yn dilyn degawdau o deyrnasiad y tramiau. Lliw hufen ac ysgarlad oedd y bysys gwreiddiol, cyn newid i liw oren eiconig y 1970au. Ers troad y mileniwm a dyfodiad y *bendy bus*, mae'r lliw wedi newid o oren i laswyrdd llachar, gan adlewyrchu ethos mwy cynaliadwy. Am ychydig dros deirpunt y dydd, gallwch ymweld â mannau difyr drwy'r ddinas gyfan a chreu'ch taith eich hun.

✼

Traveline Cymru
0871 200 2233

CASTELL CAERDYDD

ADEILAD Y PIERHEAD

Pe bai waliau cochion adeilad y Pierhead yn medru siarad, mae'n debyg y byddent yn fud gan sioc o fod yn dyst i'r holl newid a fu o'u cwmpas ers ei sefydlu yn 1897. Fe'i hadeiladwyd o frics teracota gweithfeydd Pen-y-bont J. C. Edwards, Rhiwabon. Yn wreiddiol dyma oedd pencadlys Cwmni Rheilffordd Caerdydd, lle storiwyd y siec gyntaf a arwyddwyd am filiwn o bunnau yn y Gyfnewidfa Lo gyfagos. Bellach, mae'n ganolfan hanes a gweithgareddau cyfoes, sy'n cyfosod stori leol y Bae â materion dyfodol y genedl. Mae neuadd fawr yma lle chynhelir cynadleddau a thrafodaethau cyhoeddus dan y teitl 'Sesiynau'r Pierhead' a pharlwr tair ystafell sy'n olrhain hanes Cymru rhwng y flwyddyn 950 a 1997, pan etholwyd y Cynulliad Cenedlaethol. Mae yma arddangosfa ddigidol o arwyr Cymreig, y pleidleisiodd y cyhoedd drostynt. O enwau lleol fel Jim Driscoll a John Crichton-Stewart hyd at arwyr cenedlaethol fel Hywel Dda, Dic Penderyn a Laura Ashley.

❋

Cynulliad Cenedlaethol Cymru
Bae Caerdydd CF99 1NA
0845 010 5500

MYNWENT CATHAYS

Y tro nesa y bydd gennych fore rhydd a thywydd braf, ystyriwch gymryd un o deithiau mwyaf diddorol a dadlennol y ddinas – taith gerdded o amgylch Mynwent Cathays. Fe'i hagorwyd yn 1859 mewn ardal a oedd ar y pryd ar gyrion pellaf y dre, a hynny oherwydd y cynnydd aruthrol ym mhoblogaeth Caerdydd ac wedi i'r fynwent gyhoeddus gyntaf yn Adamsdown gael ei ddisbyddu. Mynwent Cathays bellach yw'r drydedd fynwent fwyaf ym Mhrydain ac mae'n ymestyn dros 110 erw. Yn ogystal â beddrodau hardd, a chroesau Celtaidd cywrain, ceir nifer o gerrig beddau cynnar ag arnynt englynion coffa sy'n adlewyrchu'r nifer o Gymry Cymraeg oedd yn byw yn y ddinas yn ystod y bedwaredd ganrif ar bymtheg.

Ymysg yr enwau mawr a gladdwyd yma y mae'r arloeswr hedfan Ernest Willows, y bardd a'r nofelydd T. Rowland Hughes, y diwydiannwr Reardon Smith a'r gwleidydd John Batchelor. Ni ddylid anghofio chwaith am y paffiwr o hen ardal Wyddelig Newton y dre, sef 'Peerless' Jim Driscoll a fu farw'n ifanc o'r diciâu, ac a ddenodd 100,000 o alarwyr i lenwi'r strydoedd ar gyfer ei daith i'r fynwent.

Mae tystiolaeth am hanes ychydig yn wahanol hefyd, fel y tystia bedd 'The Balloon Girl', y ferch bedair ar ddeg oed, Louisa Maud Evans, morwyn gyda syrcas Hancock's, a fu farw pan suddodd ei pharasiwt i Fôr Hafren wedi iddi esgyn mewn balŵn uwchben Caerdydd. Yma hefyd mae dyn busnes o Drelái a gollodd ei goes, gan fynnu ei chladdu a gosod carreg fedd i gofio'r aelod anffodus yn dwyn y geiriau 'Here lies the leg of Samuel Chivers' tra bod gweddill corff y Bonwr Chivers yn gorwedd mewn mynwent ym Mhenarth.

❋

Heol Fairoak
Cathays CF23 5HH
029 2062 3294

Y SENEDD

Agorwyd adeilad y Senedd yn 2006 ac mae'n gartref i siambr drafod Cynulliad Cenedlaethol Cymru. Saif nesaf at adeilad trawiadol y Pierhead a Chanolfan Mileniwm Cymru, ac fe'i cynlluniwyd gan dîm yn cynnwys Partneriaeth Richard Rogers i fod yn adeilad gwyrdd a thryloyw, agored i bawb. Os ydych ar ymweliad â'r Bae, archebwch daith dywys o amgylch yr adeilad. Er mai dyma ganolbwynt trafodaethau gwleidyddol ein gwlad, mae cyfle i weld arddangosfeydd gan artistiaid amrywiol yno hefyd. Gallwch fwynhau paned yn yr Oriel ar y llawr uchaf, neu wylio'r Cynulliad wrth ei waith yn yr orielau cyhoeddus ar y llawr canol, sef y Neuadd. Dyma lle crëir dyfodol ein cenedl ni.

❋

Stryd Pierhead
Bae Caerdydd CF99 1NA
029 2089 8725

THE CARDIFF STORY

Os bydd hi'n tresio bwrw glaw y tu allan, beth am neilltuo awren go dda i gael mwynhau hanes 'Stori Caerdydd' o bentref i dref a dinas? Lleolir yr arddangosfa yn yr hen lyfrgell, adeilad sydd â hanes difyr ei hun, o'i sefydliad gan Drydydd Ardalydd Bute ym Mai 1882 yn rhan o'i gynlluniau i ennill statws dinas i Gaerdydd ac i wella llythrennedd y trigolion, hyd at ei hanes dros dro ar droad y mileniwm yn ganolfan gelf weledol flaengar.

Fel rhan o'r profiad, gallwch deithio mewn peiriant amser yn null Doctor Who a'ch tywys o Gaerdydd y Rhufeiniaid i'r dyfodol. Mae yno flychau llawn arogleuon coll y Dociau a wal fideos o drigolion yn rhannu hanesion eu hoff drugareddau dinesig yma, ac mae modd edrych ar haenau hynod a thryloyw o fapiau'r dre gan weld y ddinas yn tyfu o flaen eich llygaid. Mae sawl llawr i'r arddangosfa, sydd hefyd yn cynnwys gweithgareddau i'r plant ac archif luniau wych yn ogystal ag adran ar gyfer hel achau. Byddwch yn awyddus i ddychwelyd yma droeon, i gael ymchwilio ymhellach.

Ond peidiwch â gadael yr adeilad heb ymweld ag un o gorneli harddaf y ddinas a ddatguddiwyd am y tro cyntaf ers dros 80 mlynedd yn ddiweddar. Y mae'r coridor teils amryliw hardd a gynlluniwyd gan un o enwau mawrion y mudiad Arts and Crafts, Walter Crane, yn dangos dehongliadau addurniadol o'r dydd a'r nos a'r pedwar tymor ac a fu, tan 1896, yn brif fynedfa i'r llyfrgell. Lle perffaith am gusan gudd neu gysgod rhag y glaw!

✸
Yr Hen Lyfrgell
18 Heol y Drindod
Canol y Ddinas CF10 1BH
029 2078 8334

CANOLFAN HANES A CHELFYDDYD TRE-BUTE

Mae'r ganolfan hon yn un o gyfrinachau gorau'r ddinas. Ers agor chwarter canrif yn ôl, mae'r gofod celf a hanes lleol yn cynnal a chadw hanesion byw diweddar trigolion Tre-Bute yn ogystal â chofio'r hanes a fu. Ceir sawl gofod yno, gan gynnwys oriel gelf sy'n arddangos gwaith gan artistiaid lleol, er enghraifft gwaith yr arlunydd graffig Leon Balen. Yno hefyd ceir cyfres o ddarluniau olew Jack Sullivan – heddwas yn ardal y Dociau a fu'n dylunio morwyr, tafarnwyr a'r puteiniaid y byddai'n cerdded heibio iddynt ar ei 'beat' nosweithiol ym mhumdegau'r ugeinfed ganrif. Mae gofod arddangos yma hefyd i gyd-fynd â phrosiectau cymunedol, gan gynnwys cyweithiau gan drigolion, disgyblion a myfyrwyr lleol, archif o ffotograffiaeth yr ardal a siop yn gwerthu dewis da o lyfrau hanes lleol. Yn goron ar hyn oll, mae'r mynediad am ddim.

4 Siambrau'r Doc, Stryd Bute
Bae Caerdydd CF10 5AG
029 2025 6757

AMGUEDDFA GENEDLAETHOL CAERDYDD

Ers ei hagor yng nghanolfan ddinesig Parc Cathays yn 1927, mae Amgueddfa Genedlaethol Caerdydd wedi denu miloedd i fwynhau casgliadau hynod o faes celf, archaeoleg, daeareg a natur. Mae casgliad eiconig y Chwiorydd Davies, Gregynog, o rai o weithiau celf argraffiadol gorau'r byd yn rhywbeth sy'n werth ei brofi'n sicr. Mae'r arddangosfeydd sy'n eich tywys yn ôl i ddyddiau'r Neanderthal ac yn dilyn Esblygiad Cymru yn un mor ddadlennol a difyr. Dyma atyniad o safon i blant ac oedolion gael eu gwefreiddio fel ei gilydd gan gelfyddyd weledol ardderchog a'r gwyddorau naturiol, a hynny yn rhad ac am ddim.

Parc Cathays
Canol y Ddinas CF10 3NP
029 2039 7951

CASTELL COCH

Ychydig i'r gogledd o Dongwynlais, y mae castell tylwyth teg rhyfeddol Castell Coch. Mae'r seiliau'n dyddio o droad y drydedd ganrif ar ddeg. Yn wreiddiol fe'i sefydlwyd gan Ifor Bach, Arglwydd Senghennydd, yn amddiffynfa strategol. Erbyn diwedd y ganrif roedd y castell a'r gwastatiroedd a'r fynedfa i Ddyffryn Taf oll ym meddiant Gilbert de Clare, ac fe'i haildeiladwyd yn gastell Normanaidd gyda thŵr carreg, porthdy a beili. Fe'i hysbeiliwyd gan fyddin wrthryfelgar gor-ŵyr Ifor Bach, sef Llywelyn Bren, ar ddechrau'r bedwaredd ganrif ar ddeg, ac fe'i gadawyd i fynd â'i ben iddo am ganrifoedd lawer, tan 1871, pan gomisiynwyd William Burges i'w addasu yn arddull yr Adfywiad Gothig gan John Crichton Stuart, Trydydd Ardalydd Bute, yn ddihangfa dros dro o Gastell Caerdydd. Aeth Burges amdani go iawn gan feddwi'n llwyr ar fanylion canoloesol a chyffyrddiadau gwallgof a aeth a'i ffansi, gan gynnwys porthcwlis, ysgrogell a thoeau pigfain. Gellir profi'r rhain oll hyd heddiw, diolch i waith cadwraeth Cadw, ac yn wir, mae'r parlwr moethus a'i nenfwd addurnedig yn lleoliad poblogaidd ar gyfer gwasanaethau priodas sifil.

✸
Heol y Castell
Tongwynlais CF15 7JS
029 2081 0101

CASTELL CAERDYDD

Mae unrhyw ddinas yn siŵr o ysgogi awduron i ysgrifennu amdani a dydy Caerdydd ddim yn eithriad. Cymerwch ennyd i bori drwy ddalennau'r ddinas.

Llenyddiaeth y ddinas

FFYDD, GOBAITH CARIAD
LLWYD OWEN
Y LOLFA (2006)

Ffrwydrodd Llwyd Owen ar y sîn llenyddol yn 2005, gyda chyhoeddi'r ymgom ymfflamychol *Ffawd, Cywilydd a Chelwyddau*, a oedd yn benderfynol o rwygo pothelli pydredig y brifddinas, gan ddatgelu rhagrith, rhyfyg ac eithafion rhywiol y Cymry Cymraeg trwy lygaid y gwrtharwr Luc Swann o Lakeside. Profodd y llenor lwyddiant eto wrth gipio gwobr Llyfr y Flwyddyn 2006 gyda'i gyfrol *Ffydd, Gobaith Cariad*, gan ddwysáu ei ymgais i roi llais i ddinasyddion yr ymylon, y Cymry Cymraeg cynhenid sy'n byw bywydau bob dydd ymhell o gyrraedd bywydau breintiedig Teeganna a Bae Caerdydd y cyfryngau. Y mae'r awdur toreithiog o Gyncoed yn gwyro rhwng arddull *pulp-fiction* ei arwr mawr, Elmore Leonard, ac eironi crafog yr *über-brat* Brett Easton Ellis. Dyw ei arddull ddim at ddant pawb, ond mae ei bersbectif ar y brifddinas yn bendant iawn, ac yn gyfrifol am greu cynulleidfa Gymraeg gwbl newydd.

GWANWYN YN Y DDINAS
ALUN LLYWELYN-WILLIAMS
GWASG GEE (1975)

Hunangofiant hynod ddarllenadwy gan y bardd o Ben-y-lan, sy'n dilyn blynyddoedd ffurfiannol ei ieuenctid, o'i fagwraeth ddwyieithog ar Heol Ninian dafliad pêl griced o Barc y Rhath hyd at ei ddeffroad Cymraeg yn Ysgol Uwchradd Caerdydd dan adain R. T. Jenkins yw'r gyfrol hon. Cawn hanes ei gyfnod yn un o fyfyrwyr W. J. Gruffydd yn Adran Gymraeg Prifysgol Cymru Caerdydd, a'i waith yn gyhoeddwr yn nyddiau cynharaf darlledu Cymraeg o Gaerdydd, hyd at gofrestru'n filwr ar doriad yr Ail Ryfel Byd. Adroddir y cyfan mewn arddull hyfryd o hamddenol, sy'n adlewyrchu'r cyfnod.

DIWRNOD HOLLOL MINDBLOWING HEDDIW
OWAIN MEREDITH
Y LOLFA (1997)

Profodd *Diwrnod Hollol Mindblowing Heddiw* yn chwa o awyr iach pan gyhoeddwyd y gyfrol yn 1997, gan gyflwyno cyfrol amserol ac amheuthun i ni, a oedd o gyfuniad o lythyr serch a sesh wyllt gan y gog o Gaerdydd, Owain Meredith. Yn y gyfrol hwyliog, rhannol-hunangofiannol hon, datguddiodd y dyddiadurwr dewr flwyddyn ym mywyd dyn ifanc yn ei ugeiniau. Fel y gwnaeth Helen Fielding yr un flwyddyn gyda'i harwres anfarwol Bridget Jones, llwyddodd Owain Meredith i gyfuno'r dwys, y digri, a diflastod bob dydd, gyda dathliad o brifddinas orau'r bydysawd a myfyrdod ar genedlaetholdeb Cymreig ar droad y Mileniwm hefyd. Yn ogystal â gwibdeithiau i'r gogledd, cofnodwyd sawl crôl comig trwy dafarndai a chlybiau'r ddinas, gan gynnwys yr Astoria, a'r 'Clwb Inevitable'. Sbardunodd y nofel boblogaidd ar addasiad ffilm chwyldroadol, sef y cynhyrchiad Dogme cyntaf yn y Gymraeg. Y mae dogfen ddigri, hynod ddarllenadwy Owain Meredith yn llawn haeddu ei lle ar yr un rhestr â hunangofiant ei daid, sef y bardd o Ben-y-lan, Alun Llywelyn-Williams.

LLWYTH
DAFYDD JAMES
SHERMAN CYMRU (2010)

Ar ôl cyfnod yn Llundain ar ffo o'r Fro, cododd y cyfle i'r dramodydd o'r Bont-faen, Dafydd James, gydweithio â chwmni theatr Sherman Cymru, i gael bwrw'i fol, fel Llundeiniwr hoyw, am Gaerdydd, Glantaf a'r Gymraeg. Er iddo ofni'n wreiddiol y byddai'r canlyniad yn fêl ar fysedd y beirniaid, yr hyn a ddatblygodd oedd egin ddrama a oedd, ar y naill law yn ddiweddariad treiddgar o'r 'Gododdin', ac yn ddathliad gwefreiddiol o garfannau gwahanol Caerdydd ar y llall. Erbyn i Llwyth fynd ar daith genedlaethol, profodd y profiad personol yn ffenomen boblogaidd, gan daro deuddeg gyda llwythi eraill ledled Cymru. Trwy gyfrwng un noson loerig yng nghwmni'r pedwar ffrind, cawsom ni'r gynulleidfa fod yn rhan o bererindod ddadlennol o Fae Caerdydd, hyd Lôn y Felin, Heol Siarl a'r Billy Banks, a diolch i'r cymeriad Dada, dyma'r deyrnged *drag* orau erioed i Margaret Williams.

YR ARGRAFF GYNTAF
IFAN MORGAN JONES
Y LOLFA (2010)

Yn dawel a diffwdan yn 2010, cyhoeddwyd nofel ddifyr gan y llenor ifanc Ifan Morgan Jones, wedi'i gosod yng Nghaerdydd, sy'n olrhain ymgais heddwas o Batagonia a newyddiadurwr o Landysul i ganfod llofrudd dichellgar ar benwythnos tyngedfennol yn 1927. Yn sicr, dyma nofel ddirgelwch ag apêl arbennig i gefnogwyr yr Adar Gleision, ond wyddech chi hefyd mai ddiwrnod yn unig cyn buddugoliaeth fawr y tîm pêl-droed yn Stamford Bridge yr agorwyd Amgueddfa Genedlaethol Caerdydd gan Frenin Siôr V? Caiff y ddau ddigwyddiad, yn ogystal â'r ymgyrch dros hawliau merched, dirywiad y Dociau a'r pall ar y pyllau glo ran flaenllaw yn y stori afaelgar hon, a osodwyd yn bennaf yng nghilfachau coll Tre-Bute a Temperance Town. Mae ôl ymchwil treiddgar gan yr awdur o'r Waunfawr, ond yn wahanol i nifer o nofelau hanesyddol, dydy'r hanes ddim yn fwrn, ac fel tudalen flaen ddychmygol y *Cardiff Chronicle*, dydy'r ffeithiau moel ddim yn ffrwyno stori dda.

MARCHNAD CAERDYDD

MONICA
SAUNDERS LEWIS
GWASG GOMER (1995)

Ers ei chyhoeddi'n wreiddiol yn 1930, y mae Monica wedi ysbrydoli dadl ffyrnig, gan ennill y fraint amheus o fod yn ddafad ddu llenyddiaeth Gymraeg. Er nad yw efallai'n haeddu ei broliant fel y 'Madame Bovary Cymreig', does dim dianc rhag y ffaith i ddameg ddirfodol Saunders Lewi ddychryn darllenwyr Cymraeg y tridegau i'r byw, gan gyflwyno merch fodern a gynrychiolai bopeth oedd yn wrthun i'r dosbarth canol Cymraeg. Beth bynnag fo'ch barn, y mae Monica Maciwan yn wrtharwres gwerth ei phwysau mewn aur, yn Betty Draper ddegawdau cyn bodolaeth *Mad Men*, ac wrth ei bodd yn cael dianc i berfeddion breuddwydiol a byrlymus y brifddinas, cyn mygu mewn maestref yn Abertawe. 'Tasa hi ond wedi aros yng Nghaerdydd...

BOB YN Y DDINAS
SIÔN EIRIAN
GWASG GOMER (1979)

Flwyddyn ar ôl ennill y Goron ar faes Pen-twyn yn Eisteddfod Genedlaethol Caerdydd yn '78, cyhoeddodd Siôn Eirian nofel nihilistaidd a oedd yn byrlymu o baranoia dinesig, wrth i'r alci sgint o'r Fflint, Bob Lewis, wario'i bres dôl ar beintiau di-ri o Brains Dark yn nhafarn y Roath Park. Tra roedd Dafydd Huws, dan gochl Goronwy Jones, yn prysur ddychanu'r 'Dyn Dwad' yn nhudalennau'r *Dinesydd*, rhannodd Siôn Eirian fywyd di flewyn ar dafod bardd mewn *bed-sit* ar stryd yn Sblot, gan groniclo dyddiau dyn oedd fwyaf cysurus ar y cyrion, yn dyheu am ddêt â myfyrwraig ifanc a chael dial ar ei nemesis, Stanley Morgan. Ond eto ynghanol y storm feddyliol hon, drwy hyn oll, mae Bob yn ysu am gofleidiad ei fam. Mae'r gyfrol yn cofnod gwych o gyfnod dan gysgod datblygiad Canolfan Dewi Sant, wrth i ni ddilyn Bob o'r Taff Vale i'r Cottage, ac o sinema bornograffig y Prince of Wales i'r Halfway, cyn troi am adre lawr Heol y Gadeirlan gyda brawddeg sydd yr un mor addas heddiw: 'mae hi'n uffarn o wâc, yn enwedig i ddyn meddw.' Pe bai Travis Bickle o'r ffilm *Taxi Driver* wedi gwrando ar albwm *Tacsi i'r Tywyllwch* Geraint Jarman unwaith yn ormod yn '77, byddai'r canlyniad llenyddol yn go debyg i hwn.

GWRANDO AR FY NGHÂN
HEATHER JONES
DREF WEN (2007)

Cofiant difyr a dirdynnol gan y gantores o Gaerdydd, yn dilyn ei bywyd o fagwraeth ar aelwyd Saesneg yn y Mynydd Bychan i frig y siartiau Cymraeg a thu hwnt. Cawn glustfeinio ar ei chyflwyniad cynnar i ganu, y gitâr a'r Gymraeg, a thra roedd hi'n ddisgybl yn Ysgol Uwchradd Cathays, i wersyll Glan-llyn a Geraint Jarman. Cawn hefyd gipolwg ar un o garwriaethau mwyaf dylanwadol y SRG, o'i gwreiddiau rhamantus ym Mynwent Cathays a gerddi'r Castell hyd at derfyn llwm y berthynas honno yn Llanedern. Cawn gyfle i droedio strydoedd y ddinas yn ei chwmni, o gymdogaeth glyd St Brioc Close, heibio unigrwydd Alfred Street, a thorcalon Heol y Ddinas, hyd at orchestion proffesiynol yn nhafarndai'r Mackintosh a'r Baltimore. Y mae Heather yn arwres ac yn fenyw a oroesodd, yn ddynes gref a dinesydd balch, a byddai Caerdydd, a Chymru yn llawer tlotach hebddi.

Y TIWNIWR PIANO
CATRIN DAFYDD
GWASG GOMER (2009)

Flwyddyn ar ôl profi llwyddiant ysgubol ar gyhoeddi ei theyrnged lenyddol drawiadol i Bontypridd a'r Cymoedd, yn yr iaith Saesneg, *Random Deaths and Custard*, cyflwynodd Catrin Dafydd o Waelod-y-garth astudiaeth gyfoes o Gaerdydd, a hynny trwy lygaid Cymro Cymraeg sy'n cael mynediad dilyffethair i gartrefi pobl o Grangetown i Donyrefail, o Bontcanna i Barc y Rhath. Na, nid Hywel Gwynfryn ar wib o'r Bîb, ond Efan Harry, y tiwniwr piano. Trwy ymweliadau Efan â chwsmeriaid crachaidd a chyffredin, a thros baned a pheint â chyfeillion cu, down yn raddol i ddeall mai dieithriaid yw pob dinesydd yn y bôn, ac nad oes lle i sentiment pan fod Steinway dan sylw. Nofel graff a threiddgar, sy'n coffáu 'Cenhedlaeth Y' y 'Dim Dimau' i'r dim.

O RAN
MERERID HOPWOOD
GWASG GOMER (2008)

Yn Eisteddfod Caerdydd 2008,
llwyddodd Mererid Hopwood
i gipio'r Fedal Ryddiaith am
sgwennu cyfrol 'ag iddi gefndir
dinesig neu drefol', gan gyflawni'r
gamp o fod y ferch gyntaf erioed
i gipio'r trebl – y Gadair, y Goron
a'r Fedal – yn yr Eisteddfod
Genedlaethol. Er mai yng
Nghaerfyrddin y mae hi'n byw ers
tro, y mae'n amlwg i fagwraeth
yr awdures yng Nghaerdydd greu
argraff ddofn arni, gan mai dyna
sy'n ffurfio sylfaen y nofel dyner,
delynegol, *O Ran*. Dilyn taith
Angharad Gwyn o Paddington i
Gaerdydd a wnawn ni, wrth iddi
ddychwelyd adre i ymweld â'i
thad, y cyfansoddwr Ifan Gwyn,
ar ei wely angau yn Ysbyty'r Waun,
ond wrth i'r gorsafoedd trên wibio
heibio, profwn ôl-fflachiadau
o'i hieuenctid ar ddiwedd y
chwedegau a dechrau'r saithdegau
yng nghwmni'r cerddor cymhleth,
ei Anti June annwyl a 'Myng-Gu'.
Yn gefndir, ceir clytwaith cywrain
o gyfrinachau a gedwir dan glo tan
y bennod olaf un. Y mae *O Ran*
yn astudiaeth grefftus o gydwybod
a hunaniaeth, ond y mae hefyd
yn ddogfen ddaearyddol hynod
ddifyr o Gaerdydd y cof, gan
fapio'n gelfydd brofiadau, siopau
a theithiau dinesig sydd wedi
diflannu am byth bellach.

CERDDI CAERDYDD
CATRIN BEARD (GOL)
GWASG GOMER (2004)

Blodeugerdd hardd llawn cerddi
gwych sy'n dathlu barddoniaeth
y brifddinas. Dyna sydd rhwng
cloriau Cerddi Caerdydd, a ceir
cyfraniadau gan drigolion oes,
ymwelwyr dros dro a dinasyddion
dwad. Mae gan bawb eu
teimladau personol am brifddinas
Cymru, ac felly mae arlwy hynod
amrywiol yma. O ddychan craff
gan Grahame Davies hyd at
synfyfyriadau swrreal Mihangel
Morgan, a geriau cyfarwydd Meic
Stevens a Geraint Jarman. Ceir
yma hefyd deyrngedau niferus
i leoliadau fel Parc yr Arfau,
Amgueddfa Werin Sain Ffagan,
Yr Ais, ac afon Taf, yn ogystal ag
englynion cyfarch i bapur bro
Y Dinesydd ac Ysgol Glantaf, dau
sefydliad amlwg yn hanes Cymraeg
y ddinas. Mae yma gymeriadau
sydd bellach yn gerfluniau fel
John Bachelor a Jim Driscoll,
a myfyrdodau am faestrefi
Treganna, Tre-bute a'r Rhath.
Ond i bob perl bach personol sy'n
datgelu eiliad unigryw unigolyn,
mae yma gerddi eraill eang eu
hapêl sy'n croesawu pawb i ddinas
Caerdydd.

TWRW JARMAN
GERAINT JARMAN
GWASG GOMER (2011)

Nid hunangofiant roc mo'r gyfrol
hon, ond llyfr lloffion o atgofion
cerddorol, llawn hanesion difyr
a dadlennol. Mewn sawl sgwrs
ag Eurof Williams, mae Geraint
Jarman yn rhoi cip ar wreiddiau
llenyddol a cherddorol 'Tad
yr SRG' a ddaeth o Ddinbych
i Gaerdydd yn blentyn.
O ddylanwad yr athro W. C. Elvet
Thomas ar ei ysgrifennu Cymraeg
yn Ysgol Cathays i gynnwrf
cyngherddau clwb y Casablanca
yn Sgwâr Mount Stuart, mae
olion y ddinas i'w canfod ar bob
albwm, o fwrlwm cynnar sesiynau
recordio Stacey Road ar gyfer
Gobaith Mawr y Ganrif (1976)
hyd at gwmni da Tŷ Drwg yn
Grangetown ble cynhyrchwyd
Brecwast Astronot (2011). Ac os
hoffech awren neu ddwy yng
nghwmni awen farddonol Jarman,
gyda chyfeiriadau niferus at ddinas
Caerdydd, mae dewis o dair cyfrol
farddoniaeth wirioneddol arbennig
o'i eiddo; *Eira Cariad* (1970),
Cerddi Alfred Street (1976),
a *Cerbyd Cydwybod* (2012).

BRAGDY'R BEIRDD

Unwaith bob tymor ers haf 2011
y cynhelir noson boblogaidd
sy'n fwrlwm o farddoniaeth yng
Nglanyrafon. Sefydlwyd noson
Bragdy'r Beirdd er mwyn lledaenu
apêl cerddi caeth a rhydd a sicrhau
stomp a hanner yn y ddinas.
Dan arweiniad tri o fri; Osian
Rhys Jones, Catrin Dafydd a'r
Prifardd Rhys Iorwerth. Denir
dinasyddion o bob oed ac o bob
cwr o Gaerydd i far a bwyty Caribi
y Rockin' Chair a bar Nos Da yng
Nglanyrafon i wrando ar gerddi
dwys a diddan. Ceir cyfraniadau
gan feirdd gwadd hefyd yn ogystal
â nifer o lenorion lleol fel Llŷr
Gwyn Lewis a Mari George a
Geraint Jarman. Os nad ydych chi
wedi tywyllu'r Babell Lên erioed,
dyma'r union le i chi.
✺
www.bragdyrbeirdd.com

GŴYL LLÊN Y LLI

Digwyddiadau llenyddol Cymraeg
a Saesneg sy'n digwydd ar draws
y ddinas i ddathlu creadigrwydd
ein cenedl yw Llên y Lli.
Llenyddiaeth Cymru sy'n trefnu,
mae'r ŵyl hon yn digwydd bob
yn ail flwyddyn ac mae'r arlwy'n
amrywiol a chynhyrfus bob tro,
o stomps a thalyrna i greu ffansîns
a pherfformio. Rydyn ni'n wlad
beirdd a chantorion wedi'r cyfan…
✺
Llenyddiaeth Cymru
Canolfan Glyn Jones
Canolfan Mileniwm Cymru
Bae Caerdydd CF10 5AL
029 2047 2266

Mwy o eiriau am y ddinas

DYDDIADUR DYN DWAD
Goronwy Jones
Gwasg Carreg Gwalch (1978)

TIGER BAY BLUE
Catrin Collier
Orion (2006)

THE BIG BOOK OF CARDIFF
Peter Finch a
Grahame Davies (goln)
Seren (2005)

THERE WAS A YOUNG
MAN FROM CARDIFF
Dannie Abse
Hutchinson (1991)

CARDIFF EAST
Peter Gill
Faber & Faber (1997)

THE CARDIFF TRILOGY
(FIVE PUBS, CARDIFF DEAD
& THE PRINCE OF WALES)
John Williams
Bloomsbury (2006)

REAL CARDIFF
Peter Finch
Seren (2004)

TEMPERANCE TOWN
John Williams
Bloomsbury (2004)

DAW ETO HAUL
Geraint Lewis
Gwasg Carreg Gwalch (2003)

CARDIFF CUT
Lloyd Robson
Parthian Books (2001)

CAERDYDD,
CYFRES CIP AR GYMRU
Martin Huws
Gwasg Gomer (2001)

THE PIER GLASS
Nia Williams
Honno (2001)

ARCÊD MORGAN

Orielau celf

ORIEL MARTIN TINNEY

Mae hi'n ddegawd a mwy ers i'r Gwyddel Martin Tinney symud ei oriel wreiddiol o un pen o gwmwd y ddinas i'r llall, ond ers ymgartrefu gyferbyn â chapel gothig Dewi Sant yn un o gilgantau harddaf Caerdydd, teg dweud iddo sefydlu un o gyrchfannau gorau'r byd celf yng Nghymru. Gan fod maint anferthol a ffenestri llydan i'r tŷ teras tri llawr o droad yr ugeinfed ganrif yn cynnig gofod perffaith i weithiau yno, nid rhyfedd gweld cynifer o artistiaid mwyaf ein cenedl yno. Y mae ymweliad â'r hafan heddychlon hon yn cynnig dihangfa dros dro rhag rhuthr y brifddinas, ac yn gyfle rhagorol i fwynhau arddangosfeydd gan arlunwyr cyfoes fel Gwilym Prichard, Shani Rhys James, Darren Hughes, Mary Lloyd Jones a Meirion Ginsberg, a hynny gamau'n unig i ffwrdd o'r Amgueddfa Genedlaethol.

18 Cilgant Sant Andreas
Canol y Ddinas CF10 3DD
029 2064 1411

ORIEL ALBANY

Uwchlaw'r bwyty Eidalaidd poblogaidd Zio Pin ar un o strydoedd siopa hynaf y brifddinas, saif oriel a sefydlwyd ers blynyddoedd ac sy'n fawr ei pharch ymhlith artistiaid a dilynwyr y byd celf Cymreig. Yr oedd y perchennog, Mary Yapp, ymhlith y cynharaf i arddangos gwaith Syr Kyffin Williams, a pharhaodd perthynas gadarn greadigol rhyngddynt ar hyd oes Kyffin, gan olygu i nifer fawr o artistiaid eraill ddyheu am gael dangos eu gwaith ar waliau'r oriel gartrefol hon. Ceir amrywiaeth helaeth o waith gan arlunwyr poblogaidd o Gymru a thu hwnt, gan gynnwys Gwyn Roberts, Catrin Williams, Donald Macintyre a Mhairi Macgregor, ynghyd â cherfluniau, gemwaith, a phrintiadau.

74b Heol Albany
Y Rhath CF24 3RS
029 2048 7158

ORIEL OFF THE WALL

Wedi cyfnod o weithio yn ehangeer braf Oriel Kooywood ar Museum Place, penderfynodd Cassandra Jones, sy'n wreiddiol o Ynys Môn, sefydlu oriel y tu hwnt i ganol y ddinas, ac yn wir, mae sefydlu oriel gyfoes Off The Wall wedi cyd amseru'n berffaith ag agoriad sawl menter gyffrous arall ym mhentref hynafol Llandaf. Mae'r oriel, sydd wedi'i lleoli yn adeilad hardd yr hen gofrestrfa brofiant a gynlluniwyd gan John Prichard, sef y gŵr a fu'n gyfrifol hefyd am adfer y Gadeirlan gyfagos, yn cynnig gofod braf i weithiau sy'n clodfori'r modern, o bortreadau ffantasïol Corrie Chiswell, a gwaith mwy haniaethol Elfyn Lewis, hyd at waith gan artistiaid celfyddyd bop lleol. Y bwriad o'r cychwyn cyntaf oedd cynnig celf sy'n hygyrch i bawb, ac yn ogystal â gweithredu eu cynllun casglu eu hunain, ceir hefyd ddetholiad difyr o brintiadau fforddiadwy.

❋

Yr Hen Gofrestrfa Brofiant
49 Ffordd Caerdydd
Llandaf CF5 2DQ
029 2055 4469

ORIEL CANFAS

Yn dilyn cyfnod maith mewn cwmni cydweithredol yn un o ganolfannau godidocaf y briffddinas, symudodd Artistiaid yr Hen Lyfrgell i hen wyrcws ar Stryd Morgannwg, oddi ar Heol y Bont-faen a sefydlu gweithdai a man arddangos yno. Y mae'r cwmni'n yn dal i fynd, ac yn eu plith y mae nifer o'r aelodau gwreiddiol, gan gynnwys yr arlunydd poblogaidd a chyn-athro celf Ysgol Glantaf, Anthony Evans. Y mae enghreifftiau o'i waith ef ac eraill, gan gynnwys Alun Hemmings a Chris Griffin, i'w gweld mewn mannau amrywiol ar hyd y briffddinas. Ceir arddangosfeydd rheoliad o waith yr holl aelodau hyn ac ambell arlunydd gwadd hefyd oddi mewn i'r gofod golau yn nhu blaen y gweithdy arbennig hwn.

❋

44a Stryd Morgannwg
Treganna CF5 1QS
029 2066 6455

PROJECT/TEN

Ar ôl cyfnod yn gweithio yn Oriel Martin Tinney, penderfynodd y Gymraes o Gaerdydd, Catrin Gardiner, drefnu prosiect teithiol, yn dangos gweithiau nifer o artistiaid ifanc mewn lleoliadau gwahanol i'r arfer. Ers sefydlu project/ten, y mae hi a'i gŵr wedi sefydlu arddangosfeydd dros dro o waith amrywiaeth o arlunwyr, dylunwyr, gwehyddion a cherflunwyr, yn cynnwys Laura Thomas, Carwyn Evans a Huw Aaron, mewn mannau mor amrywiol â Chaffi Ffresh yng Nghanolfan y Mileniwm, siop wag ar Heol Wellfield, a hen swyddfa cyfreithwyr uwchben Arcêd Morgan. Wrth gynnig safleoedd cyfnewidiol o ran gofod a gwaith, cynigir persbectif gwahanol ar gelf gyfoes, ac ar y ddinas ei hun.

❋

project-ten.co.uk
07811 888 673

NEUADD DEWI SANT

Ers dechrau yn ei rôl yn drefnydd arddangosfeydd Neuadd Dewi Sant yn 2005, mae Ruth Crayford, arlunwraig o'r Cymoedd, wedi adeiladu ar waith cynharach Gaynor Hill gan lwyddo i godi proffil celf yng Nghymru wrth osod arddangosfeydd cyson yn un o gyrchfannau adloniant mwyaf poblogaidd y briffddinas. Os yw'r adeilad allanol ei hun, a gynlluniwyd gan bartneriaeth Seymour Harris o Birmingham, ar droad yr 1980au; yn adleisio pensaernïaeth ymosodol yr 1960au, yna mae'r gweithiau sy'n cael eu dangos yn dipyn mwy deniadol ond yr un mor herfeiddiol. Ymhlith yr enwau diweddar dangoswyd gweithiau neb llai nag Iwan Bala, Peter Finnemore, Aled Rhys Hughes a'r diweddar William Brown ar y waliau hyn. Dyw deg munud o doriad yn ystod cyngerdd neu'r sioe stand-yp nesaf ddim hanner digon o amser i werthfawrogi'r perlau gweledol, felly'r tro nesaf y byddwch chi'n mochel rhag y glaw yng nghaffi'r Hayes Island, gwnewch gyfiawnder â'r oriel gelf anferthol a chanolog hon ac ewch i mewn i gael gweld. Wnewch chi ddim difaru.

❋

Yr Ais
Canol y Ddinas CF10 1AH
029 2087 8444

CREFFT YN Y BAE

Beth am oriel gelf sy 'run mor drawiadol â'r gweithiau sy'n cael eu harddangos ynddi? O 1889 ymlaen roedd y 'D Shed' ym meddiant William Sloan o Glasgow ac yn gweithredu fel stordy siwgr, te a choffi dros dro i'r llongau stêm a arferai hwylio o Glasgow a Belfast. Daeth y busnes i ben pan gafodd Doc Dwyreiniol Bute ei lenwi yn y 1960au a bu'r adeilad yn segur am flynyddoedd maith tan i griw o ymgyrchwyr sicrhau y nawdd angenrheidiol i adnewyddu'r shed a'i thrawsnewid yn ofod arddangos i aelodau Urdd Gwneuthurwyr Cymru. Yn y ganolfan gelfyddydau hynod hon mae gweithiau hollol amrywiol o waith cerameg Lowri Davies, i emwaith Mari Thomas a gwaith gwydr Rhian Haf. Ac os y gadewch chi Ganolfan y Mileniwm gerllaw yn glafoerio dros waith celf drysau'r adeilad eiconig hwnnw, yna byddai'n werth ichi groesi'r ffordd i'r ganolfan hon er mwyn cael edmygu, a phrynu, gwaith y dylunydd metal Ann Catrin Evans ei hun.

❋

Y Rhodres
Rhodfa Lloyd George
Bae Caerdydd CF10 4QH
029 2048 4611

ORIEL KOOYWOOD

Mewn cwta chwe blynedd y mae Oriel Rhian Kooy a'i gŵr, Neil Jones, wedi profi'n dipyn o gystadleuaeth i'r mawrion Martin Tinney a'r Albany Gallery, wrth arddangos cymysgedd difyr o enwau adnabyddus ym myd celf, fel Josef Hermann a Gareth Parry, ochr yn ochr â gwaith mwy arbrofol gan artistiaid newydd. Un enw a lwyddodd i ddenu tipyn o sylw yn ddiweddar ydy'r Cymro o dras Eidalaidd, Carl Melagari, sy'n wreiddiol o Ddinbych ac sy'n darlithio ym Mhrifysgol Fetropolitan Abertawe. Mae'n cynhyrchu gwaith ffigurol hynod gyffrous, sy'n amrywio o wynebau annelwig i ddehongliadau gwahanol iawn o adeiladau eiconig y brifddinas, gan gynnwys un o gymdogion agosaf yr oriel braf hon sef Neuadd y Ddinas.

❋

8 Museum Place
Canol y Ddinas CF10 3BG
029 2023 5093

ORIEL MAKERS GALLERY

Ar waelodion bryn Pen-y-lan, gyferbyn ag eglwys drawiadol St Andrew's, saif yr oriel fechan hon, sy'n siop ffenestr wych i gynnyrch gan grefftwyr lleol o Gaerdydd. Ymysg y gwaith sydd i'w weld ac sydd hefyd ar werth, y mae gemwaith arian gan Anna Morgan, clytweithiau trawiadol sy'n dathlu'r wyddor Gymraeg gan Ruth Harries a bagiau lledr amryliw mewn siapau retro gan Penelope Sheers. Ceir hefyd ddetholiad o emwaith Suzie Horan, yr artist ddaeth i'r amlwg yn dilyn ei chynllun ar gyfer y goron drawiadol a enillwyd gan Glenys Roberts yn Eisteddfod Genedlaethol 2010. Ceir hefyd gymysgedd difyr o gardiau Cymraeg a Saesneg gan arlunwyr lleol fel y diweddar Edrica Huws.

❋

37 Heol Pen-y-lan
Pen-y-lan CF24 3PG
029 2047 2595

GALERIE GALLES

Ers rhai blynyddoedd, bu swyddfa'r cwmni cysylltiadau cyhoeddus, Cambrensis, yn rhannu gofod amryliw gyda chyfres o weithiau celf a dylunio deniadol iawn ar groesfan brysur rhwng Pontcanna a Threganna. Datgelodd yr arddangosfa gyntaf gan yr artist cerameg Lowri Davies a'r arlunydd Elfyn Lewis, fisoedd cyn eu gwobrwyo yn Lle Celf Eisteddfod Genedlaethol Y Bala yn 2009, fod gan Rhodri Ellis Owen ddawn ryfedd i synhwyro'r *zeitgeist* celfyddydol, ac yn wir, mae'r detholiad o weithiau a gafodd eu harddangos ers hynny, yn datgan diddordeb amgenach mewn gwaith rhyngwladol, ac atodolion 'cwyrci' ac atyniadol ar gyfer y cartref gan enwau fel Raul Speek, Laissez Lucie Faire, Ibride a people will always need plates. Y tro nesa y byddwch chi'n troedio tua Threganna, ac yn chwilio am rywbeth gwanhaol i'r arfer, cofiwch am y cyrchfan *über*-chwaethus hwn.

❋

7 Cilgant Romilly
Treganna CF11 9NP
029 2025 7075
07885 416 103

TACTILEBOSCH

Yn 2000 agorodd yr artistiaid lleol, Kim Fielding a Simon Mitchell, oriel gysyniadol a gweithdai celf tactileBOSCH mewn hen olchdy yn dyddio o droad y bedwaredd ganrif ar bymtheg yng ngogledd Llandaf. Ers hynny, mae'r gofod eang ger Parc Hailey wedi cynnig cyfle i artistiaid newydd ddatblygu eu gwaith a'r gweithiau hynny'n cynnwys paentiadau olew, gosodweithiau perfformiadol a chyfryngau eraill. Caiff y gweithiau eu cyflwyno i'r cyhoedd yn atig mawr gwyn yr adeilad a hefyd mewn arddangosfeydd ledled y ddinas, gan gynnwys bar Nos Da yng Nglanyrafon, Milgi yn y Rhath, ac Urban Outfitters, yng nghanol y dre. Mae'r ffotograffydd Kim Fielding yn cynnal gwersi ffotograffiaeth yn y ganolfan hefyd, gan annog ei fyfyrwyr i wneud yn fawr o fannau agored y ddinas, gan gynnwys Parc Hailey, Grisiau'r Esgobion, Parc y Rhath a Llwybr Taf. Dyma lle dechreuodd sawl artist amlwg diweddar, gan gynnwys Iwan ap Huw Morgan a Chris Lledrod Evans. Felly os ydych yn ystyried buddsoddi mewn gwaith celf cwbl newydd cyn i'r prisiau saethu drwy'r to, cofiwch enw anghyffredin yr oriel amgen hon sydd gyferbyn ag Ysgol Glantaf ar hyn o bryd ond ar fin symud ac esblygu – gwyliwch y gwagle hwn!

❀

tactilebosch.org
07951 256255

AMGUEDDFA GENEDLAETHOL CAERDYDD

Bedwyr Williams, Van Gogh ac El Greco – tri yn unig o'r enwau mawr sydd i'w gweld ar waliau gwynion yr oriel ardderchog hon ym Mharc Cathays. Yn wir, oherwydd gweledigaeth flaengar y Chwiorydd Davies ar droad yr ugeinfed ganrif, mae Amgueddfa Genedlaethol Caerdydd yn gartref i un o gasgliadau celf argraffiadol gorau'r byd. Ymysg y darnau sy'n cael eu dangos y mae gweithiau eiconig 'Y Gusan' gan Rodin a 'Lilis Dŵr' gan Monet, ynghyd â darluniau gan Manet, Cezanne a Pisarro. Heb fod ymhell o'r gweithiau eiconig hyn cyfosodir gwaith gan Kyffin Williams, Carwyn Evans a David Nash mewn oriel o dirluniau Cymru, heb anghofio'r adain orllewinol a'i chwe oriel newydd a agorwyd yn 2011 sy'n ddathliad gwych o gelf gyfoes gan artistiaid cynhenid, ochr yn ochr ag enwau rhyngwladol. Y tro nesa'r ymwelwch â'r dre ganol dydd, beth am archebu tocyn am ddim i un o'r sgyrsiau celf sy'n digwydd amser cinio? Hyd yn oed os mai dim ond pum munud ydd gennych, mae'n werth picio i mewn dim ond i ymweld â'ch hoff ddarlun eiconig, gan fod mynediad yn rhad ac am ddim.

❀

Parc Cathays
Canol y Ddinas CF10 3NP
029 2039 7951

THE SHO GALLERY

Sefydlwyd The Sho Gallery yn 2010 drws nesaf i siop recordiau a pherlysiau Inverness Place yn y Rhath. Y bwriad oedd cynnig gofod annibynnol i gyfosod celf draddodiadol gyda ffurfiau cyfoes fel animeiddio a chelf ddigidol, gan arddangos a gwerthu gwaith graddedigion lleol am bris fforddiadwy tu hwnt. Yn ogystal â gwaith wedi'u fframio, ceir gemwaith cyfoes a rhoddion a chardiau gwahanol iawn.

❀

1a Inverness Place
Y Rhath CF24 4RU
029 2048 5334

BAY ART

Er 1979, y mae rhif 57 Heol Bute yn gartref creadigol i artistiaid lleol, ac yn dilyn ymgyrch faith i sicrhau nawdd ac i adnewyddu'r safle hynafol, agorwyd Oriel Gelf Bay Art ar y cyd â gofod gwaith i 16 artist amrywiol. Ymysg yr artistiaid amlwg sydd wedi elwa o gael lle yma y mae Iwan Bala, Carwyn Evans, a chyfarwyddwr y ganolfan, Philip Nicoll, ac mae modd gweld eu gwaith mewn arddangosfeydd achlysurol yno ar hyd y flwyddyn. Ceir cyfle hefyd i weld enghreifftiau o gelfyddyd ryngwladol, a chynhelir arddangosfeydd arbennig, gan gynnwys cynnyrch y wobr Jerwood am ddarlunio. Dyma ofod braf iawn y tu hwnt i'r clwstwr canolog o orielau celf, ag iddo hanes a threftadaeth hir sy'n cerdded law yn llaw â'r ddinas ei hun.

❀

54 Stryd Bute
Bae Caerdydd CF10 5AF
029 2065 0016

Lleoedd eraill
~~~~~

ORIEL G39
Stryd Rhydychen
Y Rhath CF24 3DT
029 2047 3633

THIRD FLOOR GALLERY
102 Stryd Bute
Bae Caerdydd CF10 5AD
029 2115 9151

ORIEL VICTORIA FEARN
6B Heol-y-Deri
Rhiwbeina CF14 6HF
029 2052 0884

CANOLFAN HANES A CHELFYDDYD TRE-BUTE
Stryd Bute
Bae Caerdydd CF10 5LF
029 2025 6757

❉ NEUADD DEWI SANT

CREFFT YN Y BAE

⑤
Hamdden

tud. 260–285

Yn ogystal â bod yn ddinas rwydd tu hwnt i gerdded ynddi, mae Caerdydd yn lle hynod wyrdd gyda'i pharciau braf, sy'n golygu bod treulio oriau hamdden yn yr awyr agored yn medru cynnig diddanwch diddiwedd yma – dim ond ichi gofio dod ag eli haul ac ymbarél. Mae'r lleiniau gwyrdd hyn yn amrywio o feysydd chwarae ym mhob cwr o'r dre, i barciau gwâr llawn steil.

Cewch fwrw'r Sul mewn stadiwm swnllyd, neu ganfod lle i enaid gael llonydd; felly pe baech am dreulio prynhawn o bleser ar eich cefn yn y glaswellt yn gwylio'r cymylau'n hwylio heibio, neu golli'ch llais yn llwyr mewn cynulleidfa i gêm gynhyrfus, mae gan Gaerdydd yr union beth i chi. A lawr tua'r Bae mae'r afonydd Taf ac Elái yn dod ynghyd i gynnig daioni a difyrrwch dyfrllyd i ddyn a physgodyn.

Ac os nad yw'r her o redeg yr hanner marathon blynyddol ar hyd balmentydd y ddinas yn eich denu, efallai y byddai triniaeth draed pysgod Garra Rufa'r dre yn apelio. Ond os ydych yn chwilio am rywle tawel i gerdded ar Ddydd San Steffan i dreulio gloddest y Nadolig neu fan i fwynhau machlud braf ganol haf, mae Caerdydd hamddenol yn lle da i fod.

Cadw'n Heini

Fel dinas fechan, gymharol wastad, mae Caerdydd yn ddinas gyfleus iawn i gerddwyr, beicwyr a rhedwyr, a hynny'n bennaf oherwydd ei pharciau di-ri. Yn y parciau hynny hefyd, ceir amrywiaeth o gyfleusterau; cyrtiau bowls, tennis, pyst rygbi a phêl-droed, yn ogystal â diemyntau pêl-fas dros fisoedd yr haf. Ond mae'r ddinas hefyd yn cynnig gweithgareddau amgenach, o wersi aerobeg dŵr i yoga poeth.

Os am ymarfer dringo dros y gaeaf, neu swatio dan do, yng Nghanolfan Boulders ym Mhengam mae modd dringo 150 o 'lwybrau' gan ddilyn enfys gyfan o liwiau penodol i siwtio'ch gallu chi.

Ar Gaeau Pontcanna, mae Ysgol Farchogaeth Caerdydd, yn ogystal â man cyfarfod criwiau ymarfer corff dwys fel British Military Fitness, a'r cwrs cysylltiedig sydd ganddynt i famau (a'u babanod) sef PramFit. Cynhelir dosbarthiadau yoga amlddisgyblaeth, ac i siwtio pob lefel o dan amodau gwres poeth yn Yoga Fever ar y Broadway yn Sblot o fore gwyn tan nos. A phe bai awydd taro'r gampfa arnoch ar unrhyw awr, mae Pure Gym yn y Millenium Plaza ar agor 24 awr y dydd.

Mae Caerdydd yn ddinas ag iddi agwedd gyfeillgar iawn at feicwyr â llwybrau penodol ar eu cyfer ar hyd afonydd Elái a Thaf, ac mae theithiau tywys Cardiff Cycle Tours yn ffordd wych o ddarganfod y ddinas, ond cofiwch hefyd, os hoffech fwynhau persbectif gwahanol, beth am rwyfo lawr y Taf? Dyma gyfle i brofi gwefr wahanol gyda thrip i Ganolfan Dŵr Gwyn Rhyngwladol Caerdydd; cewch dreulio awr neu ddwy yn rafftio neu mewn caiac a chanŵ fetrau'n unig o Bwll Nofio Rhyngwladol Caerdydd.

Os mai sglefrio iâ i gyfeiliant *disco hits* sy'n apelio fwyaf, yna byddai ymweliad i Planet Ice bob nos Wener yn awgrym i'ch siwtio chi. Ond os am rywbeth pur wahanol y tu hwnt i bleserau'r Bae, sesiwn syrffio lawr Llanw'r Hafren neu'r 'Severn Bore' yw'r union beth, a'r unig le i dderbyn cyngor a phrynu cyfarpar addas yw cwmni City Surf, Skate & Snow er mwyn sicrhau eich bod chi'n cael amser gorau eich bywyd yn y dŵr.

Stadiwm
SWALEC
Stadium

Cycle hire
Llogi beiciau

GERDDI SOFFIA

Chwaraeon

CRICED:
TÎM CRICED SIR FORGANNWG
P'run a ydych chi wedi bod yn
ffan ar hyd eich oes neu'n wyryf
llwyr, mae ymweliad â chartref
Tîm Criced Sir Forgannwg ar
lan orllewinol y Taf yn bleser
cudd sy'n rhaid ei brofi. Tan
1967, bu'r tîm yn chwarae ar
Barc yr Arfau, cyn cael stadiwm
bwrpasol yng Ngerddi Sophia
a addaswyd yn 2008 i'w ffurf
bresennol gan benseiri lleol
HLN. Llwyddodd y stadiwm i
ddatblygu'n ganolbwynt dinesig
sy'n deml ddymunol o flaengar ei
naws i ddilynwyr y gêm wâr hon.
Y mae'r Stadiwm SWALEC yn
cynnig 16,000 o seddi, sy'n orlawn
adeg gêmau rhyngwladol o statws
– gan gynnwys cyfres Y Lludw tra
llwyddiannus yn 2010 – ac sy'n
llwyddo i gynnal awyrgylch braf
ar nosweithiau hamddenol, llai
poblog, fel gêmau cyflym y 20/20.

Stadiwm SWALEC
Pontcanna CF11 9XR
029 2041 9380

Ar ôl naw deg naw o flynyddoedd yn chwarae ar Barc Ninian, symudwyd yr Adar Gleision i'w cartref newydd sbon danlli ganllath i ffwrdd yn Stadiwm Dinas Caerdydd. Sefydlwyd y tîm yn 1899 er mwyn cadw tîm criced Glanyrafon yn brysur dros fisoedd y gaeaf ac yn 1907, ddwy flynedd ar ôl i Frenin Edward VII ddyfarnu statws dinesig i Gaerdydd, caniatawyd i Riverside A.F.C. newid ei enw i Glwb Dinas Caerdydd. Ar ddiwrnod San Siôr 1927, sgoriodd Hughie Ferguson o Glasgow gôl yn saith deg pedwerydd munud y gêm yn erbyn Arsenal yn stadiwm Wembley, i sicrhau buddugoliaeth i Gaerdydd a chipio Cwpan yr F. A. yn dilyn camgymeriad gan y gôl-geidwad Dan Lewis o'r Maerdy, y Rhondda. Mae ailfrandio tîm yr adar gleision newydd ddigwydd, er mwyn gwisgo strip coch â draig goch arni a fydd yn hwyluso gwerthu'r tîm dramor – bu trafodaeth danbaid ar hyn, ond gallai ddatrys trafferthion ariannol y clwb.

✸

Stadiwm Dinas Caerdydd
Heol Lecwydd
Grangetown CF11 8AZ
0845 365 1115

RYGBI:
GLEISION CAERDYDD

Ers sefydlu'r gyfundrefn rygbi ranbarthol yn 2003, cynrychiolir y ddinas gan dîm Gleision Caerdydd. Mae'r tîm hefyd yn gyfrifol am ddatblygu rygbi'r undeb ym Mro Morgannwg, Rhondda Cynon Taf, Merthyr Tudful a de Powys. Mae'r tîm yn chwarae yn eu crysau lliw glas golau yn Stadiwm Dinas Caerdydd ym Mharc yr Arfau. Cipiwyd y Cwpan Eingl-Gymreig ganddynt yn 2009 a Chwpan Ewrop yn 2010.

✸

Parc yr Arfau Stryd Westgate
Canol y Ddinas CF10 1JA
029 2030 2030

HOCI IÂ:
CARDIFF DEVILS

Ers canol 1986, mae tîm hoci iâ y Cardiff Devils wedi denu dilyniant cryf a ffyddlon, yn bennaf oherwydd gornestau cyflym, llawn angerdd a chyffro gyda rhai o chwaraewyr gorau Prydain. Cartref y tîm am ugain mlynedd oedd y ganolfan sglefrio genedlaethol ar y safle lle saif siop John Lewis erbyn hyn, a chrëwyd y timau cynharaf o chwaraewyr o Ganada a oedd yn feistri slic ar yr iâ – Shannon Hope yn eu plith. Ers hynny, datblygwyd carfan dda o chwaraewyr lleol, ac yn wir, y Cardiff Devils yw'r unig dîm i gyrraedd rownd derfynol y gynghrair Elite pob tymor ers iddo gael ei sefydlu yn 2003. Mae nifer yn edrych ymlaen at agoriad y ganolfan sglefrio a llethr sgïo a sglefrfyrddio newydd yn 2014, ond am y tro, does yna ddim byd tebyg i fynychu gêm yn Planet Ice. Mae'r sŵn yn fyddarol, y chwarae'n chwim, a'r lle'n llawn ffans yn eu crysau coch, du a gwyn. Dim ond tri pheth sydd eu hangen i sicrhau diawl o noson dda: llaw sbwng coch enfawr, yffach o hot-dog mawr a llond trol o angerdd dros Ddiawliaid Caerdydd.

✸

Planet Ice
Empire Way
Bae Caerdydd CF11 0SP
029 2038 2001

PÊL-FAS

Ceir tystiolaeth i brofi y chwaraewyd pêl fas ym Mhrydain mor bell yn ôl â 1744, ac am rai canrifoedd ar ôl hynny roedd 'rounders' yn gêm boblogaidd iawn gyda chwaraewyr yn ardal Lerpwl, Caerloyw, a de Cymru. Yn 1892, sefydlwyd rheolau cadarn a newidiwyd yr enw'n swyddogol i bêl fas, ac yn 1908 chwaraewyd y gêm ryngwladol gyntaf rhwng Cymru a Lloegr ar faes yr Harlequins yng Nghaerdydd – a Chymru aeth â hi. Flwyddyn ynghynt yn 1907 sefydlwyd Grange Albion, tîm pêl fas hynaf Caerdydd, ac mae'r tîm hwnnw, ynghyd â Grange Catholics yn dal i chwarae ar faes Parc Sevenoaks, Grangetown yn erbyn timau lleol eraill fel St Peters a Rumney RFC. Aeth nifer o chwaraewyr pêl fas y ddinas ymlaen i lwyddo mewn campau eraill, gan gynnwys John Toshack, Terry Yorath, Nathan Blake a Mark Ring. Mae cyfeiriad at hanes y gêm yng Nghaerdydd yn un o ganeuon y Hennessys, 'The Baseball Song'.

✸

grangealbionbaseball.co.uk
029 2025 0761

STADIWM Y MILENIWM

Ers ei agor ym Mehefin 1999, ychydig cyn cystadleuaeth Cwpan Rygbi'r Byd, mae'r stadiwm anferthol hwn ar lannau afon Taf wedi dod yn gyfystyr â llwyddiant Cymreig ar y llwyfan rhyngwladol. Gan mai dyma gartref swyddogol tîm rygbi Cymru, yma y cynhelir gêmau Pencampwriaethau'r Chwe Gwlad yn ogystal â gemau pêl-droed pwysig, gornestau paffio a ralïo cenedlaethol, heb sôn am gyngherddau gan rai o enwau mwya'r byd adloniant, gan gynnwys U2, y Rolling Stones a Madonna. Does yna ddim byd gwell ar achlysur gêm dyngedfennol na chael tocyn i'r *mecca* chwaraeon hwn, a phan fydd y to ar gau mae'r awyrgylch yn drydanol. Mae'n edrych fel rhyw gyfuniad o long a llong ofod, a chaiff ei safle canolog ei ganmol gan ddilynwyr lleol a rhai o bant. Pan fo'r tywydd yn braf ac afon Taf fel drych, mae'n olygfa wirioneddol wefreiddiol.

❀

Stryd Westgate
Canol y Ddinas CF10 1NS
0870 013 8600

PARC YR ARFAU

Yng nghysgod anferth Stadiwm y Mileniwm mae eicon llai o faint, ond un y mae iddo le cadarn yng nghalon y ddinas. Sefydlwyd Parc yr Arfau ar hen gorstir y Great Park, y tu ôl i westy'r Cardiff Arms a fu ym meddiant y teulu Bute er 1803. Datblygodd yn fan poblogaidd i gynnal digwyddiadau chwaraeon, gan gynnwys gemau Clwb Criced Caerdydd. Ar ôl dymchwel y gwesty yn 1878, codwyd sawl stand i wylwyr gan Archibald 'Archie' Leitch, a fu'n gyfrifol am gynllunio Old Trafford a stadiwm Ibrox.

Dros y blynyddoedd, rhoddwyd blaenoriaeth i bêl-droed ac yna i rygbi. Yma yn 1905 trechodd tîm rygbi Cymru dîm Seland Newydd. Bu Parc yr Arfau'n hafan i freuddwydion y genedl gyfan am flynyddoedd wrth i sêr rygbi'r 1970au gyflawni gwyrthiau yno. Gwelodd Parc yr Arfau ei siâr o gemau pêl-droed hefyd – theatr breuddwydion go iawn: sicrhaodd gôl gofiadwy gan Ian Rush fuddugoliaeth i Gymru yn erbyn yr Almaen yn 1991 ac mae'r cof am Gymru'n colli yn erbyn Romania yng nghystadleuaeth Cwpan Pêl-droed y Byd yn 1994 yn parhau'n boenus o fyw o hyd.

❀

Stryd Westgate
Canol y Ddinas CF10 1JA
029 2030 2030

STADIWM DINAS CAERDYDD

Yn 2009 agorwyd stadiwm newydd sbon ar hen safle'r stadiwm athletau, ganllath yn unig o'r hen Barc Ninian a fu'n rhan o'r ddinas ers bron i gan mlynedd. Nid yn unig mae'n gartref i dimau pêl-droed Dinas Caerdydd a thîm cenedlaethol Cymru, ond mae hefyd yn brif leoliad i dîm rygbi rhanbarthol y Gleision, yn ogystal â bod yn llwyfan i sawl achlysur pwysig arall. O'r Grange Stand i'r Canton End, mae yna awyrgylch braf yn y stadiwm sy'n croesawu teuluoedd yn ogystal â'r ffans mwyaf selog. Mae'r cysylltiad ag Arglwydd Ninian – mab Trydydd Ardalydd Bute, a fu farw yn y Rhyfel Byd Cyntaf – yn parhau gydag enw Stand Ninian, a gwelir yr adar gleision ar y gatiau eiconig gwreiddiol.

❀

Heol Lecwydd
Grangetown CF11 8AZ
0845 365 1115

STADIWM DINAS CAERDYDD

Natur

AFON TAF

Os oes yna un rheswm dros fodolaeth Caerdydd, yna afon Taf yw hwnnw. Caer Taf yw tarddiad enw'r ddinas; wedi i'r Rhufeiniaid ddisodli llwyth lleol y Silwriaid fe aethant ati i sefydlu caer ger yr afon. Ddeugain milltir o'i tharddiad ger Cefncoedycymer, mae afon Taf yn llifo i lyn croyw Bae Caerdydd, gan uno â dyfroedd afon Elái cyn parhau ar ei thaith yn afon Hafren. Dyma brif wythïen y ddinas, a'r rheswm pam mae wedi'i rhannu'n ddwy. Mae mynd ar daith ar feic neu ar droed ar hyd glannau afon Taf yn brofiad hynod ddymunol, a mwynhau taith hamddenol ar gwch rhwyfo neu fws dŵr yn agoriad llygad go iawn.

WAL ANIFEILIAID

Oeddech chi'n gwybod bod yna ddwy Wal Anifeiliaid yng Nghaerdydd? Yn 1866 cynlluniodd William Burges y wal sy'n amgylchynu'r Castell, ac yn 1890 cyflwynwyd naw anifail, a gerfluniwyd gan yr Albanwr Thomas Nicholls, gydag arth, morlo, mwncïod a llewes yn eu plith. Profodd yr atyniad mor boblogaidd nes yr ychwanegwyd chwe anifail arall gan Alexander Carrick yn 1931, gan gynnwys pelican, racwns a llewpart. Cafwyd dathlu mawr yn 2011, pan adferwyd y bwytäwr morgrug ar ôl i rywun ddwyn ei drwyn dro'n ôl, ac yn yr un flwyddyn sefydlwyd ail wal anifeiliaid, y tro hwn ym Mae Caerdydd yn lloches i ystlumod ac adar. Mae'r darn hynod hwn a gynlluniwyd gan yr Almaenes, Gitta Gschwendtner, yn cynrychioli wal o goncrid a naddion pren sy'n cynnwys 1,000 o focsys adar, un i bob fflat a godwyd yn adeilad Strata ger Pont Clarence.

SIOE'R RHS CAERDYDD

Bob Gwanwyn er 2005, mae'r Gymdeithas Arddwriaethol Frenhinol yn cynnal sioe anhygoel ym Mharc Bute, ger Castell Caerdydd. Mae'r lleoliad yn un addas iawn o ystyried fod i'r Parc ei hun hanes go anrhydeddus ym maes garddwriaeth fyth ers i Arglwydd Mount Stuart gomisiynu Capability Brown i lunio gerddi'r castell yn 1777, ac i'w ŵyr, y Trydydd Ardalydd Bute, estyn gwahoddiad i'r Albanwr Andrew Pettigrew, a oedd yn gymrawd y Gymdeithas Arddwriaethol Frenhinol, ddod yn brif arddwr ar ei diroedd ganrif yn ddiweddarach. Saif bron i hanner cant o goed gorau'r Deyrnas Unedig hyd heddiw, y mwyaf o'u bath yn ôl lled neu uchder, gan olygu fod y parc yn atyniad mawr i arddwyr a naturgarwyr ledled Prydain. Mae'r sioe ei hun wedi tyfu mewn maint ac yn denu hyd at 25,000 o bobl yn flynyddol gydag amrywiaeth o arddangosfeydd gerddi a blodau fel cennin Pedr 'Alex Jones', 'Katherine Jenkins' a 'Duffydil' gan yr arbenigwr cennin Pedr, Ron Scamp; yn ogystal cynhelir trafodaethau gan arbenigwyr, a marchnad o stondinau crefft a bwyd sy'n gwerthu cynnyrch Cymreig.

www.rhs.org.uk

WAL ANIFEILIAID,
PONT CLARENCE

Parciau'r ddinas

Yn ogystal â chynrychioli prifddinas fyrlymus llawn egni a sŵn, a bod yn gartref i dros 300,000 o drigolion, mae Caerdydd yn ganolfan hynod wyrdd. Yn wir, mae ganddi fwy o barciau a mannau gwyrddion y pen o'i phoblogaeth na'r un ddinas arall ym Mhrydain – gwerth dros 1,550 hectar. Mae hyn yn cynnwys 56 hectar o barciau a gerddi, 236 hectar o goedlannau braf, a 74 hectar o randiroedd, heb sôn am y 177 o Safleoedd sy'n Bwysig i Sicrhau Cadwraeth Natur (SINC).

Ond ble mae dechrau? Byddai'n syniad cychwyn ag ysgyfaint Caerdydd sef Parc Bute, yng nghanol y ddinas. Ceir yn yr Ardd Goed, a sefydlwyd yn 1947, bron i hanner cant o Goed Gorau'r Deyrnas Unedig ac amrywiaeth wych o blanhigion ar hyd afon Taf, Gerddi Sophia a Chaeau Pontcanna. Ym Mharc y Rhath, a sefydlwyd ar gorstir llwm ar ddiwedd y bedwaredd ganrif ar bymtheg, ceir llyn rhwyfo a gardd wyllt, parc chwarae i blant a gerddi botaneg dymunol. Os ewch chi i ymweld â Gwesty a Sba Dewi Sant, ewch â sbienddrych gyda chi i werthfawrogi Gwarchodfa Gwlyptir Bae Caerdydd, a grewyd yn 2002 pan gwblhawyd y morglawdd. Gwelir adar sy'n dod yno dros y gaeaf a rhai sy'n bridio, a cheir cyfle da i weld creaduriaid prin yno hefyd.

Yn agos i bwll padlo Parc Fictoria a'r gofeb i Billy the Seal, mae hafan ddymunol arall. Cyn 1924, roedd Parc Thompson yn ardd breifat i Preswylfa, cartref teulu'r Thompson, sef perchnogion cwmni blawd Spiller's, cyn iddynt gyflwyno'r parc yn rhodd i'r ddinas. Mae cerflun hyfryd yno o fachgen gan Syr William Goscombe John RA, sef 'Gorfoledd' a cherflun pren o'r Dyn Gwyrdd mewn boncyff coeden.

Ac os ydych chi ar ymweliad â maestref ogleddol Llys-faen, peidiwch â gadael heb brofi parc hyfryd Cefn Onn, yn enwedig yn ystod tymor y rhododendrons. Mae *camelias* ac *azaleas* trawiadol tu hwnt yno hefyd yn ogystal â choed ffynidwydd tala'r ddinas. Am restr helaethach o barciau'r dre, ewch i wefan ragorol Cyngor y Ddinas.

PARC SEVENOAKS

Sba a harddwch

GROOM FOR MEN

Un o gyfrinachau gorau Cathays yw'r hafan hon ar Heol y Crwys sy'n cynnig gwasanaeth cynnal a chadw o'r corun i'r sawdl i ddynion y ddinas. Mae'r siop farbwr llawn steil yn y stafell ffrynt wedi'i dodrefnu mewn arddull dywyll a gwrywaidd, gyda sgriniau plasma yn dangos gornestau chwaraeon. Yn y chwe ystafell gefn, cewch ddewis o driniaethau di-ri oddi ar y 'Man Maintenance Menu'. P'run ai ydych chi'n dymuno galw heibio i greu argraff arbennig mewn cyfweliad swydd neu ar ddêt gyntaf, mae'n siŵr y gall Jason Humphreys a'i dîm gynnig rhywbeth i'ch twtio. O daeniad cŵyr i flewiach y cefn ac ardaloedd cryn dipyn mwy dirgel, a chwistrelliad i'r rhychau traed brain a'r gwefusau, does dim nad yw'r dynion hyn heb ei weld o'r blaen, felly ewch am sbec a gadewch y lle'n teimlo fel brenin. Cynigir pecynnau arbennig i bartïon stag, ac ar gyfer bore'r briodas hefyd os ydych am greu'r argraff orau posib ar eich ffrindiau a'ch darpar wraig a'i mam!

123 Heol y Crwys
Cathays CF24 4NG
07760 728 695

BLWYDDYN Y TEIGR

Agorodd Mari Jones o Drimsaran y sba ddymunol hon ym Mhen-y-lan ym mis Tachwedd 2010, sef Blwyddyn y Teigr, gyda'r bwriad o gynnig triniaethau amgen am bris rhesymol. Ag ystyried bod trigolion y Dwyrain Pell ac Awstralia yn gweld moethusrwydd o'r fath mor gyffredin ac arferol ag ymlacio gyda diod ar ôl gwaith, mae'n hawdd gweld pam fod y salon arbenigol hwn wedi denu cwsmeriaid i ddychwelyd dro ar ôl tro. Mae'r diolch i staff cyfeillgar a gwybodus, sy'n teilwra pob un driniaeth i siwtio anghenion y cwsmer. O ganhwyllau Hopi ar gyfer eich clustiau a therapi pysgod Garra Rufa ar gyfer eich traed, ceir hefyd ystod eang o wasanaethau tylino sy'n ymgorffori arddulliau wedi'u gwreiddio yn India, Sweden a Gwlad Thai.

❀

72 Ffordd Kimberley
Pen-y-lan CF23 5ND
029 2045 0050

WINDSOR BARBERS

Os oes yna un peth y dylai pob dyn yng Nghaerdydd ei brofi o leiaf unwaith mewn bywyd, yna eilliad poeth traddodiadol gyda'r Windsor Barbers yw hwnnw. Mae'r siop farbwr gyfoes hon ag iddi safonau traddodiadol wedi ennill llu o wobrau diweddar, sy'n adlewyrchu'i hapêl i ddynion o bob oed. Daeth ar frig rhestr cylchgrawn *Men's Health* fel siop farbwr orau Prydain, a theitl anrhydeddus 'Traditional Barbers For Uptown Gents' gan neb llai na chylchgrawn *Saga*. Yn hytrach na mynd am y 'short back and sides' arferol, beth am archebu pecyn arbennig yn cynnwys triniaeth hynod ddymunol cyn profi eilliad tywel poeth. Gellir dilyn hynny drwy dylino'r pen â thonig arbennig, cyn torri a sychu'r gwallt, trin eich aeliau a gorffen gyda gwydraid o Sherry neu Port da.

❀

Windsor Place
Canol y Ddinas CF10 3DE
029 2066 4444

THE MARINE SPA

Os ydych chi am dreulio pnawn yn ymlacio ar eich pen eich hun neu yng nghwmni ffrindiau da, yna byddai'n werth ystyried ymweld â The Marine Spa bendigedig Gwesty Dewi Sant. Yn ogystal â chynnig triniaethau bob dydd, fel taenu lliw haul a thrin bysedd y traed a'r dwylo, mae dewis helaeth o driniaethau tylino i leddfu'r corff a'r enaid. Os archebwch chi becyn arbennig, gallwch dreulio diwrnod cyfan yn manteisio ar ddaioni dyfrllyd y pyllau dŵr neu lolian yn y stafell ymlacio, cyn mwynhau cinio ysgafn neu de pnawn braf yn eich llopanau a gŵn wisgo. Dim brys, dim chwys, a diwrnod arbennig i'w gofio.

❀

Stryd Havannah
Bae Caerdydd CF10 5SD
029 2031 3083

ENER-CHI

Ar gyffordd gythryblus Heol Isaf a Heol yr Orsaf ym mhentref Radur, ceir lle tawel o fwrlwm y byd. O'r eiliad y camwch chi dros drothwy'r sba ddymunol hon cewch eich taro gan heddwch pur ac egni da, a hynny cyn ichi gychwyn ar eich triniaeth. Un o driniaethau enwocaf y cwmni yw'r Hot Stone Facial, sy'n cyfuno tylino braf gan ddefnyddio llaethyddion organig Dr Hauschka gyda'r profiad gwefreiddiol o osod cerrig cynnes a llyfn wedi'u stemio, sy'n falm i'r enaid yn wir. Yn y siop, gallwch brynu'r cynnyrch a ddefnyddiwyd, yn ogystal â rhai gan L'Occitane, Kneipp a Caudalie a rhoddion hyfryd i chi'ch hun neu i eraill.

❀

57 Heol Isaf, Heol yr Orsaf
Radur CF15 8AH
029 2021 4012

CLARINS GOLD SALON

Os ewch chi am dro i Barc y
Rhath ac ymweld â thai te Heol
Wellfield, efallai yr hoffech orffen
eich p'nawn ar eich cefn mewn
pleser pur a phrofi tylino gwych
yn un o salons brafiaf y ddinas.
Nid ar chwarae bach y dyfarnwyd
i'r hafan hon yr enw o fod yn un
o ganolfannau gorau Clarins ym
Mhrydain. P'run a ydych chi'n
ffansïo gwefr i'r wyneb neu i'r corff
cyfan, mae'r triniaethau Tri-Active,
sy'n newydd sbon, yn ymgorffori
technegau tylino dwfn sy'n
draenio'r chwarren lymff gan roi
hwb i'ch cylchrediad a'ch gadael
yn teimlo fel person newydd.
Defnyddir llaethyddion arbennig
nad ydynt ar werth fel arfer,
a chewch ddewis o dri math
o dylino i'w profi.

❋
63–67 Heol Wellfield
Y Rhath CF24 3PA
029 2040 5004

SHAVATA

Y llygaid yw ffenestri'r enaid
medden nhw, a'r ffrâm orau ar
eu cyfer yw aeliau perffaith yn ôl
'Arglwyddes yr Aeliau', Shavata.
Ar ôl treulio ugain mlynedd yn
trin aeliau cwsmeriaid Harrods
lansiodd y ferch gadwyn o siopau o
dan ei henw ei hun, ac mae cangen
Caerdydd yn hynod boblogaidd.
Defnyddir cyfuniad o gŵyr, edau
a phliciwr i berffeithio'r siâp sy'n
medru trawsnewid eich wyneb. Os
am 'face-lift' mewn llai na chwarter
awr, yna ewch i siop Shavata yn
House of Fraser ar fyrder!

❋
House of Fraser
Heol y Santes Fair
Canol y Ddinas CF10 1TT
029 2034 6700 est. 6768

THE FEET AND FACE PLACE

Un o guddfannau gorau 'ladies
who lunch' Pontcanna yw'r salon
harddwch hwn. Fe'i sefydlwyd yn
1994 gan Joanne Scott yn dilyn
bwrw'i phrentisiaeth ar fordeithiau
ac wedi hynny tra y bu hi'n byw
yn Botswana. Fel y mae'r enw'n
awgrymu, dyma'r lle i ddod am
ychydig bach o faldod i'r traed
a'r wyneb, yn ogystal â rhannau
amgenach o'r corff. Ceir pump
arbenigwraig a phedair stafell i drin
popeth – o sesiynau adweitheg,
i daenu 'lliw haul' St Tropez,
twtio blewiach a thriniaethau
aromatherapi.

❋
177 Ffordd y Brenin
Pontcanna CF11 9DF
029 2025 5557

FRAGRANT 227

Y mae'r salon dymunol hwn wedi'i
leoli ger croesffordd Rhiwbeina ar
Heol Pant-bach, ac er 1990 mae'n
cynnig triniaethau cyfannol ar
gyfer y corff a'r enaid, gan gynnwys
aromatherapi ac adweitheg neu
reflexology. Dim ond hufen i'r
croen o'r safon uchaf posib a
ddefnyddir yn ystod y triniaethau,
yn cynnwys cyn lleied o gemegau
â phosibl, ac mae'r cynhyrchion
moethus hyn i gyd ar werth yn
y siop ddymunol, gan gynnwys
cynnyrch The Organic Pharmacy,
Decleor, Dr Hauschka, Ren,
ac E. Coudray.

❋
Pant-bach Place
Rhiwbeina CF14 6AE
029 2052 1206

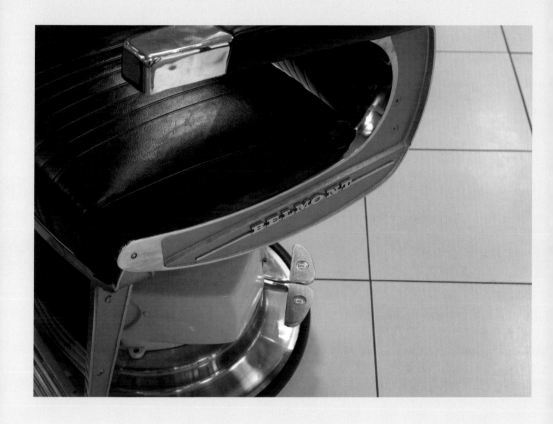

WINDSOR BARBERS

Teuluoedd

Lle braf i deuluoedd yw Caerdydd, ac mae'r ddinas yn eu croesawu â breichiau agored, ceir digon i'w wneud yma, o'r hynaf i'r ieuengaf.

Mae parciau chwarae dymunol i'w canfod ym mhob cornel o Gaerdydd i foddio plant a'u teuluoedd, o barc Fictoraidd hyfryd Gerddi'r Grange yn Grangetown a chanolfan antur Parc y Waun, i bwll padlo Parc Fictoria. Os daw hi i dresio bwrw a bygwth sbwylio'r hwyl dros dro, yna mae dewis eang o ganolfannau chwarae dan do i'w cael; Jump yn Llanisien, Bambeans yn Nhreganna a Jazzy Jungle yn Llandaf i enwi dim ond tri. Cofiwch hefyd fod paned dda a theisen flasus yn Cafe Junior ar Fanny Street yn Cathays i gadw'r rhieni rhag mynd o'u coeau hefyd. Os hoffech chi gwrdd ag anifeiliaid go iawn fel perchyll, defaid asynnod a cheirw yna Siop Fferm Thornhill yw'r lle i chi.

Am ychydig bach o sbort a herio'r ymennydd, mae'n anodd curo Canolfan Wyddoniaeth Techniquest yn y Bae, ond cofiwch hefyd am Ganolfan Ddarganfod Clore yn Amgueddfa Genedlaethol Caerdydd, yma mae modd cyffwrdd â gwrthrychau mor hynafol ag arteffactau Rhufeinig ac esgyrn deinosoriaid.

Peidiwch ag anghofio am y teithiau o gwmpas y ddinas naill ai mewn bws neu ar droed. Daliwch un o'r bysus heb do, eisteddwch ar y llawr uchaf a gweld strydoedd y ddinas yn gwibio heibio. Gallwch gamu nôl mewn amser i Gastell Caerdydd neu alw yn Stadiwm y Mileniwm a dilyn taith o'i chwmpas gyda'r teulu i fwynhau'r awyrgylch a breuddwydio am sgorio cais dros Gymru. Neu beth am gamu i fyd ffantasi'r tylwyth teg yng Nghastell Coch?

Yn ninas Caerdydd does dim angen peiriant amser i'ch trawsblannu i'r Oes Haearn er mwyn dod wyneb yn wyneb â'r Silwriaid – dim ond tocyn mynediad i'r Doctor Who Experience. Ond peidiwch â disgwyl gweld diorama dymunol o rai o drigolion cynharaf y ddinas oherwydd ymlusgiaid lled-ddynol sydd ymhlith gelynion pennaf y Doctor yw'r Silurians hyn! Yn gwmni iddyn nhw y mae pob math o fwystfilod, gan gynnwys y Cybermen, y Slitheen a'r Sontarans. Cewch gwrdd â nhw i gyd ar ôl gwibdaith gyffrous yn y Tardis yng nghwmni'r Doctor presennol a chwaraeir gan Matt Smith a'r Daleks.

A hyd yn oed os nad ydych chi'n dilyn y rhaglen wyddonias hynod boblogaidd hon gaiff ei ffilmio nid nepell i ffwrdd ym Mhorth Teigr, sef ardal greadigol newydd ym Mae Caerdydd; byddwch yn siŵr o wirioni ar sawl elfen o'r arddangosfa wych hon o hanes y gyfres. Beth bynnag fo'ch oed, cewch gyfle i wynebu'r Doctor Who o'ch cyfnod chi, a rhyfeddu ar hyd sgarff Tom Baker. Cofiwch hefyd, os byddwch am greu gwibdaith bersonol o amgylch strydoedd Caerdydd yn dilyn llwybr ffilmio y Doctor, mae'r holl wybodaeth sydd ei angen arnoch chi ar wefan answyddogol Doctor Who Locations.

Canolfan Dŵr Gwyn Rhyngwladol Caerdydd yw'r lle i fynd am ychydig o gynnwrf a gwlychad go iawn. Cyfle i'r plant (ac i chithau) fwynhau mewn dŵr byrlymus yn y Pentref Chwaraeon lawr tua'r Bae – o rafftio i gaiacio, afon fyrddio, hydro speed a chychod ci poeth.

Mae Gwarchodfa Natur Camlas Morgannwg yn yr Eglwys Newydd, ar gyrion eithaf y ddinas, yn lle da i fynd i grwydro'n hamddenol, cael blas o'r wlad a phrofi tirlun o oes a fu pan nad oedd cymaint o ruthr i fywyd. Mae Fferm y Fforest yn rhan o'r profiad hefyd.

Os yw'r plant yn hŷn ac yn mwynhau sglefrfyrddio neu reidio BMX, mae parciau pwrpasol niferus ledled y ddinas i'w denu nhw hefyd – yn y Tyllgoed, Llanisien, y Sblot, Radur, Trelái, Maendy a hyd yn oed ar Forglawdd Caerdydd. Dim ond olwynion fydd eu hangen.

Ond mae yna un gweithgaredd dinesig sy'n bownd o blesio pawb a chynhyrfu'r plentyn ymhob un ohonoch sef bwydo hwyaid Llyn y Rhath, cyn sglaffio hufen iâ mawr blasus yng nghwmni'r elyrch gwyn. Perffaith.

CALENNIG

Ar ddiwedd pob blwyddyn mae Caerdydd yn ddinas sy'n hoffi cau pen y mwdwl yn iawn. Cynhelir Gŵyl Calennig ar strydoedd y ddinas, mae'n ddigwyddiad sy'n para tridiau, gyda phlant y ddinas yn creu llusernau mewn gweithdai er mwyn gorymdeithio mewn carnifal ar Nos Galan gyda Phrosesiwn Llusernau'r Plant drwy strydoedd y ddinas. Mae'n olygfa hyfryd a hudol, gyda cherddoriaeth, golau a sŵn yn llenwi'r lle. Yn hwyrach yn y nos bydd bandiau'n chwarae am ddim a'r parti'n parhau hyd yr oriau mân. Peidiwch ag anghofio am Ŵyl y Gaeaf ar dir Neuadd y Ddinas hefyd, sy'n cynnig rinc iâ a reidiau o bob math i'r teulu. Blwyddyn Newydd Dda i chi!

GŴYL CAERDYDD

Bob haf mae strydoedd y ddinas yn deffro i ddigwyddiadau, dathlu a difyrrwch. Ceir rhaglen lawn sy'n gyfuniad o weithgareddau artistig, chwaraeon a digwyddiadau diwylliannol. Picnics, cerddoriaeth, hwylio neu theatr y stryd hyd yn oed – mae rhywbeth yn digwydd rywle i blesio pawb. Fel rhan o'r gweithgareddau dros yr haf mae gwyliau llai yn digwydd i lonni'r galon. Ceir Gŵyl Fwyd Caerdydd lawr yn y Bae'n rhan o'r dathliadau â blasau difyr o bob cwr o'r byd yn casglu yng nghrochan y Roald Dahl Plass. Yn Cooper's Fields ar ddechrau mis Medi mae anterliwt amryliw Mardi Gras Caerdydd yn ffrwydro er mwyn dathlu balchder y gymuned hoyw, hyrwyddo cydraddoldeb a chefnogi amrywiaeth o fewn cymdeithas. Bydd Gŵyl Mela'n rhoi llwyfan i gelfyddydau aml-ddiwylliant yng Nghymru, mae 'mela' yn air Sanskrit am gwrdd neu gyfarfod a dyna'n union sy'n digwydd ym Mae Caerdydd yn ystod mis Gorffennaf lle gwelir y gorau o gerddorion a pherfformwyr o bob cefndir a thras ethnig yn dangos eu lliwiau godidog i'r byd.

events@cardiff.gov.uk
029 2087 2087

Manylion lleoedd

~~~~~~

JUMP
Parc Tŷ Glas
Llanisien CF14 5DU
029 2074 7300

BAMBEANS
307–315 Heol Ddwyreiniol
y Bont-faen
Treganna CF5 1JD
029 2034 4411

JAZZY JUNGLE
Neuadd Goffa, Stryd Fawr
Llandaf CF5 2DZ
029 2056 1461

CAFÉ JUNIOR
Stryd Fanny
Cathays CF24 4EH
029 2034 5653

TECHNIQUEST
Stryd Stuart
Bae Caerdydd CF10 5BW
029 2047 5475

CASTELL CAERDYDD
Stryd y Castell
Canol y Ddinas CF10 3RB
029 2087 8100

STADIWM Y MILENIWM
Stryd Westgate
Canol y Ddinas CF10 1NS
0870 013 8600

**AMGUEDDFA
GENEDLAETHOL CAERDYDD**
Parc Cathays
Canol y Ddinas CF10 3NP
029 2039 7951

**THE DOCTOR WHO
EXPERIENCE**
Discovery Quay, Porth Teigr
Bae Caerdydd CF10 4GA
0844 801 2279
doctorwholocations.net

**CANOLFAN DŴR GWYN
RHYNGWLADOL CAERDYDD**
Ffordd Watkiss
Bae Caerdydd CF11 0SY
029 2082 9970

**GWARCHODFA NATUR
CAMLAS MORGANNWG**
Heol Fferm y Fforest
Yr Eglwys Newydd CF14 7JH
029 2044 5903

TECHNIQUEST

Nodiadau

Mi glywais dy lais o'r strydoedd sydd draw
ryw nos Fawrth unig ar Cowbridge Road East;
clywed oglau boreau Brains drwy'r glaw'n
golchi dros Wood Street a'i thrigolion trist.
Dy weld di'n diflannu'n ddi-hwyl un pnawn
yn y mwg egsôst ar Ninan Park Road,
yn gwrthod egluro'n dy ddagrau'n iawn
i lle'r aeth yr iaith oedd rhyngom i fod.
Eto mi wn i, rhwng gwylnos a gwaith,
fod ysbryd y dociau'n dawnsio trwy'r bae;
rhwng Canton a Sblot mi wela' i'r ail waith
y wawr sydd yn hel pererinion strae,
a phan ddaw 'na wlith dros y strydoedd cefn,
gweld cysgod dy wên fydda' i drachefn.

Rhys Iorwerth

Caerdydd

MORGLAWDD CAERDYDD
AC YNYS ECHNI

Ynys Echni

Os mai dihangfa dros dro sy'n mynd â'ch bryd, yna mordaith i Ynys Echni, neu Flat Holm, yw'r ateb i'ch deisyfiad. Mae Ynys Echni'n rhan o blwyf y Santes Fair yng Nghaerdydd ac yn rhan o hanes y ddinas. Yn agos ati mae Ynys Ronech hefyd, sef Steep Holm yn Saesneg.

Darganfuwyd olion bwyell o'r Oes Efydd ar yr ynys hon o galchfaen, sydd bum milltir o arfordir y ddinas ym Môr Hafren. Yr ymwelydd cyntaf i gael ei gofnodi'n galw yno oedd Cadog Sant, a ystyriodd yr ynys yn lle perffaith i fyfyrio, yn wir yno y claddwyd un o'i ddisgyblion, Gwalches. Bradanreolice oedd yr enw a roddwyd arni gan yr Eingl-Sacsoniaid, ond ar ôl iryfelwyr o Ddenmarc lochesu ar yr ynys, cafodd yr ynys ei hadnabod fel Flat Holm, gan fod 'holmr' yn golygu 'ynys yr afon' yn hen iaith y Llychlynwyr. Sefydlwyd goleudy o fath ar yr ynys yn 1737. Erbyn 1969 trydan oedd yn goleuo'r llusern, ond er 1997 egni'r haul sy'n ei goleuo.

O'r 1860au hyd at 1944, datblygwyd yr ynys yn amddiffynfa filwrol, bellach mae nifer o'r olion milwrol yn cael eu gwarchod gan CADW yn henebion o bwysigrwydd cenedlaethol. Yn 1883, dyma oedd cartref ysbyty heintiau a oedd yn amddiffyn trigolion y tir mawr rhag epidemig colera. Ond mae'n debyg taw'r digwyddiad enwocaf a gysylltir â'r ynys yw arbrawf cynharaf yr arloeswr radio Guglielmo Marconi, pan lwyddodd yr Eidalwr ifanc a'i gynorthwyydd, George Kemp, i ddanfon y neges ddiwifr gyntaf yn hanes y byd ar 13 Mai 1897 o Ynys Echni i Bwynt Larnog oddi ar arfordir Bro Morgannwg. Y neges oedd 'Wyt ti'n barod?'

Mae'r ynys, sy'n hafan i anifeiliaid a blodau gwyllt prin ac yn gartref dros dro i'w gofalwyr gwirfoddol, bellach yn Safle o Ddiddordeb Gwyddonol Arbennig. Ac wrth gwrs, mae treulio amser ar Ynys Echni yn gyfle i edrych yn ôl ar ein prifddinas o berspectif hollol wahanol.